慢食天下

焦桐

序

焦桐

1999年，快完成《完全壯陽食譜》書稿時，「人間」副刊同事張定綺正在翻譯阿言德（Isabel Allende, 1942～）的新書《春膳》（*Afrodita*），她說：這本書的創作風格和理念，很像你的詩集。我好奇略翻了幾頁即不敢再看下去，深怕受到影響。

直到20年後我才捧讀《春膳》，一開始讀就停不下來了，十分佩服阿言德的描寫功力，敘述流暢，飽滿著興味和畫面感，優美，幽默，色影幢幢。這本散文令人讚嘆，諸如描繪童年時廚娘統治的老廚房，「是個黝暗而通風不良的大房間，木製家具浸潤了一千頓飯的油膩。」她總是把應該美味的食物，都做成「寄宿學校式的稀糊醬」，「甜點總是像蟾蜍肚皮抖動不已的榲桲醬果凍」。

2001年我離開中國時報「人間」副刊編輯崗位，轉任中央大學中文系教職，同時創辦「二魚文化」。當時我的學術興趣即明顯傾向於文學主題學理念，編了多種主題文選，創辦《飲食》雜誌，和年度飲食文選，當然我自己也展開飲食文學書寫。可見我很早就關注主題散文，並有意識地探索飲食文學的可能性。

我編人間副刊14年半，幾乎每天都向海內外華文作家、學者邀稿，邀稿總是很順利，主題、字數、交稿日期，好像客製化訂單。出版社創立之初，仍是慣性編輯人，我廣泛邀約書稿，頗受挫折。焦妻見狀安慰：你自己寫呀，你又不是不能寫。

雖然我的寫作速度緩慢，二十幾年來，也累積了不算少的作品，我暫時將這些散文創作歸為飲食散文。

飲食文學自然還不宜歸為文類（genre），卻是相當基礎的主題學創作實踐。吾人不妨視飲食文學為主題學研究，或一種次文類（the sub-literary），具有文學特質、文學趣味、以飲食為主題的寫作。

14世紀起 Literature 出現在英文裡，意思是「通過閱讀所得到的高雅知識」（in the sense of polite learning through reading）。演變至今，文學可解釋為寫得很好、具想像力和創意的書寫。文學語言不僅是指示性的，往往還帶著高度的暗示性。如松露代表了細緻和優雅，冬天最任性的果實；蒼蠅是尋覓松露的「金鑰匙」，蒼蠅藏身產卵的下方，正是松露隱匿之處。

我生性不太合群，這麼多年來，儘量宅在家裡，做努力能及的事。

本書的篇章大多發表於《旅讀》雜誌，謝謝湯碧雲、張芸費心費力，敦促我致力於主題散文的創作。出版前，我試貼部分文章於臉書，求其友聲。開始研究飲食文化以來，我在外用餐多會拍照紀錄，累積了不少圖檔，這些食物圖檔提供我追憶、書寫的線索，遂選擇部分貼於臉書。可我希望本書是純文字書，付梓時並未考慮附上圖檔。

論市場

市場外有人推銷削刀，風趣流暢的話語吸引許多人駐足圍觀：「來來來，買削刀送老婆，能削皮能削絲還能削山西刀削麵，來來來，大哥買回家送大嫂，削個蘋果多輕鬆，十年用不壞，就像老公愛老婆，有錢不亂花，買組削刀送給她，抓緊時間談戀愛，不談戀愛沒有下一代。」

「這組削刀百貨公司賣二百五，今仔日有緣來這，嘜講二百五，嘜講二百，嘜講一百五，」他看了一眼我穿夾腳拖、汗衫，又聽得入迷，遂轉換成閩南語，專門對著我喊：「目鏡仔，一組算你五十！你要幾組？」

1

傳統市場常見拍賣，商家戴著麥克風，口才絕佳，半條巷道彷彿舞臺，表演極具煽惑力，輕易就喚起過客的購買慾。兜售的分貝雖高，並未影響躺在角隅地上睡覺的遊民。

木新市場和木柵市場，是我最常去的傳統市場，每天清晨走的路徑幾乎都一樣：忠順廟，保儀公園，興隆路，公寓的茶樹圍籬，邊走邊追索昨夜的夢。巷道兩旁有些店家和攤商已開始營業：豆漿店、花店、饅頭店，煮玉米、煎包、蔬菜、水果、皮蛋、魚貨、肉舖；也有百貨，生鮮，衣飾，化緣，乞討，挽面……經過潤餅攤，商家正傾大量的味精和雞粉入高麗菜鍋。豬肉攤老闆不停地剁豬腳、排骨，刀勢介於砍劈之間。一隻老鼠奔跑在巷道旁，正在掛衣服的女子尖聲驚叫，雙腳持續躍起，引發騷動，戴著口罩也能看得出大家的哄笑。一般傳統市場雜亂，不免老鼠孳生。正如亂世就鼠輩橫行。

魚攤尤其吸引人，各種魚貨都睜著明亮的大眼，整齊羅列在碎冰上，嘉魶，鮸，鯧，鯃，鯛，馬頭，黃花，四破，赤鯮，肉鯽……顧客選定，魚販隨即秤重，去鱗，沖洗掉血水。魚身多數銀亮，也有閃著或紅或黃或藍的條紋光澤，矜貴而美麗。魚市讓我想起文藝復興後期義大利畫家坎皮（Vincenzo Campi）作品《魚販》，畫風冷靜客觀，我尤其欣賞他繪製的市井小民，農民，屠夫，漁人，小販，飽滿著生活的氣息，生命的活力。

我總是睡前就在考慮翌日早晨去那個市場吃那些食物？確定後才能安定睡著。

木新市場附近「越南故鄉小吃店」的門面很不起眼，老闆娘兼主廚是一位手腳俐落的越籍胖妞，每天變換不同的食物。顧客幾乎都是越南人，料想是正宗的家鄉味，滿室越南語，我每次去都恍然若置身異域，很像「偽出國」。那些越勞吃飽了並不急著離去，坐在店外聊天，吸煙。滿室越南語隨煙飄進來。

我愛吃胖妞煮的蛋麵，炸蝦餅、餛飩，現煎的九層塔蛋、蔥蛋，以及自製的蒜泥、辣醬、魚露。結帳時隨口問他們是否也住店裡？老闆娘說是的，又道：「你買下來租給我們？」她不滿現任房東？竟看得出我努力壓抑的虛張聲勢？

飄飄然，我尤其歡喜人家以為我富裕，有錢買房當包租公。

茶花播放著香水味，晨光清潔，灑在攤商陸續擺設的檯面，他們拉開遮雨棚，快速陳列貨品。販鬻吆喝聲此起彼落。

我曾經每天早晨吃木柵市場的「阿葉米粉湯」，或在「張媽媽小吃店」吃清粥小菜、煎魚。也許生活太呆滯乏變化，日復一日，我先是厭了米粉湯，後來又膩了清粥小菜。

市場外的流動攤商，出現的時間不太一定，像蔥餅是週三和週六，貢丸是週四和週日。我常排隊買羅東來的鹽水雞，老闆剁雞似乎不曾歇息過，速度飛快俐落。

若是週末或週日，固定在恆光路上的市集買山蕉。那些山蕉來自花蓮，被隨便堆置騎樓下，青綠，瘦小，一點也不好看，甚至有著自卑表情；可風味絕佳，輕淡的甜中蘊藏著含蓄的酸，飽滿咀嚼的樂趣。

若按營業時間區分，傳統市場主要包括早市，午市，黃昏市場，夜市。至於環南、濱江的批發市場則半夜最熱鬧，拂曉即散。吾甚愛早市。宋．孟元老《東京夢華錄》描述早市，每日交五更，寺院行者打鐵牌子，或木魚，循門報曉，人們聞報曉聲而起：

> 諸門橋市井已開，如瓠羹店門首坐一小兒，叫「饒骨頭」，間有灌肺及炒肺。酒店多點燈燭沽賣，每分不過二十文，並粥、飯、點心。亦間或有賣洗面水，煎點湯茶藥者，直至天明。其殺豬羊作坊，每人擔豬羊及車子上市，動即百數。

以上敘述市場情景，比之今日更加熱鬧，十分神往。北宋首都東京開封府堪稱當時世界最繁榮的都會，市肆自然可觀。關漢卿《緋衣夢》第三折茶三婆上場唱：「俺這裡錦片似夷門，天宮般帝城，輳集人煙，駢闐市井；豐稔時年，太平光景。你道是風光好，四海寧，休說那四百座州軍，不如這八十里汴京。」夷門是開封歷史上一個別名。

我們對照《清明上河圖》，沿河區的店鋪以飯鋪茶店最多，另有醫藥，香料，酒店，彩帛；還有隨處可見的流動攤販，和沿街叫賣的各種小吃，他們頭頂、肩扛盤子，手拿支架，穿梭於市廛之間。店鋪前面，街道兩旁有很多攤販，有些是店鋪延伸自家的經營場地。

近兩千年來，華人的市場文化景觀似乎沒什麼改變。

2

澳門龍華茶樓側面是「紅街市」，一個傳統菜市場，位於高士德大馬路和提督馬路的交叉口，是交通輻輳的商業地帶，平常人潮熙攘。市場的主體是一棟三〇年代的建築物，外牆是紅色的，裡面的地磚也是紅色的。市場周圍的巷子裡，有各式商家，經營各種生意；商家外面擺滿了各種攤販，到處是摩肩接踵的人群。

走出紅街市，彎巷斜弄中，尋到大排檔式的茶餐廳，傳統的瓦煲煮咖啡，炭火奶茶，加雞蛋殼進去煮的奶茶和咖啡，煮好後再用絲襪過濾。這種一代傳一代的口述煮法，煮的人也不知何故如此？如今也只有澳門才這樣煮咖啡、奶茶了，大家都這樣煮，生存之道是必須煮得好。

紅街市側，是一間三層樓公寓，飲茶得走上二樓。老闆何明德先生愛交朋友，所以餐廳裡的攝影展都是攝影師好友的作品；他歡喜普洱茶，餐廳堆放了許多「喬木貢餅」、「老茶樹」、「七子餅茶」及各種茶磚、沱茶。

這是澳門唯一的粵式舊茶樓，濃厚的舊風情，古老的桌椅，陽台上擺滿了盆栽，晨光從陳舊的窗慵懶地灑進來，帶著沈靜的意思。

初訪龍華茶樓，是澳門旅遊局的歐旭倫先生作陪，剛步上樓梯即聽聞雀鳥鳴叫，我彷彿走進老電影裡的場景裡。

光顧這裡的幾乎僅是熟客，大家手裡各拎著鳥籠，上樓先將鳥籠擺在一邊，在老位子坐下來，點了標準的「一盅兩件」：一盅茶，兩籠傳統點心。茶有雲南陳年普洱、武夷水仙、白毛壽眉、安溪香片或鐵觀音、梅家烏龍；懷舊點心包括燒賣、鳳爪、豆豉排骨、釀豆腐……有十幾種，還有白粥和各種麵、飯、河粉，澳門人吃粥總是加一點鹽，他們相信早晨喝白粥可以降火，有益腸胃。

這家茶餐廳充滿了人間情味，食客來過常成為常客，日久遂與伙計成為好友，他們一早來這裡吃早餐，看報，聊天，或鬥鳥或靜默地喝茶。伙計也希望每天都看到熟悉的茶客。

那老婆婆滿臉皺紋，瘦臞卻顯得很精神。老婆婆從 1962 年開業喝到現在，風雨無阻，每天喝完早茶，就到附近的公園運動，唱歌，交遊。她總是坐在同一個位子，點食的也是一般老人家例點的一盅兩件，喝早茶的實際內涵。我不免好奇她為什麼不去試試別家茶樓？

「這是進我家啊。」回答得理所當然。老婆婆特別鍾愛普洱茶，愛它的溫和。她很愛唱歌，我指著桌上〈歡樂人生〉的歌詞問，她竟說要唱給我聽，使用粵調，高聲唱了起來：

你怕做人無快樂，切不可爭鬥，世間一切，不要亂強求，切莫記從前，管它好與醜，以後要時呀時，淨心寡慾無求。
你要做人有快樂，要想通想透……

唱完一首，未應要求，又主動續唱一首，茶樓裡的客人都含笑看著，害我很難為情。我知道老闆一家人都非常尊敬、禮遇她，每天的茶資免費，點心也打了折。其實其他茶客也都喜歡她，有時還暗中替她結了帳，令她更加快樂。

老婆婆說自己88歲了。司機昌哥悄悄告訴我，「她每年都過88歲生日」。

3

英國民歌〈斯卡博羅市集〉（Scarborough Fair），一詠三嘆唱著「香芹、鼠尾草、迷迭香和百里香」，每次聽好像聞得到香草氣味，想像那是一個迷人的市集，迷人的農產品，想念的人。

我愛逛傳統市場，初訪巴黎即到巴士底歌劇院附近逛農夫市集，麵包，乳酪，果醬，香腸，火腿，大閘蟹，雞蛋，和各種蔬果、海鮮、熟食……每一攤都鼓盪著愉悅情緒，明亮，輕快，誘發購買欲。

歐諾黑（Carl Honoré）在《慢活》中斷言：「最能顯示慢食福音傳播之廣的莫過於傳統農夫市場的復甦……許多人甚至更進一步自行開發農產品……這些趨勢都有一個共通點，那就是風味。工業製造法破壞了不少食物的天然口味。就拿切達乾酪來說吧。工廠製造、在超市販賣的產品通常都是單調乏味、毫無新意，而以天然原料手工製作的切達乾酪，則是每一批都不盡相同，口味細緻千變萬化。」

出國旅行我愛逛傳統市場，逛街，領略異邦的庶民生活和文化。不過市場就是規則，肯德基到了中國，也賣各式的粥、油條、燒餅。

平常在臺北我也常逛南門市場，愛那些外省特色食品如臘味、韭菜花醬、芝麻醬、南乳、酸白菜、糕糰，也愛吃「合歡刀削麵館」的番茄煮牛肉麵，和牛肉醬拌麵。

市場周遭若有一二美食，直接影響了市場的地位。我去過東京築地市場一次，即深深迷戀那裡的海鮮丼飯。這座都心市場每天的進貨量，水產加上蔬果約兩千八百噸，非常驚人。築地市場原本是東京市郊的別墅區和寺社聚集區，1923 年關東大地震之後，才成為市場用地。

全臺灣傳統市場最吸引我的，是市場內或外圍的美食，諸如臺北太平市場裡「阿角紅燒肉」、「賣麵炎仔」的沏仔麵，東門市場「鱻鮮料理」、「麗園壽司」脆腸排骨酥麵，北投市場「矮仔財滷肉飯」；新北淡水市場「文化阿給」、「老牌阿給」，泰山市場的肉羹、油飯；桃園忠貞市場的滇緬小吃，臺中第二市場「滷肉邱」焢肉飯、麻薏湯；鹿港第一市場「老全豬血麵線」；中興新村第三市場的三文治冰磚；嘉義東市場的米糕、排骨酥……

吃了這類小吃，整個上午都元氣淋漓，難怪王爾德會感喟：「一餐美食足以讓人原諒一切。」

市場是每天固定出現人潮的地方，有人潮的地方就有生意做。這就像廟埕，廟裡的香火旺盛了，廟外的爐火跟著旺盛了。龍瑛宗〈植有木瓜樹的小鎮〉描寫日殖時代的市場：

掛著豚肉的屋臺排成長列，腑臟及滴著血的頭骸骨陳列著，媸媒們來往於其前，討價還價著。也有以粗垢的手，從腰包裡取出白硬幣，用心地數著。過了豚肉店，便是掛著燻烤燒鳥、紫紅香腸的飲食店。那是令人目眩的食慾風景。

濛濛混濁的吵雜聲中，有的蹲下來買半角錢的蕎麥，拼命扒進嘴裡；有的端一杯白酒，像煮熟而朦朧的眼睛陶然自得；有的蹲在長椅上，一邊吸著鼻涕，一邊鼓腮咬著豚肉片。——由於煤煙與油脂而發出黑光的食堂，人們一齊把脖子伸進濃味油膩的食慾中。

傳統市場的性格相當保守，僵固，日殖時期的市場小吃和今天並無二致。當時西門町「新起街市場」的八角堂，即今「紅樓劇場」，我曾在那裡面策劃過一場文學宴，宴請一百多位文化界人士。

小吃主要有兩層含意，其一，指正餐之外的點心、宵夜等風味食品；其二，指隨意或隨便進餐。

市場的食攤多供應「吃飽」的功能，買菜順便吃一頓早餐，因此食攤所販售都連接著當地人的飲食習慣，功能上是可以當主食又能當點心者，如沏仔麵、米粉湯、米糕、米干等等，味道和價錢都很有魅力。我有一付藍領階級的胃腸，歡喜庶民風味。庶民乃社會的基石，庶民飲食是社會飲食文化的主要構成，最能展現生活食俗風貌，傳遞街頭風情。

傳統市場多蹇仄暗淡，潮濕，喧嚣；鮮少像天母士東市場那樣明亮整潔。然則市場不見得比住宅區髒亂。我清晨走出巷道，巷道口有一舊衣回收箱，箱旁地上堆置了許多垃圾，廢棄的保特瓶，空罐頭，利樂包，塑膠袋……

穿過忠順街、保儀路口的小公園綠地，走到木柵市場吃早飯。這片綠地主要是雜草地，樹木稀少，還舖了大面積的柏油路面，和兩座籃球場。籃球場邊散落了許多飲料杯，煙蒂，保麗龍便當盒；有時可見路旁堆積著家庭垃圾。我問每天撿垃圾的環保局清潔員，這裡怎麼變成垃圾場？不是規定垃圾不落地嗎？

「有了垃圾，我們不能不處理。」

我清晨穿過綠地，一些老人坐在水泥階上聊天，或望著天空；旁邊的外傭低頭滑手機。

臺灣社會之所以會出現那麼多東南亞料理，關鍵因素其實是三十幾年來急速增加的東南亞外籍配偶。據統計：外籍配偶以女性為主，有六成以上的外籍配偶須扛起家計，成為家庭經濟主要來源。而她們的工作類別，最多的前兩類為：清潔工作佔31.9%，小吃餐飲業佔23.2%。她們為了營生，賣起了家鄉菜；她們的家鄉菜，又一次改變了臺灣的飲食風景。

市場那些匆忙的嘈雜聲，是城市最真切的律動，充滿生活的激情和活力。在人潮流動的食肆坐下來吃東西，好像坐在馬路上吃東西，流動著奇異性，和隨意性。

論粥

焦妻病重時一度求助於通靈人和他的同性戀伴侶，買了一些法器符籙回家，我從小疑神疑鬼，仍體諒她的無助和飽受驚嚇。焦妻為了感謝他們指引，命我設宴款待；那天晚餐我點了地瓜粥，煎馬頭魚，炒高麗菜，蘿蔔乾烘蛋，灼白蝦……誠意十足。遺憾話題都圍繞著如何辟厲鬼，我覺得活見鬼，覺得所有菜餚皆染上詭異的味道，遂堅忍著不發一語，覺得吃粥的過程飽受虐待。

粥自古連接著祭祀，江南的「蠶桑節」和「人口粥節」都源於煮粥祭神。人口粥節流傳貓鬼饞粥害人的故事；宋人在人口粥節前夜，家家用燈照亮床底，以驅貓鬼。

中國食粥史悠久，《禮記・檀弓》曰「饘粥之食，自天子達。」黃帝烹穀為粥，開啓了農耕文明，數千年的飲食信賴感，早已形成華人的遺傳基因，演變至今，粥品已有數百種；起初是清粥，後來發展出鹹粥和甜粥。

甜粥種類較少，如上海的白糖蓮子粥、桂花赤豆粥，杭州的荷葉粥。最廣為人知者莫非臘八粥，梁實秋說臘八粥是粥類中的綜藝節目，語氣略帶不屑；王蒙卻說那是粥中之王，粥之集大成者。對日抗戰時，朱自清在蒙自住過五個月，常去大街上「雷稀飯」吃糖粥。蘇東坡「溫風散粥餳」；范成大「鏤薑削桂澆蔗糖，甘滑無比勝黃粱」；李商隱「粥香餳白」，吃的都是甜粥。

陸游嗜粥，提及「粥」的詩文段落總共有130處，其〈雜賦〉：「地爐夜熱麻秸暖，瓦餔晨烹豆粥香。」他有糖尿病，偏偏愛吃高升糖指數的粥，尤其加入糖或蜜熬煮。〈甜羹〉即歌頌用菘，蘆服，山藥，芋作羹，滋味甚美，「天蘇陁味屬甜羹」。

困難時期，窮人不免感嘆米貴，清．趙翼節縮生理，舉家食粥：「我起啜兩甌，腸胃似未足」。明．張方賢〈煮粥詩〉：「煮飯何如煮粥強，好同兒女熟商量。一升可作二升用，兩日堪為六日糧。有客只須添水火，無錢不必問羹湯。莫言淡泊少滋味，淡泊之中滋味長。」雖說滋味長，境況不免淒涼。

我有些經歷戰爭年代的朋友，說起家貧常乏米下鍋，幾乎天天喝稀粥，薄粥稀稀水面浮，乃夢想有一天可以吃碗白米飯，或慫恿姊妹嫁給農夫。

每遇荒年，老百姓食粥是迫於無奈，歷史上不少古賢大才生活清苦，常吃粥度日，曹雪芹晚年窮困潦倒，也是舉家食粥；秦觀家貧，典當衣服，以粥代飯，透露著寒磣；范仲淹當年苦讀於醴泉寺「斷虀畫粥」，我覺得很勵志。晉惠帝問「何不食肉糜？」則是昏君不知民間疾苦。

自從鄭板橋給堂弟鄭墨寫了那封家書，強調：天地間第一等人，只有農夫。「兩手捧碗，縮頸而啜」，似乎是冬天喝粥的基本動作。饑荒年代，政府為了救災設粥場，良善人家也設粥棚，皆銘刻著民族的飢餓記憶，啜粥聲在中國歷史上是令人動容的聲音。

不唯華夏，狄更斯《孤雛淚》中奧利弗「還想再添點粥」，孤兒們空空的粥碗，空空肺腑的吶喊，哭喊著要活下去。

粥兼備救急充饑與養生功效，李時珍說米粥能「利小便，止煩渴，養脾胃」。從前有人作過〈神仙粥〉詩：「一把糯米煮成湯，七個蔥頭七片薑；熬熟兌入半杯醋，傷風感冒保平康。」華人咸信粥是養生妙品，明．李詡《戒庵老人漫筆》載「神仙粥方」：專治感冒風寒暑溼之邪，以及四時疫氣流行，「以糯米補養為君，薑蔥發散為臣，一補一發，而又以酸醋斂之」。白居易在翰林院時，喝了一甌御賜防風粥，竟口香七日。

陸游堅信常吃粥能長壽，他的〈食粥〉詩流傳甚廣：「世人個個學長年，不信長年在目前。我得宛丘平易法，只將食粥致神仙」。他活到86歲，很有說服力；詩中提到的「宛丘平易法」取自北宋張耒〈粥記〉所倡的食粥攝養法。張耒〈粥記〉：「每晨起，食粥一大碗，空腹胃虛，穀氣便作，所補不細，又極柔膩，與腸胃相得，最為飲食之良」。放翁可謂以粥養生達人，他歌頌粥的詩大抵透露著老氣，〈薄粥〉：「薄粥支吾未死身，飢腸且免轉年輪。」還說：「老便黎粥美，病喜粟漿酸。」粥易於消化，很適合脾胃虛弱、牙口欠佳的老人。

粥是暖身又暖心的食物。當年亞洲移民乘船漂流向馬達加斯加島，遇颶風迷失了方向，船上只有米、麵和水，南亞人、印度人、西亞人都吃麵包喝生水，華人則喝稀粥。結果華人的糧食最儉省，也最健康，漂流到馬達加斯加島時，存活率最高。

沒有任何食物像粥這麼能廣結善緣，米，豆，粟，麥，胡麻，青稞，玉米，高粱，稗子，乃至花苗葉、菜果、肉品都能熬粥。僅是益於保健強身的粥品就多不勝數：玉米粥、山藥粥、蓮子粥、胡麻粥、紅棗粥、栗子粥、百合粥、枸杞粥、羊肉粥……如賈寶玉愛吃「碧粳粥」、林黛玉每晨都吃「燕窩粥」。

粥香並非貧困時才發覺，高明者能發現其美學內涵，林洪《山家清供》錄有五種粥：豆粥，梅粥，荼蘼粥，真君粥，河祇粥。除了河祇粥用魚乾同米煮粥，其它都很清切；

尤以豆粥最普遍，自古即流行；西晉石崇不見得愛豆粥，卻用它炫耀誇客。

劉秀起兵之初，被強敵逼得四處逃竄，倉皇來到滹沱河下游的饒陽蕪蔞亭，飢寒交迫，幸虧手下大將馮異送來豆粥，化解了劫數。後來，遇大風雨，馮異抱薪，升火給劉秀取暖，劉秀對竈燎衣。

一碗及時的粥往往使人絕處逢生。中國歷史上若缺乏一碗賑濟救活的粥，肯定多了無數餓殍；不唯貧黎窮庶，劉秀飢寒時的這碗豆粥，等於為他建立東漢政權提供了緊急營養。蘇東坡〈豆粥〉就描述到這件事：

君不見滹沱流澌車折軸，公孫倉皇奉豆粥。
濕薪破竈自燎衣，飢寒頓解劉文叔。
又不見金谷敲冰草木春，帳下烹煎皆美人。
萍虀豆粥不傳法，咄嗟而辦石季倫。
干戈未解身如寄，聲色相纏心已醉。
身心顛倒不自知，更識人間有真味。

豈如江頭千頃雪色蘆，茅簷出沒晨煙孤。
地碓舂秔光似玉，沙瓶煮豆軟如絲。
我老此身無著處，賣書來問東家住。
臥聽雞鳴粥熟時，蓬頭曳履君家去。

蘇軾是真的欣賞豆粥，他在〈食豆粥頌〉贊揚：「道人親煮豆粥，大眾齊念《般若》。老夫試挑一口，已覺西家作馬。」

南人較北人愛吃粥。小米粥是北方產物，老北京心目中的滋補食品。從前我以為那只是鳥飼料，後來愛上它黃澄的色澤飽滿，又聽說小米富含色氨酸。色氨酸能促進大腦神經細胞分泌催睡的血清素，進而改善睡眠的欲望和睏倦程度；加上其澱粉促使胰島素分泌，這一切正符合我這種糟老頭的需要。

我在臺北吃小米粥皆是賣餡餅、餃子等麵食的北方餐館，小米粥端上桌，例附一碟砂糖。

粵人精於烹粥，犖犖大者如滑肉雞粥、燒鴨粥、魚生肉粥、及第粥、皮蛋瘦肉粥，裡面多摻有豬肝、雞蛋，鮮綠的蔥花，淡黃的花生，骨白的魚片。也斯〈白粥〉歌詠白粥，先贊美廣東粥：「皮蛋瘦肉舒緩你上升的虛火／柴魚花生總結稻米浪蕩的良宵／小艇搖櫓的聲音或是塘畔風月／只剩下黎明的魚眼呼喚你的靈魂／腐竹皮蛋豬骨鯪魚肉／突出自己也逐步溶化了自己／你我在熱湯中浮沉／有人炫耀鮑魚瑤柱的極品／且細嚐一碗平淡白粥裡的眾生」。這類三鮮集燴，表現葷香的粥，以高雄「亞洲海產店」海鮮粥最令我吮指懷念。

詔安的名優小吃「貓仔粥」，輔料和廣東粥一樣豐富，又流傳著老公疼惜老婆的故事。臺灣的廣東粥多以連鎖型態出現，最具規模的是「食神廣東粥」與「源士林廣東粥」。及第粥的名字很吉祥，我高中畢業時曾努力吃及第粥，終於證明無效，大學聯考總是落榜。

倒是我有著超乎常人的自我憐憫能力，植牙期間，咀嚼困難，醫囑吃些流質食物。我每天都覺得自己很可憐，乃餐餐吞一海碗粥，和大量的冰淇淋、牛奶、果汁；療程結束，竟胖了5公斤。

我早餐較常吃泡飯，顯然屬南人胃腸。常吃泡飯的地方是木新市場內「阿莉小吃」，和南機場社區邱氏夫妻的虱目魚粥。阿莉的泡飯可客製，除了湯頭用豚骨熬煮，可隨客意加入頭骨肉、豬肝、排骨酥……大碗內舖滿韭菜和芫荽，很好看。邱氏夫妻所製雖曰虱目魚粥，其實是泡飯；多年前我幾乎每天清晨去，可惜他們太愛休假，江湖現蹤的日子越來越少，非常缺乏社會責任感。

有些高檔火鍋店如欣葉「呷哺呷哺」會在顧客吃完鍋中物後，用鍋內的高湯煮粥；那湯煮過龍蝦，松葉蟹，魚，肉，蔬，十分鮮郁，放進一碗飯熬煮，再打一顆雞蛋，些許海苔。

我吃過不少華麗的粥：諸如上海新榮記「龍蝦湯泡飯」，臺北晶華酒店「西施泡飯」、漾客日式料理的「黃金龍蝦鍋」，湯底皆是用龍蝦頭熬成金黃色，再將炸過的米粒倒入煮熟。

日本人管粥叫「雜炊」，意謂加入切碎的野菜煮粥。我在上海「天馬鄉村俱樂部」吃的青菜肉絲粥庶幾近之，那天中午面對滿桌佳餚，那碗青菜肉絲粥竟最受青睞。

粥的烹煮方式堪稱無窮，要之，毋論什麼粥，都須文火慢熬，至米爛湯稠，米與米湯渾然融合。梁實秋從小不愛吃粥，他母親煮的是例外：「不用剩飯煮，用生米淘淨慢煨。水一次加足，不半途添水。始終不加攪和，任它翻滾。這樣煮出來的粥，黏和，爛，而顆顆米粒是完整的，香。再佐以筍尖火腿糟豆腐之類，其味甚佳。」

煮白粥以粳米為佳，秈米較遜。袁枚所謂粥的「正味」，堅持煮粥在表現米穀之味，不宜重味干預：「見水不見米，非粥也；見米不見水，非粥也。必使水米融洽，柔膩如一，而後謂之粥。」又說：「近有為鴨粥者，入以葷腥；為八寶粥者，入以果品，俱失粥之正味。不得已，則夏用綠豆，冬用黍米，以五穀入五穀，尚屬不妨。」他舉例某次作客，吃了煮得粗糲的粥，回家後大病。

一般人寫飲食，罕言做法，宋代詩僧惠洪在〈豆粥〉中有一大段描述了具體的烹法和火候：「出碓新杭明玉粒，落叢小豆楓葉赤。井花洗杭勿去箕，沙瓶煮豆須彌日。五更鍋面漚起滅，秋沼隆隆疎雨集。急除烈焰看徐攪，豆才亦趨回渦入。須臾大杓傳淨瓮，浪寒不興色如栗。」惠洪顯然深諳廚藝，我讀這詩覺得好像聽他敲木魚誦經。

飯與粥互為變奏，有人因養生而食，有人為變換口味而吃粥，如南宋詞人劉克莊「說與廚人稀作粥」，南宋詩人楊萬里「脫蕊收將熬粥吃」，是推陳換新，調劑口味。

粥比飯多了清淡之味，一種「膳茗粥，飯蕨薇」的面貌。君子之交淡如粥，吳稚暉、于右任、丁福保等人1924年在上海創立「粥會」，定期以一鍋熱粥、四碟小菜餐聚，追求「以粥會友、以友輔仁」為旨趣。雖然我更嚮往佳人「倚戶殷勤喚嘗粥」。

新冠肺炎爆發期間，我清晨常為女兒煮一鍋懶人雜菜粥：粳米，地瓜，高麗菜，胡蘿蔔，海帶芽，皮蛋，鹹鴨蛋，煮熟時再打一顆雞蛋。早餐以一鍋粥迎接小妞晏起，吃的表情幸福，煮的心情快樂。愈覺早晨吃粥果然能調和身心，歡騰著親情滋味，和家庭的溫暖。

以粥開啟一天似乎是放翁先生的生活習慣，我很喜歡他晚年所作〈晨起〉：「日霜漸釋，睡起髮猶蓬。小圃經行外，新蔬檢校中。水開聞躍鯉，天遠看飛鴻。粥熟還歸舍，吾生亦未窮。」閑適的村居，長養性靈，雲淡風輕的人生境界。

吃粥似乎比吃其它食品更講究情境，松尾芭蕉喝粥時頗有禪境：「啜粥聽琵琶，／猶如粒雪敲檐聲。」

我年輕時對粥用情不深，年紀大了才鍾情於它，竟有「驀然回首，那人卻在燈火闌珊處」的驚喜。

白粥的香氣很含蓄，是純粹的米香，口感黏稠柔軟，不勞牙齒咀嚼，滑進食道，暖了胃腸，直接溫潤到心裡。

白粥又有一種平靜之美，一種謙遜的態度，淡泊，不張揚；一種閑適感。它像不器的君子，有著非常寬闊的胸襟，接納各種海陸食材。粥是生活的底色，可鹹可甜可稠可稀，又幾乎百搭，繁簡皆宜，任何菜餚在它面前都被贊美了。我聽過很多人說，醬菜和白粥是絕配。並非醬菜或豆腐乳、油條、花生、鹹鴨蛋、皮蛋、肉鬆、魚鬆之屬多麼美味，實在是白粥給予特殊的韻味。

最令人驚嘆的至味，是自然樸實的滋味，並非有心輕富貴；是不浮誇、不雕飾的清淡味道。裡面往往藏著深沉的感情。惡粥之人，恐怕難享人生的平淡之美。在濁世裡，啜一碗清粥，帶著感恩的文化內涵，和勵志能量，讓絕望的心產生勇氣。

論豆腐

1

恆光橋頭市集時間很短，像快閃攤商，拂曉，來往的人已經不少，水果攤擺妥各色當季果品。水煎包、鍋貼、蔥油餅很快被搶購一空，迅速揭開一鍋又一鍋，空氣中飄著厚重的油煙味。肉舖，魚攤，吆喝聲和詢價聲此起彼落。蔬菜店內的空間特別擁擠，抬著竹簍的店員被擋而口氣急燥，排隊結帳的人群顯然無法保持社交距離。

大約早晨八點攤商即收拾離去，有的攤商轉往木柵、木新這兩個市場繼續營業，整個市集突然空蕩安靜。他們都很努力在拼搏，充滿了生命的活力。

騎樓下有一小攤賣自製的鹽滷豆腐和豆漿，我固定買豆腐回家做菜，或用香椿醬涼拌，或用皮蛋拌；也可煮湯，如海帶排骨，白菜，番茄，金針；更常紅燒，乾煎；有時也做鍋熻豆腐，八寶豆腐。

清．梁章鉅《歸田瑣記》記述他臬任山東時，有次與幾位官員同飲於大明湖「薛荔館」，吃到鍋熻豆腐，從此念念難忘，「偶一觸及，則饞涎輒不可耐。」

鍋熻豆腐的工序不難，卻不易做好，我雖力求細味，都難抵臺北「宋廚菜館」水平。後來知道關鍵可能是蝦卵，我做鍋熻豆腐的蝦卵是在香港馬鞍山「新港城街市」買的，那年去城市大學短期客座，嚐了不少好東西，每追憶起來，「饞涎輒不可耐」。

袁枚偶然在王太守家中吃到八寶豆腐，驚訝其美，遂錄於食單中：「用嫩片切粉碎，加香蕈屑、蘑菇屑、松子仁屑、瓜子仁屑、雞屑、火腿屑，同入濃雞汁中，炒起鍋。用腐腦亦可。用瓢不用箸。」這配方原是康熙帝賜給徐健庵尚書，尚書去御膳房取方時，還被管事太監狠敲了一千兩竹槓。

2

豆腐平淡，本身沒什麼特殊氣味，豆香也輕，很多豆腐料理用素菜葷燒的手段，令葷菜滋味滲入豆腐中。金庸武俠小說《射鵰英雄傳》中黃蓉以美食誘使洪七公教郭靖武藝，做了一道「二十四橋明月夜」：「那豆腐卻是非同小可，先把一隻火腿剖開，挖了廿四個圓孔，將豆腐削成廿四個小球分別放入孔內，紮住火腿再蒸，等到蒸熟，火腿的鮮味已全到了豆腐之中，火腿卻棄去不食。洪七公一嘗，自然大為傾倒。」

可見豆腐的可塑性強，易受影響。《西遊記》敘述師徒一行接受獵戶款待，雖然用木耳、竹筍、乾菜，做些豆腐，鍋具雖努力刷洗潔淨，長年沾了獐鹿虎豹的油，仍無甚素處。

大一時上軍訓課覺得無聊，低頭偷看沈從文的《邊城》，才讀到煎得焦黃的鯉魚豆腐，教官走到身旁，發現是禁書，順手就沒收了。同時沒收的還有魯迅的《阿Q正傳》，那兩本書是在華岡「陽明書局」購得，老闆交書給我時用報紙包得嚴密，神秘兮兮，彷彿交易著毒品。在臺灣噤聲的年代，一九三〇年代大陸作家的書全部歸為禁書；我自幼叛逆，固執地認為，所有禁書必定是值得閱讀的好書。

那種文化斷裂這幾年又嚴重起來，我稱之為石化的意識形態，僵硬，蠻橫，欺騙，甚至邪惡。

相對於石化的意識形態；豆腐柔和寬容，與物為善，易吸收他味，家常，隨和，搭配肉、魚，或別的菜蔬都投合無間。《邊城》裡的鯉魚煎豆腐，魚味入豆腐，光聽名字就想喝一杯。孫中山嗜吃的鹹魚頭煲豆腐更贊，廣東鹹魚的鹹香給予豆腐獨特的風味。

越家常的食材，往往越能顯示掌廚的功力，《醒世姻緣》55回敘述童奶奶給狄希陳買一個做飯的丫頭，狄父要試她手段，道：「童奶奶你不費心罷，我叫人買幾個子兒火燒，買幾塊豆腐，就試試這孩子的本事，要是熘的豆腐好，可就有了八分的手段了」。

烹飪常是如此，看似簡單的物事，卻難臻妙境。

3

豆腐的種類甚夥，舉其卓犖大者如北京「砂鍋豆腐」、「奶湯豆腐」，山東「三美豆腐」，安徽「銀魚鑽豆腐」，江蘇「八寶豆腐」，寧波「三蝦豆腐」、「蘑菇豆腐」，紹興「單腐」，諸暨「雙腐」，杭州「魚頭望豆腐」，浙江「東坡豆腐」，無錫「鏡箱豆腐」，長沙「畏公豆腐」，臺灣的「花生豆腐」，鎮江「乳豆腐」……《浮生六記》卷一敘述：

> 芸喜食芥滷乳腐，又喜食蝦滷瓜。芸曰：「腐取其價廉而可粥可飯，幼時食慣」。芸以麻油加白糖少許，拌滷腐，亦鮮美。以滷瓜搗爛拌滷腐，名之曰「雙鮮醬」。

乳腐下飯，可說是百搭，芸除了愛吃，應該也有勤儉持家的意志。

日前淑慧帶回一罐用鳳梨釀的乳腐，嚐起來是含蓄的馥郁之氣，輕淡的鹹，果甜，果酸，和酒香。我年紀大了，晚餐吃得簡單，有時用來配白饅頭，或抹一點在吐司上，遂想起吃過的水潤餅佐手工豆腐乳。水潤餅是新竹客家餅食，口感似麵包，從前多在城隍廟周圍販售，現在已經沒落，好像僅存「德龍」一家續製。水潤餅又稱「平安餅」，可能城隍爺愛吃，善男信女買來拜拜保平安。

豆腐營養又便宜，我幾乎列入每日的家庭菜單中。路人皆知「青菜豆腐保平安」，江蘇諺語也說：「吃肉不如吃豆腐，又省錢來又滋補。」黃豆這麼受重視，根本原因在於蛋白質效率（protein efficiency），堪稱素食者的聖品。

臺灣人吃的黃豆幾乎全靠進口，其中九成是基因改造。美國的黃豆產量佔全球三分之二，可惜他們不懂吃豆腐，視黃豆為榨油種籽，用以萃取沙拉油或植物性奶油；不然就拿去飼養家畜，大部分的蛋白質又在家畜的新陳代謝中流失掉。真討債。

4

中國人發明豆腐是人類文化史上的奇蹟，從淮南王到當代人都愛吃的日常食品，更構成東亞飲食文化圈的重要風景。二十世紀初，李石曾留學法國，在法國辦了一家豆腐公司，裡面的工作者多是勤工儉學的留學生。這家豆腐公司是清末革命的財源；不僅供應中國人豆腐吃，第一次世界大戰時還供美軍食用，最旺盛時期，日夜數百中西工人趕製豆腐。

在宋代，豆腐已經很普遍，最早見諸記載的是宋初陶穀《清異錄》：「時戢為青陽丞，潔己勤民，肉味不給，日市豆腐數個。邑人呼豆腐為小宰羊。」一個相當於今日副縣長職位的官員，竟儉省到不知肉味，幸虧每天可以吃到幾個豆腐。

豆腐看似寒儉之物，然其烹調手段，精拙懸殊，雖然也獲康熙皇帝重視，卻從來就是廉價的食物，窮人都吃得起，南宋·吳自牧《夢粱錄》載麵食店「有賣菜羹飯店，兼賣煎豆腐、煎魚、煎鮝、燒菜、煎茄子，此等店肆乃下等人求食麤飽，往而市之矣。」

清·王士雄《隨息居飲食譜》說豆腐：「處處能造，貧富攸宜。洵素食中廣大教主也。亦可入葷饌，冬月凍透者味尤美。以青黃大豆，清泉細磨，生榨取漿，入鍋點成後，煗而活者勝。其漿煮熟，未點者為腐漿」；「面凝結之衣，揭起晾乾為腐皮。充饑入饌，最宜老人。點成不壓則尤煗，為腐花，亦日腐腦。榨乾所造者，有千層，亦名百葉。有腐乾，皆為常肴，可葷可素」；「由腐乾而再造為腐乳，陳久愈佳，最宜病人。其用皂礬者，名青腐乳，亦日臭腐乳」；「生榨腐渣，炒食，名雪花菜。熟榨者，僅堪飼豬。」他詳細說明了豆腐的製法、副產品，和今天所見相同。

豆腐之老嫩，端視加入鈣鹽份量而定，石膏是最便宜的凝固劑。我偏愛鹽滷，慢慢加，慢慢攪拌；攪拌方式和滷水份量，乃豆腐製程最重要的關鍵。加入凝固劑後，放入壓榨箱壓去水分即是豆腐。成品當然還含著大量水分，大理學家朱熹不識豆腐味，因格不出成品和大豆原料的重量問題，索性不吃豆腐了。故事很滑稽，恐怕是後人編來挖苦這位理學家的迂腐。

子敏卻從豆腐得到啟示，主張人要有豆腐修養，有豆腐般寬厚柔軟的心情，容忍親友的一時過失。

從磨豆到成品，豆腐總是予人清新的印象，元．鄭允端的詩句：「磨礱流玉乳，蒸煮結清泉」，其謙虛退讓的個性，堪稱菜餚中的道教。南宋．林洪《山家清供》載豆腐與芙蓉花共煮的「雪霞羹」，和加榧實粉油煎的「東坡豆腐」，皆屬輕淡風格。臭豆腐則是豆腐戲碼的極端演出，個性尤烈於麻婆豆腐。

麻婆豆腐是勞動者覆在米飯上的菜，最初用的肉是羊蹄筋肉，必須以強烈的麻辣味和豆瓣醬味來掩飾其腥味。這道著名川菜剛入口是滑潤的甜味，和蠶豆醬的發酵味，接著強悍的辣味尾隨而至，下肚之後是麻味全面席捲舌頭。

在日華人陳健一就靠一味麻婆豆腐，榮獲「現代名匠」封號。現代名匠，乃日本厚生勞動省為鼓勵表彰各行各業最具卓越技術者，可謂日本的行業模範，「陳健一麻婆豆腐」獨到的技藝，感動了日本業界和評審。

更動人的是，麻婆豆腐流傳著姑嫂兩個女人的奮鬥故事，青春，屈辱，眼淚，成就了成都名餚。像我這樣的糟老頭，特別需要這樣的勵志故事。

5

豆腐傳入東瀛的時間不詳，可能是鐮倉室町時代，留學中國的僧侶所帶回。我很佩服日本人鑽研豆腐的工匠精神，認真，嚴肅，種類多，甚至講究季節性，如夏日吃涼豆腐，稱為「冷奴」；冬天則吃湯豆腐。梁秉鈞的詩〈湯豆腐〉：「想像我們是樸實的農夫／想像我們是入定的老僧／寺門內晚膳只有清湯與豆腐／沒有手提電話／沒有股票與炒樓／沒有金器和慾望，只有豆腐／連冬菇也沒有，連豆芽也沒有／我們簡直已經到了非常禪的境界／不吃人間煙火，只是吃豆腐／可是吃著豆腐，閑聊著／又想到了豆腐也有各種做法／比方說高野豆腐／坐牢時探監的人送來高野豆腐／可以偷偷榨出半壺清酒呢！」

詩中提到的高野豆腐也是日本特產，結合冷凍、風乾的乾燥凍豆腐：高野山上的廟宇內僧侶被雪圍困，在寒風中製作凍豆腐，令豆腐快速結凍，並具有細密質地。

日本人精於吃豆腐，雖然吃的是加工食品，也一絲不苟在正確的季節吃，池波正太郎的短篇小說《梅雨中的豆腐湯》敘述殺手彥次郎最愛吃豆腐湯，「他把豌豆飯放到廚房中的飯窯裡後，就著豆腐湯和烤海苔開始喝起酒來，因為梅雨帶來的絲絲寒意，讓豆腐湯嚐起來更加美味無比。」

愛豆腐的人各自都有自己心儀的產品，日本公認最優質的豆腐大概是「祇園豆腐」和「高津豆腐」，青木正兒雖也覺得這兩種出類拔萃，卻深信「山口豆腐」才是日本第一：山口這地方種植的大豆佳，水質好，更出產優質的花崗石，石質細密，磨製後能做出極好的豆腐。

一方水養一方豆腐，豆腐應具有地方風味，像土特產蘊涵著濃濃的鄉情。

池上「大池豆包豆皮豆漿店」，手工製作，工廠內煙霧瀰漫，豆漿表面凝結即撈起，晾在竿上，整理為豆包；待豆漿變少，再乾製為片狀的豆皮。用餐環境像豆腐一樣簡樸，豆包摺成方形，裡面夾了九層塔葉，表皮煎得香酥，裡面柔嫩，豆香飽滿。已經是兩年前的往事了，我仍常常想念「大池」的豆包，忽然體會「思君令人老」的意思。

豆腐再加工也都很美味，豆皮，豆乾，臭豆腐，凍豆腐，油豆腐，釀豆腐等等。煮干絲講究細嫩，刀工十分要緊，一塊豆乾至少需切24片以上，再切成麻線般的細絲，以高湯煨熟。釀豆腐這道客家名菜的作法，是將鮮豆腐切成一寸見方的小塊，先在豆腐塊上剜出小窟，再填入剁碎的豬肉、香菇調味為餡，用高湯以文火煨至湯乾。

6

炎炎夏日，吃飯前我歡喜先來一碟嫩豆腐，淋些薄鹽醬油，和山葵醬，滑嫩，清香。最普通而簡單的是皮蛋豆腐，常出現在我家餐桌上；皮蛋和豆腐的搭配不曉得是誰的創意？真是絕配。不過這道菜的主角並非豆腐，蓋皮蛋味濃，輕易即令豆腐成為陪襯的角色。Nancy主持臺中市日華金典酒店時開發了一道「當歸葉拌皮蛋豆腐」即充滿創意，當歸葉的味道有點接近芹菜，但更複雜，有一種奇異的清香，餘韻悠長。

我和Nancy其實不算太熟，僅知她年輕時習芭蕾，身材嬌小，個性卻偶有暴烈，有次開會一位主管遲到，她拿起桌上的玻璃煙灰缸就砸過去。我聽了非常吃驚，勸她萬萬不可，砸傷人就糟了。「放心啦，我很準的。」

多年不見，再次聽到她的消息竟已經離世。

新冠疫情更嚴峻後，所有餐館都禁止內用，住家附近的「燕樓小館」乾脆暫停營業。我常吃燕樓的豆腐：裹炸豆腐，家常豆腐，紅燒豆腐，三杯豆腐等等，他們最好吃最平價的菜就是豆腐，其它菜餚都很一般。很想建議他們模仿日本知名的豆腐餐廳「笹乃雪」，笹乃雪創始於1703年，是日本最古老最著名的豆腐餐廳，一個家族經營了十幾代，「以無與倫比的鹽滷絹豆腐、平民化價錢的各式豆腐料理，以及親切的用餐氣氛聞名全國。」處處透露精緻而平易的純樸，菜單上有十餘道豆腐佳餚，如日光湯豆腐、信州凍豆腐，空也……

梁容若說他曾在北京功德林吃過豆腐全席，用豆腐做成各種大魚大肉。

全套豆腐宴豈是易為？《鏡花緣》敘述唐敖、林之洋、多九公航行到「淑士國」，上了酒樓，吃的全是豆腐乾、豆腐皮、醬豆腐、糟豆腐、鹽豆、青豆、豆芽、豆瓣，三人大倒胃口。

豆腐烹調法是無窮的，日人《豆腐のぢ料理》一書即載196種做法。

唐魯孫曾在臺北「精華小館」吃過一道甜菜「脆皮豆腐」：豆腐切成大骰子塊，炸得遍體金黃，配上細綿白糖，蘸著豆腐吃；這跟我理解的脆皮豆腐相異。陸游說蘇東坡酷嗜蜜漬豆腐，難怪血糖高。我雖愛吃黑糖豆花，卻奇怪甜豆腐有什麼好吃？

袁枚在食單中載豆腐九法，多以肉品水產入味，卻很有意思，如「蔣侍郎豆腐」甚為講究：

> 豆腐兩面去皮，每塊切成十六片，晾乾。用豬油熱，清煙起才下豆腐，略灑鹽花一撮，翻身後，用好甜酒一茶杯、大蝦米一百二十個；如無大蝦米，用小蝦米三百個；先將蝦米滚泡一個時辰，秋油一小杯，再滚一回，加糖一撮，再滚一回，用細蔥半寸許長一百二十段，緩緩起鍋。

這種燒法自然是素菜葷燒，徐珂編撰《清稗類鈔》稱此餚為「蝦米煨豆腐」，文字和袁枚所記略有出入。徐珂又在「蔣戟門手製豆腐」中追述：「蔣戟門觀察能治肴饌，甚精，製豆腐尤出名。嘗問袁子才曰：「『曾食我手製豆腐乎？』曰：『未也。』蔣即著犢鼻裙，入廚下。良久擎出，果一切盤餐盡廢。袁因求賜烹飪法。蔣命向上三揖，如其言，始授方。歸家試作，賓客咸誇。」為豆腐食譜而折腰，真是美食家本色。

我很有口福，在大陸吃過不少精采的豆腐，諸如北京「直隸會館」保府大豆腐；上海「新榮記」鹽滷豆腐煲、手撕豆腐；廣州「大佛寺素食閣」椒鹽豆腐，「御珍軒」雪蛤豆腐盞，「黃鱔世家」客家釀豆腐；杭州「粗菜館」東陽酸菜烤豆腐；西安「七十二行酒樓」家常豆腐鮑、陝南花豆乾；成都「順興」麻婆豆腐；昆明「大滇園」包漿豆腐，「建新園」滷豆腐；貴陽「龍大哥辣子雞」渣豆腐；淮安「文樓」平橋豆腐、煮干絲……

7

其實豆腐自有其清醇之韵，未必要依賴葷味，箇中滋味須仔細品嚐，才不致輕易錯過。不過，金聖嘆說：「豆腐與菠菜同吃，有燒鵝滋味」。燒鵝？太挑戰我的想像力了。

豆腐文本大抵呈現誠實，樸素，善良的質地。錫劇《雙推磨》搬演兩個苦命人邂逅相戀的故事，寡婦蘇小娥靠種地、磨豆腐為生，與長工何宜度兩人挑水，推磨，灌漿，燒火，簡單的舞蹈動作，是該劇最精采的橋段。

樸素的美學特質，予人一種平靜感。甚至連製豆腐剩下的糟粕都饒富意味，趙匡胤當了皇帝後，仍念念難忘落魄江湖時吃的那碗豆腐渣。

笹乃雪內有一幅書法：「白雲本無心，為風出岩谷」，很能描述豆腐潔白，柔和，率真的本性，唯其率真，能從容自在，毋須任何矯飾、任何身段，最是表現本色。清代詩人林蘭痴〈豆腐〉詩亦云：「莫將菽乳等閑嘗，一片冰心六月涼；不曰堅乎惟曰白，勝他什錦佐羹湯。」

豆腐柔嫩如水，不需勞動牙牀，在舌齒間近乎流動，一派輕鬆自然，在口腔就化開了。彷彿來去自如的知己，沒有客套，不必應酬。

四海九州，胡不吃豆腐？豆腐是一種東方味道，西方人不愛吃也不解吃。它謙卑，平靜，雅俗共賞，隨遇而安，家用宴客皆宜。瞿秋白在福建汀州監獄寫下近兩萬字臨終遺言〈多餘的話〉，結尾道：「中國的豆腐也是很好吃的東西，世界第一！永別了」。

兩千年來，豆腐凝聚著中國人的集體記憶，和集體情感；它以一物之微，彰顯剛柔相濟之道，彷彿味覺的蟬聲，嗅覺的微風。

論輕食

1

阿珊兩歲時，我們去鄉下接她回臺北住幾天，當時麥當勞進駐臺灣不久，帶著時尚感，風靡了不少人。我也想讓寶貝女兒體驗這種美國食物。

「麥當勞，嘻——」阿珊邊吃麥克雞塊邊燦爛地笑。她在外婆家，經常咀嚼鮮美的土雞肉，現在竟那麼歡喜，我覺得毋寧是贊嘆跟父母親相處的時光，不太可能是那雞塊。一天到晚活蹦亂跳的雞才美味；在狹仄空間囚養出來的雞，無論怎麼料理都不會好吃。

長期以來，麥當勞常成為箭靶。「飲食文化」課程最後一週，我讓學生觀賞摩根．史柏路克（Morgan Spurlock）的紀錄片《麥胖報告》（*Super Size Me*），影片指出：這速食龍頭是造成美國人口肥胖、糖尿病、高血壓的罪魁。他以身試餐，連續30天餐餐吃麥當勞食品，一個月後體重急遽增加，原本良好的健康有了憂鬱症、肝臟衰竭現象。血壓、血脂值快速攀升，肝功能也出現問題。我印象深刻的是測試第一天，摩根咬下第一口漢堡，對著鏡頭笑說：「我正處在小朋友認為的天堂裡」。然則，明明知道常吃速食不利健康，又依賴它，愛戀它，若罹患第二型糖尿病、高血壓和心臟病等肥胖相關疾病，就全怪罪它，未免太不負責任了。我不太注意食物的健康問題，更在乎它好不好吃。

去年大年初一早晨出門覓食，繞了一大圈果然見不到營業的店家，猶豫踅進麥當勞吃漢堡。很多年沒來了，仍覺得滿嘴是各種調味料的味道；不過，那片肉排加上油脂、起司片、蛋，卻組合出某種奇異的魅力，某種討好的表情，瞬間取悅味蕾，散發著娛樂性。

麥當勞代表的是新穎、快速、制式、全球化的食物，是資本經濟垂涎市場的象徵，它已在全球佔據了餐飲的核心地位。里茨爾（George Ritzer）在其《社會的麥當勞化》（*The McDonaldization of Society*）一書指出：這種速食店「被描述成是整潔的，食物據說是新鮮而又富有營養，僱員顯得年輕熱情，經理則彬彬有禮、善解人意，用餐過程充滿了樂趣。麥當勞兄弟開店的原則是快速、大量和低價，他們採取生產裝配線的辦法來提供食品，而不是個人化的服務和傳統烹調技術；此外，培訓廚師是在有限的菜單中，把食物的準備工作分解為簡單、重複的任務，使初學者也能很快學會。他們還規定工人應該做什麼，甚至應該說什麼。」

2

那年，文琪關懷我家庭遭逢變故，約在新開幕的餐廳「隨意吧」午餐，大概想安慰我，鼓舞憂鬱的精神意志。許久不見，見了面像一陣風和煦吹過。好朋友也許就像一陣春風，不會常混在一起，卻總是適時給出關懷。

這餐廳在臺北101的36樓，桌上皆插著色彩繽紛的餅乾棒，不同顏色有不同味道；水則有兩種義大利天然礦泉水可選擇；麵包另提供松露橄欖油蘸食。南瓜湯用100％南瓜打成泥，加鮮奶油煮成，南瓜味充滿。

路人皆知，油炸油煎食物的熱量高，油也可能因高溫變質產生自由基，造成細胞老化，危害身體。「隨意吧」標榜輕食料理。相對於大魚大肉而顯得熱量低，少糖，少鹽，少脂肪，少一切調味料，少分量，少加工。並否定重油煙，否定猛火快炒，否定色素，否定食品添加物。

輕淡，堪稱輕食料理的基本動作。

義大利新寫實主義電影《單車失竊記》，描述二戰後百廢待興的羅馬，男主角經職業介紹所獲得貼海報的工作，這工作必須自備腳踏車，於是典當了家裡的床單，換得一輛二手腳踏車。不料第一天上班就被偷了賴以維生的腳踏車，男主角追逐不果，沮喪回到張貼海報的地方，拿起刷子沾漿糊，胡亂刷了兩下那張皺巴巴的海報，頹然擲下刷子。我覺得導演狄西嘉（Vittorio De Sica）很有兩把刷子，遭逢毀滅性失竊，並未讓男主角呼天搶地咀咒，而是安排他從漿糊桶拿起刷子刷兩下，多少懊惱、怨恨、不甘都在那兩刷，那麼自然，實在，節制，那麼飽滿的情感。

這是一種輕淡的美學手段，一種深思熟慮的輕，而不是輕舉妄動的輕。經過嚴密思考的輕，會讓輕舉妄動顯得愚蠢、沈重。許多人在下筆的時候，充滿了喧嚣，咀咒，糾纏——這些寫作的特質在我看來，都是文字的垃圾場。

輕的視覺形象具有象徵的價值。堂吉訶德把長矛戳入風磨葉片，自己也被拉入空中的場面，在塞萬提斯的小說中只用了幾行，然而，這卻是整部小說中最著名的段落之一。

烹調也是，缺乏自信的廚子總是用各種調味料糾纏材料，把食物搞得厚重凝滯。我曾做客於某知名會館，一些大菜都燒得很差，如蟹腳魚翅用太白粉勾縴；雙蛋莧菜太鹹；豬腳油膩得要命，肥的太油，瘦的太柴——烤得堅硬無比，完全咬不下去，不知是那個獃廚搞出來的？所有菜餚顯得很用力卻乏滋味，又如鵝肝餃，為了保持鵝肝的溫度，裹麵皮油炸，擺盤時再加上生菜、藍紋乳酪，搭配 Blanc 白葡萄酒，非常三八。

3

輕食是低負擔的享樂，暗示健康，自然，那是七分飽的美學，是一種簡單而深刻的思維，輕淡的主張。「美酒飲教微醉後，好花看到半開時。」我是年紀大了才漸漸學習飲食的分寸，飲酒若逾越微醺，恐陷泥醉惡境；美麗的花若看到全開，接下來就是凋落，風韻全失。人生的感動常在將滿未滿時，那是含蓄之姿，距離的美感，恰到好處的期許。

我常在木新市場內吃湯泡飯，頭骨肉煮得很好，上面覆滿韭菜和香菜，其味甚濃甚腴；可冷了再嚐，不免浮現腥膻味，粗糙處無所藏匿。相對地，北投麗禧酒店「雍翠庭」的湯泡鮮魚生，就令我印象深刻，海鱸魚片在熱湯中泡熟，熟而不爛，湯頭和魚肉皆清揚鮮美，上面浮著細蔥絲、香菜，表現輕淡之美。

「隨意吧」有幾道食物印象深刻，三明治就很特別，黑色麵皮，碩大，呈圓形，裡面除了夾著臘腸燻肉、橄欖泥、乳酪，另有駱梨、洋蔥，放在一塊大木板上，另有些生菜和漬番茄丁，口感和滋味都相當豐足，搭配綠、紫、紅、白等等多種顏色的生菜，這是聰明的搭配辦法，一次攝取多樣且均衡的營養；且善用蔥、洋蔥、番茄、芹菜、香草等特殊風味蔬菜提味，別無其它蘸醬。又如「波隆那起司焗烤牛肉醬多層麵」，麵上刨了些帕馬森起司；我不愛肉醬，可肉醬結合了千層麵，像配合愉悅的雙人舞。此外，「帕里斯香焗田螺」用奶油相對較節制，田螺的品質也佳，被香草和蒜味擁抱著。

沉重的生活壓力下，也許需要一點輕淡的食物來調劑。沉重的心情，往往需要一點輕淡如氣泡水的友誼；不刻意來安慰，陪伴你，像俯瞰的風景，紛紛擾擾的是非顯得渺小。

《黃帝內經》載：「飲食自倍，腸胃乃傷」；又說「多食鹹，則脈凝泣而變色。多食苦，則皮槁而毛拔。多食辛，則筋急而爪枯。多食酸，則肉胝皺而唇揭。多食甘，則骨痛而髮落」。雖然講得很玄，卻頗有道理。再好的東西都不宜過量。

輕食是餐飲趨勢，帶著時尚感，其概念包括緩慢的進食節奏，那是一種身體環保。尤其像我這種長期虐待消化系統的糟老頭，攝入過剩熱量，導致痴肥，加速衰老。我可能一直太忙，忙碌而生焦躁之習，年輕時吃飯常快速吞嚥而不自知，往往是要離開餐桌站立艱辛，才發現吃得過飽。後來我知道並非自己太遲鈍，進食過程中即使胃已裝滿食物，飽脹感卻要延遲20分鐘才能傳達到大腦。據統計，約20%的老年癡呆患者，青壯年時期都是喜歡飽食的「美食家」；又據說吃太飽會促進一種纖維芽細胞生長，乃腦動脈硬化的元兇。難怪我總是挨醫生罵。

很多人交友一下子就甜得跟蜜一樣黏稠，不若淡如水的君子之交，清淡的交誼是一種緩慢加溫的方式，比較能持久，比較深刻。感情也是，細火慢燉的愛情往往有美麗的回憶，速戰速決的愛情都很虛無、空洞。

緩慢包括農業活動，美國作家貝利（Wendell Berry）的名言：「飲食就是農業活動」（eating is an agricultural act）。晚近頗有人在有機耕作的基礎上從事秀明農法，秀明農法源自日本，主張不使用農藥、肥料，不使用任何生物製劑菌種；以落葉、枯草堆肥，令土壤自養生息，形成完整的生態體系。沒有農藥的作物，會發展出強勁的根系，扎根深，吸收更多養分，並有效鬆土，涵養土壤有機質。

麥可．波倫在《雜食者的兩難》指出：化肥工業，以及二戰期間由毒氣工廠所轉型的農藥工業，其實是美國傾國家之力，將戰爭機器在和平時期另作他用的結果。正如印度農業激進者凡達娜．西瓦（Vandana Shiva）宣稱：「我們仍在吃二次大戰的廚餘」

（We're still eating the leftovers of World War II.）。

4

各種料理中，日本料理、蔬食，印度菜庶幾較接近輕食的美學。日本料理的風格本來多屬清淡，可最近我卻經歷自甘墮落的日式料理：今年過年，和么女在木新路上覓食，猶豫走進一家迴轉壽司連鎖店，在轉盤上轉來轉去的魚生都不新鮮，飯也都冰冷，更恐怖的是茶碗蒸，竟用塑膠容器密封蒸熟。我希望我們父女只是作了一場噩夢，而不是真的吃了壽司飼料。

這種魚生如飼料，不如回家嚼菜根。自古以來，菜價都不如肉價，宋・羅大經《鶴林玉露》將嚼菜根上升到道德層次，認為公卿皆應識得蔬菜之味，則平民百姓何愁無飯可吃。

遺憾有些素食餐館過度依賴加工品，滯油沈味，實不足為訓。臺北「祥和蔬食」屬川菜味型，辛香料中的麻、辣能變化食材的姿態，卻未沈重口味，這樣才是好素食。

我曾吃了一頓「裸食」盛饌，這家純素的私廚餐廳，主廚是一位印度女士，強調天然、無添加、健康，標榜以自產益生菌來發酵堅果。如印度薄餅，用酸酵米薄餅、咖哩馬鈴薯、青豆、香菜酸奶醬、醃芥茉籽、泡菜滷汁凍。披薩採無麩質生餅皮，在45℃下風乾24小時製作，並用核桃、櫛瓜、亞麻仁粉。我大概吃了天然的東西，吃了一堆健康符號；卻好像沒吃到什麼滋味。

一樣是印度菜，「SAFFRON 46」的味道就很諧和，細緻，有效喚醒沈睡的味蕾，諸如香料雞肉咖哩，菠菜泥燴乳酪，炸鮮蠔，酸奶，窯烤鮭魚，以及烤餅、脆餅都美味。

有時候太執念於某種健康觀念，不免扞格了美味；忽略其中的矛盾，宛如被僵化的意識形態所蒙蔽。然則關於意識形態的所有觀點，本身就是意識形態的。我可能只是耽溺於味覺的享樂，故而欣賞林語堂反對極端的素食主義。他提倡理性素食者、隨性素食者，「他吃了這頓盛宴，明天早晨醒來便說以後不再吃肉了，於是捧了一碗粥吃著鹽蘿蔔，在中飯時又被濃味的肉片惑而吃了，到晚上睡覺時卻又更熱中於蔬菜了。」

要之，任何餐飲都要靜下心來慢慢品嘗，才能品出飲食之味；任何美食，也需要細心烹製好食材，難道匆忙燒製出來的菜會好吃？所謂「萬物靜觀皆自得」，生活的基調緩慢下來，情緒自然放鬆，乃為審美活動做好了準備，進一步能凝神壹志，對眼前的客體有所感覺，有所領悟。松尾芭蕉的俳句〈賞花〉描寫賞櫻：

樹下肉絲、菜湯上

飄落櫻花瓣

在櫻花祭，落英繽紛飄在菜湯、肉絲映現的生活氣息中，視覺、味覺與嗅覺俱活潑了起來，這樣的用餐情境，非緩慢地靜觀莫辦。

緩慢，輕淡，將飲食從止飢解渴提升到品味的層次，也將生命從生存提升到生活。緩而淡是美的，是為了對過程的欣賞和想像，我們在緩慢的基調中生活，往往會覺得日子悠長了起來。

論包食

「包食」是我杜撰的名詞，意指用麵粉、米粉包裹內餡，集菜食麵食或米食於一身，經過蒸、煎、烙、烤、炸等工序致熟的食物，諸如各種包子、月餅、水餃、鍋貼、鍋盔、韭菜盒、胡椒餅、春捲、餛飩、餡餅、湯圓、粽子、荷葉粉蒸肉……以及各種糖包，體系可觀。

中華料理這些點心常被英譯為"dumpling"，譯名委實草率，忽略了各種食物的細微差異，和文化特色。

北京是包食的發源地，原本是庶民食物，我想像貧窮的人民將昨天晚上沒吃完的剩菜，用剩下的餅皮包起來蒸。聽說在農村，包子常作為早餐，有的包子甚至像小孩的頭那麼大。

烹調技法中有一種「包配法」，是將原料處理成粒、絲、片、塊等小體積的形狀，加以調味，再用玻璃紙、荷葉、網油、豆皮等作外皮包裹，然後烹熟。諸如粽子、荷葉粉蒸排骨、紙包雞等等。包配法即是包烹法。

古時候的包烹沒這麼講究，為了防止原料被火燒焦或遭灰砂污染，古人把原料包起來燒，最早的包烹只是用大型的植物葉子，燒久了仍不免焦糊；乃演進成葉子的外面再糊以泥巴，遠在距今二萬年以前，人類已經熟練地使用葉包、泥糊的技法，並且延續到今天。

《禮記．內則》記載的一道菜「炮豚」，就是使用包烹法：「編萑以苴之，涂之以墐涂。」文中提到的「編萑」是用蘆葦編的席，「墐涂」是粘土合成的泥；意思是用蘆葦把小豬包裹起來，外面塗上泥巴，然後再燒烤成熟。

這種烹飪法很像江蘇常熟的「叫化雞」。北魏．賈思勰《齊民要術》亦多次提到包烹法，例如《苞肉法》載豬肉「割作棒炙形，菅茅中苞之；無菅茅，稻稈亦得，用厚泥封，勿令裂；裂復上泥」。

沒有炊具的時候，烹製食物主要靠包烹法，包得好不好，就代表烹煮技藝的高低，因此以「包」稱呼廚子。後來烹製食物進入屋內，又在「包」字上面加了「广」字，變成「庖」，乃相繼出現「庖人」、「庖正」、「庖丁」等廚師稱謂。

小籠包堪稱袖珍型的包子，原先乃無錫小吃，特色是皮薄有韌性，通常搭配酸醋、嫩薑絲吃。此物到臺灣之後被發揚光大，從大餐館、豆漿店，到路邊攤都可見其身影。

天下小籠包我偏愛臺北的「點水樓」和「鼎泰豐」所製，兩家都做得精緻絕美；環境是明廚亮灶，進門即見一群師傅忙著製小籠包，技藝、材料、衛生規範，劇場般，一舉一動皆在來客的眼中，搬演小籠包在臺灣的故事。

水煎包也隨處可見，其性格休閒，美學特徵是餡飽汁滿，皮薄底脆。又名生煎包，是以煎、烙致熟的包子，用酵麵為皮，褶花包入調好味的肉餡，放進平底鍋中，先用麵粉漿加蓋烹至金黃，再加入油水稍煎，最初流行於中國北方。

水煎包異於包子在脆底，工序介乎煎、蒸之間，我喜食略呈焦黃的底板，嚼感厚實，帶著肉味和油香。此包以上海聞名，上海人叫「生煎饅頭」，弄堂口隨處可見，形成獨特的都市風情。

一個個白白胖胖的小包子整齊密集排列在平底鍋上，澆一圈油，再淋上水，蒸氣轟起，油珠亂濺，迅即以鍋蓋封鎖，幾分鐘後再掀開鍋蓋，蒸氣轟起香味。其材料用半發酵麵糰，追求軟韌適口。

另一美味關鍵是肉餡的調配。拌肉餡頗有講究，沈嘉祿《上海老味道》敘述加了肉皮：先熬爛肉皮，冷卻後切成細末，再與肉湯一起煮透，方可拌肉糜；如此才能起基本的審美框架，煎熟後，溶化的滷汁包圍了肉餡，咬破麵皮，又鮮又燙的滷汁噴湧入嘴，予口舌無比痛快的享受。

現在生煎包名目不少，如蝦仁生煎、蟹粉生煎，我仍偏愛鮮肉生煎，經典而實惠。上海的水煎包往往在上面擱一點蔥花，臺北和香港的則習慣撒些白芝麻。我心儀的生煎包頗夥，諸如上海「新苑私房菜」、「致真酒家」、「虹口喜來登采悅軒」，和香港「上海總會」、「利苑」所製；臺北「高記」的鐵鍋生煎包、師大夜市「許記」生煎包，皆有滋有味，不遑多讓於上海名店的作品。

其它像鍋貼、韭菜盒、鍋盔都算是餃子、包子的變奏。鍋貼又叫「鍋烙」，通常包成水餃狀或長方形狀，用平底鍋先以涼水煎，熟時傾油再煎，成品外表酥脆，內餡鮮香。內餡變化多端，常見的是肉末和蝦仁。

臺北「銀翼餐廳」的鍋貼用梅花狀模具煎製，味道甚佳，可惜相黏太緊，夾起時不免皮破汁溢。雖然美味，我仍嫌它太油，跟坊間的韭菜盒一個樣。吾甚愛「宋廚菜館」的韭菜盒，寡油，精巧，介乎煎和烙之間，我每次去吃烤鴨，例食韭菜盒。

上次去成都「順興茶館」，驚豔其回鍋肉、軍屯鍋盔、樟茶鴨、椒麻雞、麻婆豆腐，如今追憶，鍋盔的味道已迷離，卻懷念起詩人辛鬱，和他作的兩首順興茶館詩，「那少年豪情／溢出在霜壓風欺的臉上」，辛鬱筆下的順興茶館是昔日西門町的小茶館，僅30個座位，並無鍋盔可吃。

包食中以餃子最具中華性，北方人逢年過節無餃不歡，異鄉遊子也喜群聚包餃子。從前，民間有幾個固定的吃餃日：冬至，除夕，春節，元宵，七夕，其中伴隨了許多習俗和故事。河南流傳一首〈過年歌〉：「二十三，祭灶官；二十四，掃房子；二十五，磨豆腐；二十六，去割肉；二十七，殺隻雞；二十八，蒸棗花；二十九，去打酒；三十兒，捏鼻兒；年初一，撅著屁股亂作揖。」歌中的捏鼻兒，即指包餃子的習俗。

中國人吃餃歷史久遠，早在西元五世紀時已是黃河流域人民的普通麵食；新疆吐魯番考古發現的唐墓就有餃子，形制和現代一樣。餃子之名據說是除夕夜吃它而得，往昔講究守歲包辭歲吃，夜晚十二點為子時，人們到了「更歲交子」的新年，吃帶餡食物叫「交子」，久而久之，交子就寫成了餃子。

蘇東坡〈游博羅香積寺〉：「豈唯牢九薦古味，要使真一流天漿」。「真一」是真一酒，蘇東坡謫居海南時曾造此酒，「牢九」應作「牢丸」，束晳〈餅賦〉和段成式《酉陽雜俎》都有記載牢丸，卻缺乏製作方法，遂搞得後代眾說紛紜。牢丸是一種古代食品，有點像現代的餃子。除了麵皮牢裹著餡心的外形，更要緊的是它可煮可蒸，又皮薄不破、餡心透皮，較接近〈餅賦〉「薄而不綻」、「穰色外見」的描寫。

餃子的稱謂很多：餛飩，角子，扁食，匾食，煮餑餑，湯餅，水點心，水角兒，椵木餃，水包子等等。《金瓶梅》有多處提到餃子，如第8回，潘金蓮吩咐迎兒：「做了一籠餡肉角兒，等西門慶來吃。」又如第67回，「玉皇廟、永福寺、報恩寺，都送疏來。西門慶看著，迎春擺設羹飯完備，下出匾食來」。可見潘金蓮叫迎兒用扇籠蒸的角兒，是蒸餃；迎春下出來的匾食是水餃。兩者略有不同，水餃用冷水和麵，取其麵團筋性佳，韌性，食之有勁道；蒸餃用熱水和麵，令麵團柔軟，塑性好，食之細膩軟糯。

大年初一食餃是民間的傳統風俗，連接著祭祀活動。唐魯孫《天下味》也說：北方人過年講究吃五天餃子，「五天之內不動煎炒烹炸，只能熬煮，不准生米下鍋。」並且正月初一吃的是素餃，因除夕一交子時就算初一，諸神下界，見持齋茹素之家猜是積善之家。北方正月初二祭財神，祭完財神要捧元寶，「所謂元寶，就是用金銀錢或者是小銀角子一隻包在餃子裡，」誰吃到，表示那一年就財運亨通。

餃子宜集體製作，全家人一起勞動，早已成為中國人的象徵意義，白白淨淨的餃子在笑語閑談中排隊等著下鍋，那裡面飽滿著歡樂氛圍，和家庭的溫馨。我中學時曾在同學家吃餃子，喝餃子湯，竟咬到一塊硬幣，在大家的歡笑慶賀聲中不免心生憧憬。後來發現是騙人的，數十年來，我沒有一天發過財。

沒有什麼食物比餃子更能連絡情誼了。餃子製作往往是團隊合力完成，和麵，剁餡，擀皮，包餃，下鍋，撈出，大夥站在一起談笑，彷彿一條快樂的生產線，分享勞動，分享食物。

天下餃子形狀大致差異不大，外皮皆用麵粉，內餡多樣，大別為肉餡、素餡、三鮮餡，其中尤以肉餡最富於變換，除了最常見的豬肉餡，諸如羊肉胡蘿蔔、牛肉芹菜、茴香豬肉……可謂變化無窮，京劇名伶裘盛榮愛喝龍井，愛到用龍井茶包餃子。西藏的犛牛肉水餃用洋蔥、芫荽、薑調味，由於犛牛肉質地較堅韌，包餃子時往往會添加油水，以柔順口感。臺灣的江浙館子擅做花素蒸餃，餃內總是駝著粉絲、韭黃、豆腐、韭菜、木耳，蘸鎮江醋吃。

我偏愛韭菜餡，配大蒜吃。臺南勝利路「老友小吃店」的韭菜蝦仁水餃外觀接近圓形，一口一個，滋味雋永。此店的服務員很親切，像街坊鄰居，食客進得門來就紛紛呼喊帥哥，「帥哥，這邊坐」，「帥哥，要吃什麼？」好像只要一走入這老店，統統變成了帥哥。

袁枚《隨園食單》載顛不棱：「糊麵攤開，裹肉為餡蒸之。其討好處全在作餡得法，不過肉嫩、去筋、作料而已。余到廣東，吃官鎮台顛不棱，甚佳。中用肉皮煨膏為餡，故覺軟美。」用肉皮煨膏為餡，似乎是美味秘方。

我忙碌時輒下餃子吃，方便又美味，從前發憤讀書的日子常以冷凍餃子裹腹。臺北南機場夜市「來來」和「秀昌」水餃店都以水餃聞名，兩家從水餃到滷味的味道都很像，必須慢辨才能體會其中細微的變化。我常買南機場「秀昌」的冷凍餃子，在於外皮較具彈勁，肉餡也更有滋味。秀昌有4人不停地在包水餃、擀餃子皮，來來竟有5人從事。他們包水餃的時候，好像有一種節奏感，並非站著不動地包，而是雙腳微屈，一起一伏地配合手上的動作。

身手俐落的人擀皮，像發撲克牌，帥極了。包餃子的手指要巧，餡放在皮上，前後兩邊對準，再以兩手拇指、食指擠壓。高明的餃子都皮薄餡大。那薄皮滑溜，富彈性，黏性足，緊緊將肉餡包容在裡面，滴汁不漏；那肉餡經牙齒輕咬，湯汁總是兜了一嘴。

吾友楊明祥寄來他經營的「父初餃子」，餃皮彈牙，內餡飽滿而調味甚佳，煮熟後半透明的皮甚是迷人，乃我最近欣賞的作品。

一個人吃餃子最寂寞。寂寞時吃的餃子，通常是冷凍餃子，方便是方便，總是帶著寒窗苦讀的況味。

1989年我初訪北京，吳祖光、吳霜父女帶我去鐘鼓樓品嚐風味小吃。我對北京的餛飩攤聞名久矣，那次卻不記得麵皮是否擀得厚薄恰當，不記得餡料的滋味，依稀彷彿豬肉裡摻了些碎荸薺。倒是挨罵的經驗歷歷如昨。

那一年好像全中國的人都很暴躁，我一路挨罵，乃特別注意禮貌，見餛飩攤牆角有兩座位，遂請吳祖光父女先坐，我再問老闆娘有沒有座位。我手上端著一海碗油燙的餛飩湯，未開口先鞠躬：「老闆娘，請問還有沒有椅子？」

「你不會站著吃呀！」她瞪了我一眼，兇惡道。那碗餛飩湯加了紫菜、榨菜、蛋皮細絲，周遭透露著詭異的氛圍。

餛飩最晚在漢代就出現了，到了宋代已是大眾化食品。唐人段成式敘述：「今衣冠家名食，有蕭家餛飩，漉去肥湯，可以瀹茗。」由於工藝精細，宋代一般家庭仍無力製作，如陸游〈對食戲作〉所詠：「春前臘後物華催，時拌兒曹把酒杯；蒸餅猶能十字裂，餛飩那得五般來。」

市面上的好餛飩不少，梁實秋贊賞北京致美齋的餛飩，引清同治年間詩人楊靜亭的詩：「包得餛飩味勝常，餡融春韭嚼來香；湯清潤吻休嫌淡，咽來方知滋味長。」

我欣賞的臺灣餛飩包括高雄「菜市仔嬤汾陽餛飩」，和花蓮的「戴記」、「液香扁食」。餛飩皮比餃子皮薄，更適合煮湯，也方便挑著擔串街走巷，很多名店就流傳著創業之初挑擔販售的故事。一般高明的餛飩湯多用豬骨熬煮，花蓮液香扁食湯裡更增添了蝦皮、油蔥頭之味。冬日喝一碗熱呼呼的餛飩湯，從舌頭暖到心頭。

包子的發明是巨大的文化衝擊，其口味大別為鹹、甜兩種。用食糖等甜味原料加輔料製作的包子，種類繁多，以形名的諸如捏花糖包、對花糖包、海星糖包、海螺糖包、柿子糖包、桃子糖包、石榴糖包、佛手糖包；以餡名的如棗泥包、蓮茸包、五仁包、豆沙包……

鹹肉包的種類尤為複雜，各地因餡料風味和製皮工藝不同而風味殊異，如天津狗不理包子、山東肉丁包子、鎮江包子、四川小籠包子……膠東半島漁家常吃的海菜包，即用新鮮海菜做餡。當然還有客家菜包，以糯米磨漿，壓乾後製成外皮，內餡主要是炒過蘿蔔絲，另有香菇、油蔥、大蒜。我常吃的韭菜包，則搭配豬肉丁、香菇丁、蝦米之屬混炒，便是餡心。

包入內餡的包子，從饅頭演變而來，早在三國時期即已製作食用，是一種發酵後蒸熟的麵食；烤製的就是麵包。蒸，是中華料理最擅長、獨特的烹飪手段之一。宋．陶穀《清異錄》載，後周有張手美者在京城賣「綠荷包子」。至遲到唐代，小麥結合了炊蒸的方式製作出饅頭、包子。宋代製作包子的工藝已相當成熟，宋．孟元老《東京夢華錄》記載當時開封的包子舖「外賣軟羊諸色包子」，估計種類繁多。南宋．羅大經《鶴林玉露》述北宋蔡京的太師府內，做包子的女廚分工精細，切蔥絲的，拌餡的，和麵的，包包子的，可窺其製作技術精湛。

那年冬天，我商請蕭乾（時任中國現代文學館館長）的司機從北京載我去天津，拜訪臺灣的登山天王邢天正。海河結冰了，人們河面上溜冰。邢天正很老了，落葉歸根，回老家跟兒子住，我至今難忘扶著他到外面曬太陽，跨過門檻時他竟邀我一起去攀登珠穆朗瑪峰。

那時候詩人公劉剛好在天津，遂約他在狗不理包子店用餐。狗不理包子的肉餡肥瘦比例頗為講究，冬天增加肥的，夏季減少，春秋肥瘦各半；內餡加香油、醬油、薑末和蔥末，外皮用半發麵，擀得薄而帶勁，並以口蘑雞湯和餡，吃在嘴裡油水汪汪。包子的褶花勻稱，每個15褶，1兩麵固定包3個。

比包子更深刻的是和公劉的忘年交，他豐沛的詩創作，和一生遭受的苦難：饑荒，文革，終日挨整被鬥，和相依為命的愛女生別離，我結識他時還看得出來是飽受驚嚇的知識份子。

淮安「文樓」的蟹黃湯包素有「味蓋三城，馳名京都」之譽，堪稱淮揚菜精品。湯包的餡心全是湯，其皮碩大卻不厚，置於碟上，附一支吸管，喝完湯汁再吃剩下的皮。蟹黃湯包的工藝獨特，據說採用二十多種原料，每年秋蟹上市才開始販售，至農曆十一月即止，季節性強。

文樓在河下古鎮，南臨大運河，北瀕古淮水。門面不太起眼，進門則別有洞天，流露古老的韻味；山牆上鐫有「文樓小記」，左邊是一上聯：「小大姐，上河下，坐北朝南吃東西」，邀人作對一百多年了，店家說下聯至今無人能對。

蒙淮陰師範學院李相銀院長設宴款待，見識了蟹黃大湯包，也品嚐到文樓的特色菜餚：朱橋甲魚，熱腔血腸，平橋豆腐，昂刺魚片，野雞蛋……真想再吃。

包食帶著保守性格，將心愛的東西緊密隱藏在表皮裡面，掰開前沒有人知道其內容。這一點頗像中國舞蹈，舞衣總是附著長長的水袖，一方面是手臂的延伸，另方面又隱藏、代替了手臂。那是一種戲劇效果，一口咬下去，皮開肉綻，露餡了，露出的可能是意想不到的內餡，像某種情節的轉折。

我歡喜站在蒸籠前看店家揭鍋，揭鍋，是迷人的動詞，有一種特殊的魅力，充滿期待，像急轉直下的情節，打開鍋蓋的瞬間，肉香和麵香隨著轟騰的蒸氣撲鼻。

有時獨自躑躅街頭，邊走邊吃肉包，渾然不覺市囂。那麥香，那肉味，伴隨著腦海裡浮現的人事，飽滿著生活感，帶著歲月悠悠的餘韻。

論海產

每次見釣客站在礁石上，迎對風濤煙雨，都想要涎臉邀他共醉。每次吃海鮮，都覺得很接近上帝，從舌頭滋潤到靈魂，心神為之傾倒。

水產關係著人類文明的發展，考古學家常藉食用後丟棄的貝殼，計算該地當時的人口數。歐陽修初食車螯，贊嘆：「璀璨殼如玉，斑斕點生花；含漿不肯吐，得火遽已呀；共食惟恐後，爭先屢成譁」。車螯為海產軟體動物，文蛤的一種，我最不能忘情的水產是甲殼類如蝦、蟹，和貝類如蚌、蠔、蟶、蜆之屬。

蛤蜊煮湯最美，燒烤也不賴；卻不可煮過久，否則蛤肉縮小，肉質柴矣。清．宋際春〈客話莆中食葅〉第三首：「海東蔬錯亦何常，始至先應肉味忘。昨日飣盤親點檢，加餐教進蛤蜊湯」。第四首又說：「南遷眼豈退之花，食蛤甯當更食蛙。我記江鄉飫蘆鰻，教人絕倒說烹蛇」。

不惟蛤蜊，燒烤的甲殼，氣味迴盪，散發出凡人難以抵擋的魅力。臺灣四面環海，黑潮暖流又靠岸經過東部海域，帶來豐富的漁業資源，海產自然形成臺菜的重要食材，堪稱有人煙處即有海產店。海產之優劣，大抵是九份材料，一分功夫。海鮮貴在原味，因此烹調簡單，過度加工反而會干擾食材，海產材料的新鮮度直接決定了美味。

從前下班回家時，多次在興隆路上「阿如海產」門口停車，焦妻下車買海鮮蝦餅，我在駕駛座等待，想像晚餐桌上多了一盤佳餚。那海鮮蝦餅的外觀像月亮蝦餅，口感卻完全不同，乃是蝦泥中混合花枝肉，充滿了嚼感和富足感；蘸料亦異於一般泰式餐館所提供的梅醬，而是調和了魚露，使蝦餅呈現獨特的美感。

有時我們夫妻不必趕回家準備晚餐，直接就進入餐廳，常吃的還有烤魚、蒸螃蟹、飛魚卵炒飯、椒鹽鮑魚等等，這小店有許多我們的家庭記憶。焦妻離世後，我經過店外總覺得一陣鼻酸，幾度要進去又終於難以舉足；後來，想重溫舊時味，那海產店卻不見了。

四年後有一天黃昏在我家附近發現「海天小館」，竟是昔日的阿如海產，忽然升起「驀然回首，那人卻在燈火闌珊處」之慨，遂經常偕女兒去。我們常吃的還包括：芋頭透抽，麻油螃蟹。「麻油螃蟹」可以是沙母，亦能變換為處女蟳，鮮蟹浴在輕淡的麻油中，美得不敢逼視；鋪墊的麵線吸飽了蟹汁，滋味動人。「芋頭透抽」很適合侑酒，芋頭絲有效提升了油炸透抽的味道，加上蔥花、蒜頭、辣椒，芋頭快樂地陪伴透抽。

阿雙搞不清楚透抽、花枝等等這些外形、口感相近的海產。確實有點族繁：透抽（Neritic Squid）是真鎖管、中卷，體型細長，尾端收尖。小卷是臺灣鎖管。魷魚（Squid）是槍烏賊。花枝（Cuttle Fish）即墨魚、烏賊，屬十足目，烏賊科，肉厚，軀幹上半部圓胖，下半部稍微收尖。軟翅，即柔魚、軟翅仔，軀幹尾端呈橢圓形，肉身透明光亮。至於章魚（Octopus），有八爪，屬八腕目，每隻觸爪上有許多圓孔吸盤，選購時要挑皮膚光滑呈透明，眼睛澄澈明亮者才新鮮。

章魚喜藏身洞穴，日本漁民多用陶罐誘捕——白天將陶罐沉入海裡，章魚誤以為是岩洞而鑽入。松尾芭蕉的俳句〈明石夜泊〉：「蛸壺やはかなき夢を夏の月」（章魚在陶罐，猶自沉醉黃粱夢，夏夜月滿天），喻陶罐裡的章魚為人生夢幻，惆悵羈旅的孤寂。人過中年，不免常感喟生命如黃粱一夢，許多美好的滋味，轉眼已夢境般迷離。

好像每次去臺東都會到「特選」大啖海鮮。第一次是家庭旅行，我在花蓮火車站租了一輛車，沿著海岸公路到臺東，當天晚上就選在那裡吃飯。

特選鄰近富岡漁港，漁港規模雖小，因鄰近臺東市區，是臺東縣第二大港，更是兼具海釣、觀光價值的多功能港口，往返綠島、蘭嶼的交通船都在這裡；遊客來了也多順便閒逛小野柳、加路蘭海岸。有漁港處必興旺起海產店，人們信賴剛返航的漁船，總是帶回最新鮮、最平價的海鮮。

去的次數多了，品嚐過的菜餚自然不少：三角魚、鬼頭刀、翻車魚、那個魚、海膽、小卷、螃蟹、龍蝦……在特選啖海產另一樂趣是吃野菜：山枸杞葉、米菜（小葉灰藋）、野莧菜、山茼蒿、水菜、刺蔥、馬齒莧等等，野菜的香氣濃厚，綿長，頗適配海鮮。

我尤其鍾情「乾煎小管」，小管即小卷，乾煎小管傑出之處在於雖然是乾煎，卻甘嫩多汁彈牙，一點點脆度，有效表現了小管的魅力，我每次都很快就嚼完一整盤，吃這種好東西，宜和好朋友痛飲。

「蔥油翻車魚」也好吃。翻車魚體型巨大，又名曼波魚，起初是臺灣漁民見牠常翻躺在海面上日光浴，乃以「翻車」戲謂；這名字質樸憨直，一派鄉土風格。蔥油翻車魚加了不少蔥絲和黑胡椒粉，肉質白嫩，彈勁明顯，特立獨行的口感。

村上龍有一本料理小說集《孤獨美食家》，書裡全以食物舖排情節，可惜文學性很薄弱。〈鹹蛤蜊〉裡的敘述者喻女性的陰道為生蛤蜊，卻很沒見識；敘述者常到紐約一家臺式餐館吃鹹蛤蜊，說「臺灣打工仔都是靠一盤鹹蛤蜊配飯，打發一頓晚餐。」村上龍的小說總是帶著紈袴情調，〈石蟹〉敘述在邁阿密頂級餐館吃石蟹，如敘述者的朋友強調：「要學習支配殖民地的天才英國人，喝孟買藍寶石金酒」。猜想他們吃的應該是邉磯尼斯蟹（Dungeness crab），這種蟹肉質飽滿，很適合做凍蟹，「石蟹要蘸熱奶油醬或芥末醬後食用」，「螃蟹肉很滋潤，舌頭頓時冷得微微發抖，螃蟹肉帶著生命的芳香，殘留著些許海洋的腥味」，「一開始喝的蛤肉湯的溫已經完全消失，只有白葡萄酒和螃蟹的冰涼感覺在內臟擴散，我漸漸開始有一種奢侈的失落感。冰冷的螃蟹令人沉默。」

凍蟹其實很好吃。我難忘在新加坡「麗都飯店」吃凍蟹，那大沙公的蟹膏、蟹肉皆飽滿，腴香含蓄，低調而雋永，充盈著官能性。

然則蟹、蝦、墨魚之屬都不宜入鍋久煮，海產火鍋以魚鍋高尚；吃魚鍋最洩氣的莫如冷凍鯛魚片，無論蘸多厚重的辛辣醬料，也休想掩飾泥腥味。我常在木柵「鴻記石鍋」吃綜合鮮魚鍋，高湯顯然用中藥材煉過，煮蔬菜、魚肉甚佳；其魚貨皆鮮美而蘊蓄著彈性，常見的包括鰛魚，龍虎斑，加納，青衣，褐斑，帝王條，紅笛鯛等等，有天晚上我吃到一半，見老闆正在切割一條長尾鳥，他仔細片下魚肉，那碩大的魚頭則冷落鐵盤內；其時也，我的眼睛沒有離開過那顆頭，那美麗的魚頭，令心靈平靜，想像鹽烤它肯定讓人痴迷。終於忍不住流著口水問老闆：如何處理那魚頭？可以分享嗎？

料想鮟鱇魚頭或煮或烤應該也好吃，其魚肝也美味；雖然加拿大作家格雷斯哥（Taras Grescoe）嫌惡鮟鱇魚肝：吸取了海洋深處各種腐敗物質，一口咬下這種柔軟蓬鬆的器官，「滿嘴腐爛海草與鯨肉的味道」。鮟鱇魚即琵琶魚，顏值低，泳技差，常潛伏海底，多靠臂鰭爬行。其肉質緊密如龍蝦，富彈性，日本人喜愛在冬天吃鮟鱇鍋。梁秉鈞的詩〈鮟鱇魚鍋〉說牠的大口怪臉是人們「巨大的狂想」。

海鮮有一種撫慰憂鬱胸膛的能量，尤其甲殼類，堪稱我味覺的教堂。費雪（M. F. K. Fisher）描述生食牡蠣，顯得很法國：「應在寒冷的月分，於戶外的氣溫中，撬開事先絕不可經過冰藏的牡蠣，隨即將牡蠣肉自粗糙且形狀不規則的殼中挖出，如此一來，牡蠣的黑鰓因受到周遭空氣的振盪，會微微顫動、抖縮。牡蠣宜吞食，但是吞的速度不能太快，接著喝牠鹹鹹的、可口的汁，應就著殼，一口喝下……再過來當然得吃上一兩口塗了牛油的黑麵包，這樣更能刺激味蕾」。是的，我曾在里昂的假日市集吞食生蠔，吃黑麵包，野風瑟瑟從隆河吹上來。吞食生牡蠣不能缺乏白葡萄酒，我偏愛廉價款的Chablis。

牡蠣極其自閉，一生恐怕都很孤獨，「活得毫無動靜，無聲無息」。費雪說牠存在之目的只是提供食物，「那寒涼，纖柔的灰白色軀體，滑進一口燉鍋之中，或火力燒烤之下，或活生生地滑進鮮紅的喉嚨」。不知何故，世人多相信牡蠣具壯陽效果，「幾乎每位西方男士，只要有點錢，有點閒，便有能力吞下一定分量的磷。只要牡蠣新鮮乾淨，管牠是補了他的腦子、肚子，還是他最私密的部位，都行」。

大仲馬雅好牡蠣，在他眼中，全世界吃牡蠣都一個樣，簡單至極：「剝開殼，掏出來，澆幾滴檸檬汁，一口吞掉。也曾有人建議放入口中後不要囫圇吞掉，要咀嚼，才能嚼出牡蠣肝裡的美味。最講究的美食者會用醋、胡椒粉、蔥花兌成調味汁，蘸一蘸再吞。還有的人——我以為這才算得上是真正的牡蠣愛好者——什麼都不蘸，就這麼一口生吞下去」。

我好像從小就愛上海鮮，吃了幾十年，累積不少美味。線西「源泉活海鮮餐廳」的食物常縈迴於心：滷鮑魚，鹽烤竹蟶，黑胡椒烤鳳螺，三杯魟魚，白鯧米粉，蝦捲……那種思念，堪稱一見鍾情。

「滷鮑魚」融合了日式佃煮（つくだに），選用的鮑魚相當肥美，滷煮準確，入味，又完全挽留鮑魚的鮮美；那濃郁的肉碰到牙齒，柔潤，似有輕微的抵拒，欲拒還迎的珍貴感，和曼妙感。

「黑胡椒烤鳳螺」每一個鳳螺都長得壯碩結實，先煮過，上桌時再置於鐵盤上炙燒，那溫柔的火焰先勾引出饑餓感，火滅了，盤底的粗鹽滲進殼內，和黑胡椒一起贊美螺肉。

竹蟶較常見的做法是用蒜蓉蒸，「鹽烤竹蟶」鐵盤內舖著大量海鹽，上面飾以薑絲，比手指更粗的竹蟶處理潔淨，原汁原味，吃著吃著，好像海風拂進心裡。

竹蟶碩大才好吃，嘉慶年間在臺任官的謝金鑾（1757-1820）所作〈臺灣竹枝詞〉中有一首，贊竹蟶之味比擬干貝：「風味初嘗到竹蟶，江瑤應與共功名。荳芽瑣瑣徒纖薄，菉筍開廚試蚌羹」。他自己註解：海荳芽長得像小蟶，卻味薄不好吃。

高雄是我故鄉，對我最大的召喚卻是「亞洲海產店」，這幾年去高雄不外是工作，每次去總是忖度著：來得及趕去「亞洲」大啖一頓嗎？好想念「亞洲」的龍蝦粥、無目鰻、雙殼處女蟳、極品刺身、乾煎海鱸鰻、燒酒龍膽、龍蝦頭熗烏魚鰾、大目鯛魚肝……

「無目鰻」即布氏黏盲鰻，外形像蛇而無明顯的頭部；長相雖醜惡，卻肉質不俗，明火烤製後飽含彈勁，頗具咀嚼的樂趣。吃「雙殼處女蟳」得憑一點運氣，若季節不對，只能垂涎期盼。雙殼處女蟳是指正值脫殼的蟳，老殼尚未脫離，新的軟殼已經生成，因此鹽烤後很容易即剝開全身硬殼，呈現膏滿肉肥的體態，這是螃蟹最美麗的時候，值得我們深情對待。若點食白灼的龍蝦沙拉，再用龍蝦頭、腳熬煮的「龍蝦粥」可謂極致美味，那黃澄澄的粥吸飽了龍蝦精華，我一個人可以吃掉一整鍋。

金門「阿芬海產店」不僅海產粥美，蒜泥虎螺肉也靚，酥炸芋條軟殼蟹、蚵仔酥亦令人吮指回味；我愛吃金門和澎湖的石蚵。阿芬海產位於金湖鎮復國墩漁港旁，當年夜行軍曾經路過，印象中總是傳統古厝聚落，碉堡，龍舌蘭，瓊麻，花崗岩。復國墩在金門東側，原名為「蚵殼墩」，意謂蚵殼所堆起的高地；後來老蔣給改了名，小漁村遂參加他反攻復國的想望。

多年後我又來到這礁石海岸，出入的船隻已少，倒是建造了一座觀景平臺，沿著木棧道曲折走來，長坐遠眺北碇島和大陸圍頭，風很大，往事澎湃。

海產講究新鮮，古時候交通不便，冷藏困難，只有奢靡的貴族不受影響，如隋代虞孝仁在伐遼途中，還能吃到駱駝背的水箱養的活魚。鮮度不夠的海產，任何蔥薑蒜，任何香料、白酒、橄欖油都拯救不了。

臺灣海域罕見淡菜，淡菜多冷凍進口，經過解凍烹調，往往已肉質如柴。朱彝尊《食憲鴻秘》記載兩種烹製淡菜法，都用了酒釀清蒸：「冷水浸一日，去毛沙丁，洗淨，加肉絲、冬筍、酒漿煮。用同鰕肉、韭芽、豬油小炒亦可。酒釀糟糟用亦妙」。

多年前旅行紐西蘭羅托魯瓦（Rotorua），宿 Kawaha Point Lodge，這個莊園別墅有七間套房，都在一樓；二樓則是餐廳、客廳、廚房。莊園座落於羅托魯瓦湖畔，有私人碼頭，遊艇，游泳池，花園修整得十分美麗壯觀。莊園裡有一正式晚宴。晚宴前，房客們坐在二樓的大客廳，彼此閒坐聊天，互換名片，飲餐前酒，吃點心，欣賞黃昏的羅托魯瓦湖，宛如隱居於與世隔絕的風景裡。

主人夫婦倆是英國移民後代，熱情有禮。我懷念那天的晚餐，尤其是淡菜，好像才剛從海裡捕撈上來，猶帶著南太平洋的氣息，甜度和嚼感都十分動人，剛好匹配眼前優美的湖景。我感謝主廚的精心烹製，感謝他對淡菜的尊重和專注，他遂寫了一張食譜答謝我，說關鍵在醬汁：除了辣椒、薑汁，再加進椰漿、檸檬汁。果然不俗，一般西方人作淡菜，多過度依賴乳酪或洋蔥，不然就添加培根肉調味；不過，他給我的食譜可能忘了列酒，雪利酒或白葡萄酒應該都行。酒在海產中的角色，遠勝過任何調味料。

野生海產的味道自然勝過養殖，然則喜食海產者不免要憂慮濫漁、海洋環境惡化，拖網漁業更殘害了海床峽谷。如今，我們可能是人類能品嚐野生海鮮的最後世代，一位漁業專家警告：以後，吾人可能只有花生醬水母三明治可以吃了。

臺灣很多海產店跟海釣客合作，線釣帶著哲思。釣魚令魚自由來去，魚可以自我防衛，如扯斷釣線就能獲得生機。網魚相對是一種災難，缺乏跟魚的關聯，又沒有狩獵、等待的美感。

論蝦子

八斗子漁港的漁船不多，倒是停泊了不少遊艇，站立岸邊看著這些遊艇，美麗，寧靜，浪漫，準備再告別，帶著夢想，在煙波浩瀚的海洋，穿越波浪，渴望，迷茫，揚長遠航。

走進漁港旁的海鮮餐廳，門口架起一艘小船甲板鋪著芭蕉葉，漁獲和碎冰羅列在上面，我點了烤琵琶蝦、蒜蓉蒸明蝦，外加一盤海鮮炒麵。那盤炒麵很庸俗，魚片柴而腥，花枝老而硬。幸虧明蝦好吃，盤內墊著粄條，粄條吸收了明蝦的鮮味。琵琶蝦口感像龍蝦，肉質緊實，相當彈牙。店家說的琵琶蝦，臺灣人俗稱「蝦蛄拍仔」，即扇蝦，前緣有鋸齒狀甲殼，身體扁平，和「海戰車」同屬蝦蛄科。

臺灣辦桌或海鮮餐館蒸蝦，底下常鋪墊粄條、冬粉、麵條之屬，經過蝦汁洗禮，很是美味。前幾天在觀音山「碧瑤山莊」吃的蒜泥粄條蝦雖非明蝦，滋味仍相當動人。

我愛吃蝦，不在乎生物學上的嚴格語境，不計較軟甲綱的這個科那個目，無論真蝦、對蝦、龍蝦、蟬蝦、螯蝦、蝦蛄……只在乎俗稱為蝦的口感。

1

最簡單而普遍的蝦膳當屬白灼，一般餐廳都能供應，優劣無關廚藝，僅視食材鮮度。在產地吃蝦最贊，大仲馬的做法很簡單：「丟在燒開的海水裡煮熟就是了，只需加一點點醋。」我吃過的白灼蝦很多，印象較深的包括：壯圍「永鎮海鮮老店」，萬里「建香四姊妹」和「魚村活海鮮」；燙熟後，通紅豔麗的色澤很好看，剝殼，吸吮蝦腦蝦膏，旋剝旋食，吃蝦須自己動手剝殼才有興味。

阿雙童年時我曾帶她去南寮漁港玩，放風箏，踩腳踏船，吃海鮮，好像還是昨天的事。眨眼間她已經大學畢業，時光如夢，如一盤白灼蝦，二十年一覺沙蝦夢。

清炒接近白灼。1989 年我初訪上海即到「滄浪亭」吃蝦仁麵，當時大陸的餐飲猶乏善可陳，那炒蝦仁未剔泥腸，視覺上先有了障礙，不如麵條可口。

我檢驗江浙菜的標準之一是清炒蝦仁，越簡單的動作越容易露出破綻，蝦仁要炒得好吃，最要緊的還是食材。最好的材料自然是大河蝦，退而求其次使用海蝦，也必須絕對新鮮。吮指追憶者諸如上海「致真酒家」、「徐家私房菜」、「梅龍鎮酒家」、「新苑私房菜」、「蘇浙匯」，和香港「上海總會」，蘇州「松鶴樓」，杭州「知味觀．味莊」。至於海蝦清炒，有臺北「點水樓」、「天香樓」的龍井蝦仁，和「春中食府」清炒沙蝦仁，他們的豌豆蝦仁也可圈可點，都嚴選最細的豌豆仁，和新鮮的劍蝦，使這道菜清新脫俗。

豐子愷僦居西湖畔時結識一位釣蝦客，用飯粒釣蝦，釣得三四隻，就起身走進酒店，叫了一斤酒、一盆花生米，將蝦浸入酒保燙酒的開水裡，不久蝦身即變紅，蘸醬油吃。他極力宣揚蝦味鮮美：「比魚好得多。魚，你釣了來，要剖，要洗，要用油鹽醬醋來燒，多少麻煩。這蝦就便當得多：只要到開水裡一煮，就好吃了。」這釣客帶著情趣和哲思，境界迥異於此間的釣蝦場。

臺灣限於食材，清炒蝦仁通常使用海蝦，不易吃到河蝦。亞都麗緻「天香樓」的龍井蝦仁很經典，其茶葉是來自龍井山的雨前龍井，蝦仁則取河口蝦，食材講究，作法也毫不含糊——蝦仁先用鹽抓洗以滌除穢物，再用太白粉抓洗以淨化黏液，然後用布吸乾，再經摔打、冰鎮工序，才用80℃油炒製，令蝦色光澤亮麗，有效挽留蝦的鮮美和口感。我也曾在「方家小館」吃到頗為驚豔的清炒河蝦仁，那次和林文月、齊邦媛兩位教授共餐，尤其值得回味。

可能是長期的欲求不滿，我每到上海，幾乎餐餐點食清炒河蝦仁。有一天接近中午，我在上海商城附近辦事，不知一種什麼吸引力把我吸進「小南國」，其實我一點也不餓，卻還是把一大盤清炒河蝦仁吃得乾乾淨淨。好吃，真是好吃極了。

更美味的是「席家花園」的水晶河蝦仁，自然的甜美之外，還帶著結實、爽脆的口感。席家花園的名氣很大，菜價不菲，可惜水平沒有能跟得上名氣和價位，除了河蝦仁，和「目魚大烤」、「蟹粉包餅」、「手撕雞」、「青豆泥」等幾道招牌，其它菜很一般。不見得上海的河蝦仁都好吃，我在名店「綠波廊」吃的水晶蝦仁就不及格——味道庸碌，甚至連泥腸也未挑。這是自甘墮落的典型。

清炒蝦仁其實不需任何佐飾，火腿丁、青豆、黃瓜都不必，蔥、薑也是功成身退，不必裝盤。我最受不了泥腸，又過度使用太白粉，其實上漿用一點點粉即可，要之是略加蛋清。

唯高明者不依賴調味料，更不能加蘇打粉、硼砂。蝦仁之美在表現本色，那種不自然的脆，是可厭的造作。美好的蝦仁宛如清秀佳人，色澤淡雅，調味精準，不會裝模作樣。

2

我可能更愛吃烤蝦，蝦殼炙烤的焦香，蝦頭、蝦肉的繁複氣味同時升起，混合，以不可思議的香味充盈著嗅覺和味覺器官，撥弄心弦。

蝦族種類繁多，我幾乎無一不愛。奇怪白居易對蝦頗有偏見：「蠢蠢水族中，無用者蝦蟆。形穢肌肉腥，出沒於泥沙。」韓愈竟也不喜蝦味：「居然當鼎味，豈不辱釣罩。」

唐人還是唐彥謙較解蝦味，他在〈索蝦〉詩中極言蝦味之美：

姑孰多紫蝦，獨有湖陽優。出產在四時，極美宜於秋。
雙箝鼓繁須，當頂抽長矛。鞠躬見湯王，封作朱衣侯。
所以供盤餐，羅列同珍羞。蒜友日相親，瓜朋時與儔。
既名釣詩釣，又作鉤詩鉤。於時同相訪，數日承款留。
厭飲多美味，獨此心相投。別來歲雲久，馳想空悠悠。
銜杯動遐思，囉口涎空流。封緘托雙鯉，於焉來遠求。
慷慨胡隱君，果肯分惠否？

猜想唐彥謙描述的紫蝦是小龍蝦。卡貝拉（Anthony Capella）的小說《廚師布魯諾的誘惑》交織著義大利餐飲，其中有一處描寫小龍蝦：「傳統的吃法是從船上卸下以後就在港邊處理吃掉。做法不難，首先要切開背部，然後醃在橄欖油、麵包粉、鹽巴和大量的胡椒裡，最後用高溫木炭或煤灰烤熟。用手把蝦子從滾燙的灰裡抓出來，用手掰開殼，然後把肉吸出來，像接吻一樣。」

卡貝拉筆下的小龍蝦，異於我們所熟知。風行於中華大地的小龍蝦即淡水龍蝦，棕紅色的盔甲上點綴著些黑色的小點，頭非常大，占了身體一半，頭頂上長著兩根大觸角；那兩隻大鉗子，好像兩把大剪刀。牠們沒有天敵，生存繁殖力強，河塘溝渠常見其身影，幾乎泛濫成災，直到被端上餐桌成為流行菜品。

龍蝦中以波士頓龍蝦體型較大，這種美洲螯蝦的雙螯非常霸氣，肉質豐厚，外觀像重訓選手。

一般的做法是蒸、煮、烤、焗；刺身也多見，蝦頭再煮湯。蒸煮後多對半劈開，淋上檸檬汁或提供胡椒鹽；蒸龍蝦最難忘的是臺東「特選海產店」所烹，蝦肉清雅，蝦膏、蝦卵也很飽滿。焗龍蝦以臺中「海粵樓」所製印象尤深。我曾在溫州「One Tree」義大利餐廳吃波士頓龍蝦沙拉，覺得橙肉很適配蝦肉。餐廳之所以叫一棵樹，乃是門前有一棵橡皮樹。

臺北「上林鐵板燒」無論明蝦佐鮭魚卵或龍蝦水果沙拉都很好吃，前者的蘸醬呈咖啡色，工序是先燒烤蝦頭、蝦殼，再經過炒香、熬煮。擺盤時，和芥末醬分據兩邊，如太極圖，再飾以鮭魚卵。後者的龍蝦來自南非，明顯是現宰的，切了一半的蝦身躺在鐵板上猶有動作，肉質不若澳大利亞的結實，卻鮮甜彈牙。

也曾經在欣葉的「呷哺呷哺」吃戰車龍蝦海鮮鍋套餐，以海鮮為主調：戰車龍蝦、大蛤蜊、干貝、九孔、蚵、藍斑、手打明蝦丸和花枝丸，另附肉盤和蔬菜盤。這種「戰車龍蝦」，產自印尼，肉質比龍蝦緊實，充滿彈性，價錢比龍蝦稍貴。

當年去紐約宣傳英譯詩集，游淑靜請我們大啖龍蝦，波士頓龍蝦肉雖則一般，幾個朋友一起穿圍兜，使用工具剖蝦吃蝦，追憶起來仍相當愉悅。波士頓龍蝦本來叫緬因龍蝦，每年的八月初，美國羅克蘭郡會舉辦緬因州龍蝦節。據說17世紀最早登陸美洲的英國清教徒幾乎餓死，主要是不敢吃沒見過的動植物，包括滿山的野火雞和滿海的龍蝦。

後來美國人也吃龍蝦了，卻量多價賤，被稱為「窮人的雞」。

3

我常去「易鼎活蝦極品」吃泰國蝦，其蝦來自屏東養殖場，都是精挑細選的紅頭母蝦，蝦頭的黃極其飽滿，非常催涎，檸檬蝦、蒜頭蝦、鹹酥蝦、麻油蝦都令人吮指，蒜頭蝦內的蒜蓉拌稀飯，是聰明的吃法。我特別迷戀胡椒蝦，近二十隻肥蝦環繞在鍋緣，隊形整齊壯觀，味覺審美之前，先欣賞了視覺演出。

「易鼎」曾經開了多家分店，我尤其喜歡臺中甘肅路旗艦店，餐館佔地甚廣，是南洋峇里島庭園式木材建築，用餐空間很大，餐具區另有一大鍋稀飯和一大鍋乾飯，供客人自取。整體看來帶著濃厚的本土性格，親切，輕鬆，休閒的用餐氛圍。

蝦肉富彈性，清爽，鮮美，柔嫩，不需要刀工，崇尚輕度烹調。

西餐烹蝦離不開奶油：蝦煮熟後取出蝦肉，用白葡萄酒、香草、檸檬皮、鹽慢煮蝦肉，加入奶油、檸檬汁。竹北「GD Restaurant」的主廚 Yen 是才華洋溢的美女，她用橄欖油醃的香草煎角蝦，連一起煎的櫛瓜捲都很美味，吃完後我還頻頻舔手指，嘴唇和鬍鬚沾滿蝦汁。

新店「28工作室」的刺蔥美人蝦，用刺蔥、紫蘇葉、美人蝦，刺蔥的清香和蝦肉相得益彰。這是家庭式的餐廳，主廚是老闆徐清琳先生，徐太太負責前場和甜點，說前場有點誇張，蓋用餐的場地是他們自家的客廳，只有大小兩張桌子，每天只能接待午、晚餐共四桌客人。有一天我打電話去訂位，徐清琳先生說「啊，你三年沒來了」。他記錄每次來用餐的客人和當天的菜色，以便下次客人再來時設計出新菜單。這是一家中西合璧的創意料理，手藝了得，體貼食客的口味和健康，餐前總會先奉上一杯迷迭香茶。遺憾徐先生唐突離世。

大仲馬煮蝦宴客，用洋蔥、胡蘿蔔和香料熬湯，湯汁收濃時倒入一大杯醋，和兩百隻蝦，最後倒入一整瓶白蘭地，熄火。那天的客人都醉了，無法站立。

蝦的個頭小，如此烹煮，蝦膏、蝦肉很容易失去滋味，只剩下酒味。廣西南寧的「醉蝦」做法特別：將生鮮大蝦放在盒裡，倒些酒，蓋住幾分鐘，揭開，那些蝦已不勝酒力，晶瑩透明，掐去頭鬚，蘸醬料吃。蘸料用醬油、醋、薑絲、酸辣絲、蒜泥、木瓜絲、芫荽調成。

4

當代詩人熊鑑〈詠蝦〉：「跳躍靈於蟹，崢嶸勢若龍；生前無滴血，死後一身紅。」此詩像蝦子進行曲，盛贊蝦的武功，姿態和外觀，永遠弓身準備跳躍。

我見過最美的蝦是齊白石〈墨蝦圖〉，長觸角，頭胸甲呈圓柱形，蝦體晶瑩剔透，有透明感，令人嚮往蘆荻煙深的情景。他寫生的對象是長臂青蝦，長得漂亮。

顏值較低的瀨尿蝦（Pissing shrimp）外型像螳螂，身長可達30公分，由於鉗、螯十分兇猛，古代亞述人叫牠「海蚱蜢」（sea grasshoppers），澳洲稱之為「蝦子殺手」（prawn killers），現代潛水者戲稱為「拇指剪刀手」（thumb splitters）。瀨尿蝦的視力極佳，能看到透明、半透明的獵物和珊瑚，目前全球約有400種瀨尿蝦，大部分生存於熱帶、亞熱帶海洋。廣東人之所以叫牠瀨尿蝦，說牠被抓時會撒尿，烹製前要先除掉內臟。常見的烹法是椒鹽；日本人習慣汆燙後吃，或用來包壽司。我在香港西貢市場街、流浮山「龍如海鮮酒家」分別吃過烤、蒸瀨尿蝦。避風塘炒蝦、炒蟹是香港名餚，工序是先油炸，再拌炒豆酥等配料。

上海名菜油爆蝦也油炸，常以冷盤小菜呈現，仍是河蝦優於海蝦，上海「上海老飯店」、「老正興菜館」，和蘇州「松鶴樓」的油爆河蝦皆為上品。臺北「點水樓」、「春申食府」雖用海蝦，卻非冷盤，原來溫熱的油爆蝦更美。油炸蝦優於油炸蟹，丼飯中我獨鍾炸蝦飯。

幼年時寄養外婆家，常在外公的魚塭玩，有次釣魚竟釣到一條蛇。我最愛玩的是冬天魚塭收成，水塘抽乾水「拷塭仔」，「湖溪水落富魚蝦」，各種水鳥在塘底泥灘啄食，手伸進塭壁的洞穴，就是一把蝦，水靈透亮。

我理想的生活接近（明）陳獻章：「山風處處聞松花，江市日日來魚蝦。」總覺得日子就應該有這樣細緻淡雅的情韻。

很多食物擱上一隻蝦，立刻有了崇高感，一碗擔仔麵的焦點，是麵條上的那尾蝦，那尾蝦提昇湯麵的質感，引導我們的視覺、嗅覺，進入味覺的審美。

我理想的三餐是李孔修「滿滿一盤開口蜆，彎彎幾隻帶鬚蝦。」他是明代順德人，順德人的飯桌上少不了水產，這個桑基魚塘的美食之都，魚蝦蟹蜆之味大概已成為他們的飲食基因。一頓飯有魚有蝦有筍有蕨，誰還需要禽畜肉品？

一般來說，蝦肉的滋味勝於魚肉，蝦的口感魅力來自於鮮味（umami），誘引舌頭分泌唾液，愉悅口腔，令人歡喜。我對蝦蟹的愛堅貞不渝，蝦的滋味像秘密符碼，喚醒了味蕾，連接海洋的呼喚。

論校讎

觀看戴資穎奧運羽球金牌戰夜晚，我刻意買一瓶金牌啤酒，打電話向披薩連鎖店訂購披薩外送：「一張瑪格麗特。」

「瑪格麗特是什麼？」

我非常詫異，解釋那是最普遍最簡單的一種披薩：用番茄、莫札瑞拉起司、羅勒組合在餅皮上。

「那有這種披薩？沒聽過。」那你們有什麼？「很多啊：龍蝦舞沙拉，照燒海鮮，蜜汁珍豬，壽喜燒牛柳，超級豪華，加州BBQ雞肉，黃金和牛漢堡排，黃金夏威夷……你可以上網看。」

1

歷史上最出名的貴族披薩迷，可能是瑪格麗特王后（Queen Margherita），傳說她和溫貝多一世（Umberto I）國王1889年造訪拿坡里，布蘭迪披薩店（Pizzeria Brandi）的師傅艾斯波希多（Raffaele Esposito）為王后準備幾種披薩，其中王后最愛的是加了番茄、莫札瑞拉起司、羅勒的莫札瑞拉起司披薩（pizza alla mozzarella），因為王后喜愛，這種披薩遂易名為瑪格麗特披薩。

瑪格麗特披薩的顏色跟義大利國旗是同樣的組合，相當符合烹調民族主義的想法。這款披薩帶著仙履奇緣的特質：原本是貧民食物，受到王后喜愛，成為全球廣受歡迎的食物。這個故事讓披薩成為撫平社會差異的象徵，一種過去不受重視的食物，卻連最挑剔的美食家都覺得美味。

我讀披薩職人傑米納尼（Tony Gemignani）的書，知道另有一款「瑪格麗特增量版披薩」使用莫札瑞拉水牛起司取代莫札瑞拉牛奶起司，並以新鮮的櫻桃番茄取代番茄醬汁。

好懷念在拿坡里最古老的名店 L'antica Pizzeria Da Michele 吃披薩，走進餐廳即見師傅用長鏟將披薩送進烤窯。店內只賣「Marinara」和「Margherita」兩種披薩，這兩種披薩也是公認為最古老的披薩樣式。Marinara 義大利文意思是「水手」，水手披薩沒加起司，用番茄醬、大蒜、奧勒岡、橄欖油製作，麵皮和大蒜的香氣明顯；18 世紀初，拿坡里水手的海上長航中，開始在白麵包上加了番茄和香料，經過家鄉烘焙師的手藝乃誕生了水手披薩。

瑪格麗特一直是我最心儀的披薩，簡單，低調，不炫耀餅皮上的配料，餅皮新鮮，香脆中蓄含鬆軟，將起司、羅勒、番茄醬結構得完美，一切都恰如其分地好吃。

簡單又方便是披薩的美學特質，從前是拿坡里都會區窮人的主食，當地貧民經常坐在家門口的階梯上吃；現在可能是世界最受歡迎的速食。

大仲馬1835年旅行拿坡里，指出當地乞丐靠兩種食物維生：夏天吃西瓜，冬天吃披薩。乍聽覺得丐幫的伙食不錯。他在書裡說：貧民和勞工一日三餐都吃扁平麵包（flatbread）再加上各種不同的配料（toppings）。

雖然我一直想回到拿坡里朝聖，然則19世紀時，外國旅客對披薩還不甚了了。發明電報的摩斯（Samuel Morse）在1831年曾說披薩是可怕的地方小吃，令人作嘔：「上頭蓋著切片番茄，小魚，黑胡椒，還有其它我叫不出名字的食材，整個看起來像是剛從下水道挖出來，還冒著熱氣的麵包。」

拿坡里作家西拉（Matilde Serao）所寫的《拿坡里菜餚》描述披薩為典型的窮人食物。《木偶奇遇記》的作者科洛迪（Carlo Collodi）描述他眼中的披薩：「烤餅皮的黑，大蒜和鯷魚的白，油和炒香草的蒼黃色調，再加上這兒一塊那兒一塊的番茄，讓披薩看起來有種混雜的髒亂感，跟小販身上的汙泥剛好相襯。」

拿坡里披薩與貧窮文化息息相關。當地居民多負擔不起基本的廚房設備，只能在街上買「速食」果腹。買不起披薩的人，還可以賒帳，只要八天後還錢就可以，這就是所謂的 **pizza a otto**（八日披薩）。

美食和貧富無關，即使窮人的食物也可以做得很美味，窮人的食物常表現出原味，所用食材都家常，本土，當令，平價，只要用心計較，任何平凡的東西皆能出頭天，如世界各地的風味小吃。

我對拿坡里的追憶更緊連著美酒佳餚，披薩，卡布里島，蘇蓮多海岸，檸檬酒……

拿坡里披薩向來被認是「正統」義大利披薩的指標，雖則簡單樸素，卻是有講究的。正統拿坡里披薩協會（AVPN）創立於 1984 年，嚴格規定拿坡里披薩的細節，食材，尺寸，烘烤方法。並強調披薩的食材不得在柴燒窯內過度烘烤，而且現烤的披薩必須立即食用。因此，普通家庭做不出正統的拿坡里披薩。

AVPN 認證標章法制化之後，清楚區分出所謂大眾化披薩和正統的拿坡里披薩，前者大多採用廉價橄欖油或牛奶製成的莫札瑞拉起司，後者則使用特級冷壓橄欖油和水牛牛奶做成的莫札瑞拉起司。協會的立場堪稱一種美食保守主義，是對所謂十八、十九世紀拿坡里「正統」文化的菁英式重建或要求。

2

奧運女子羽球單打冠軍賽精彩極了，戴資穎和陳雨菲的球技、球商都很高，反手，底線反拍回高點，跳殺，出手變化多端。可恨那兩張外送披薩非常庸俗，我知道吃進了一堆澱粉，蛋白質，鈉，甘味劑，防腐劑，人造油脂；卻了無滋味。

臺灣的披薩深受美式風格的影響，不唯跨國披薩連鎖店；我家附近有一爿小店「Bahsa 窯烤披薩」，品項不少，也無一拿坡里風格，我常買的是燻雞蘑菇披薩。較高檔的臺北六福皇宮「Danieli's」，和喜來登飯店「Pizza Pub」也是美國風格，雖然後者的「燻鴨青蒜培根比薩」和「辣腸披薩」味道不賴。

父親節那天，阿雙繪了一幅父女仨的油畫送我，阿珊請吃「佐卡義式窯烤披薩屋」，我穿上姊妹送的袖衫左擁右抱，大啖披薩。我們點了三張披薩：「莎波麗塔（Saporita）」披薩，「教父」披薩，「肉品市場（Maialina）」。莎波麗塔是該店超人氣產品，方形餅皮用了三種起司：莫札瑞拉起司，馬斯卡彭起司，葛拉那起司；和番茄醬，火腿，太陽蛋，黑胡椒。肉品市場的內容包括：莫札瑞拉起司，火腿，培根，自製肉腸，辣味義式臘腸，熱狗；口味甚重，表情浮誇，較適合嗜肉者。

在臺北，我最愛安和路「歐奇窯烤披薩」，此店從食材到製程一絲不苟，獲AVPN認證；披薩種類不少，兼具義式、美式風格，我尤其喜歡瑪格麗特披薩和水手披薩，人氣產品「帕瑪火腿芝麻葉披薩」也傑出。其餅皮分兩種：9吋為那不勒斯餅皮，柔軟富嚼感；12吋多了兩種薄脆的餅皮可選：羅馬餅皮、臺灣小麥餅皮。

義大利人把披薩帶到美國，美國人把它帶到全世界。這種出身於拿坡里街道的速食，在美國找到了第二故鄉。赫史托斯基（Carol Helstosky）在書裡說，無論義大利或美國，披薩是在二戰後才普受大眾喜愛。美國人改寫了披薩文化，擴大了吾人對傳統披薩的定義。他們帶給全世界的首先是標準化披薩（standardized pizza），分量大，一張可供多人食用。標準化披薩隨著必勝客、達美樂等連鎖店而風行天下，迥異於拿坡里的手工披薩。

美國人對披薩做了令人咋舌的革命，從紐約外帶披薩切片，到芝加哥深盤披薩

（deepdish）：從聖路易斯餅乾薄皮披薩，到科羅拉多超厚底的洛磯山派披薩（Colorado Rocky Mountain Pie，剩下的餅皮可蘸蜂蜜作為甜點）。美國人已經將以番茄起司的製作方式，轉變為一種巴洛克藝術形式：奢華，誇張，裝飾性強，放蕩不羈，甚至顯得有點躁動。

我每次吃美式披薩，總感覺到強烈的侵略性，和享樂主義的色彩。他們一再挑戰披薩的界限，又顯示美國人以類現代主義的方式處理食品，致力於對陳規舊矩的反動。歷史學家葛巴夏（Donna Gabaccia）斷言：美國人經常「對他們的食物進行新嘗試，將多種文化傳統的食品混合起來燉成濃湯。」

不過在美國，標準化和手工披薩一直共存，不相衝突。美國人視隆巴迪（Gennaro Lombardi）的店為美國披薩的誕生地，隆巴迪 1905 年在紐約「小義大利」社區的雜貨店內，開始賣披薩。這是美國的第一家披薩店，也是最重要的披薩店，如今該店成為紐約小義大利區的焦點。紐約時報曾描述隆巴迪的窯：「外部由黑白兩色磚塊砌成，內部則由陶土磚砌成，十分壯觀。底下有萬噸保溫沙。窯大約 7 英尺高，12 英尺寬，12 英尺深，每次可容納 15 個披薩。」

七〇年代出現了內餡披薩（stuffed pizza），深盤披薩上面再加一層麵團。深盤披薩、番茄派更接近文藝復興時期義大利的派（torta）。美國人常說「披薩派」，是相當奇特的語言習慣。歌手狄恩馬汀（Dean Martin）1953 年的暢銷歌曲〈那是愛〉中有一段常被哼唱的歌詞：「當月亮像一片大披薩派映入眼簾（When the moon hits your eye like a big pizza pie）……」

3

有些食物也帶著披薩的基本概念，諸如斤餅，霜淇淋脆皮餅杯，或臺南的「棺材板」：在可食餐盤上用餐，或是用麵包當作餐盤或餐具。維吉爾《伊尼亞斯逃亡記》（*The Anneid*）書中描述：伊尼亞斯跟他的主要軍官和兒子坐在樹蔭下用餐，麵餅代替餐盤放在草地上盛食物，吃完這些食物仍覺得餓，他們就吃麵餅，用手撕嚼著。

這種古老的麵包，上面有香料、蘑菇或醬汁，可視為披薩的前身。其實遠在新石器時代，人類就開始在熱石上烹煮麵團了。

中古時代，義大利人仍吃著扁平麵包，並在上面加了方便取得的食材如鹽，香草，油，野菜，蘑菇，肉，魚等等。到了18世紀，focaccia, schiacchiata, piadina, farinata, panelle是當時最受歡迎的幾種扁平麵包。西西里島的sfincione最接近典型拿坡里披薩，一種單層或雙層餅皮上加了配料的派。

可見現代披薩（麵包，起司，番茄）是由拿坡里早期的扁平麵包演變而來，最平價最常見的叫白披薩，也就是上面加了大蒜、豬油、鹽的披薩。比較豐盛一點、價格高一點的披薩則加了卡奇歐卡瓦洛起司（caciocavallo）和羅勒，或小魚卵的cecenielli。

披薩商業習慣非常多樣化，並已經被賦予了普遍的特性，一些看起來實在不怎麼像的食物也被稱為披薩，或被看作某個國家的特殊版本，如土耳其「浪馬軍」（lahmacun）和日本的「御好燒」煎餅。浪馬軍已有數千年歷史，近年以「土耳其披薩」聞名；御好燒則被稱為「日式披薩」。最近，臺灣必勝客更推出「香菜皮蛋豬血糕披薩」，很是極端。

此外，披薩有著國際化身份。二十幾年前我去薩伊（剛果）看難民，有兩天住在盧本巴希（Lubumbashi）的喜來登旅館。一天晚餐我點食旅館的現烤披薩，餅烤得很硬，很厚，奇鹹無比，裡面都是湯汁，很像是泡在什錦湯裡的一塊窩窩頭。我想跟餅裡的餡料有關，餡料非常特別，包括各種罐頭沙丁魚、海底雞，和肉丸、蕃茄、五花肉、辣椒醬……

披薩平價又方便，是從義大利散播到美國乃至全球的速食，是不斷改造中的食物。聽說披薩的熱量高，不適合我這種高血脂的痴肥者，可我戒不掉，偶爾會以它當家庭主食，邊吃邊思念拿坡里。

我在臺北「裸食私廚」吃到一種特別的披薩，無麩質，以核桃、櫛瓜、亞麻仁粉，在45℃以下風乾24小時製作餅皮，味道完全顛覆我對披薩的理解。店家很強調健康，我覺得那天吃了很多健康符號，好像沒吃到披薩。

一開始，大概無人能想像，番茄，起司，餅竟能結合得如此完美。披薩常連接著娛樂，旅遊，很難想像，派對、社交場合沒有披薩怎麼辦？女兒從小學到大學每次派對總不乏披薩，那是頗能渲染歡樂的食物。

也許是熱愛拿坡里傳統，我至今偏愛餅皮薄脆、邊緣稍微烤焦的披薩。女星蘇菲亞羅蘭（Sophia Lauren）主演過電影《拿坡里的黃金》，覺得全球喜愛披薩值得義大利人驕傲：「現在全球各地的人，特別是年輕人，非常喜愛披薩和披薩店，令人感到安慰。因為披薩總是有種簡單，簡潔，快樂的特質，我對於披薩總感到很親近。」

我猶原親近拿坡里披薩，親近它展現地方和傳統特色。披薩需要本土意識，政治不需要。政客常強調的本土意識，旨為他們的利益服務，是不祥之詞，一種建構出來的虛假意識。

囿於設備、環境，我不曾自製披薩；雖不能至，心嚮往之。我夢想中的家居有兩個廚房，一個在室內；另一個在戶外，栽植著各種香草，並有一座燒柴的烤窯。我已經是齒髮動搖的糟老頭了，食慾還這麼旺盛，實在有點不好意思。

論麵包

1

清晨抵達羅馬，將行李寄放旅館，在附近閑逛，廣場旁一爿小店剛撐開遮陽傘，排妥座位。坐下來，點了一杯卡布奇諾、一個可頌，發現眼前即是萬神殿，米開朗基羅讚為「天使的設計」的古羅馬宗教建築。望著這座宏偉莊嚴的教堂啜飲咖啡，濃醇甘美的咖啡在口腔和心神間旅行，有一種神聖的尾韻悠揚。

夠格的咖啡師都知道，沒有人會在早上十點以後還喝卡布奇諾，就像大廚不會在午餐時間送上早餐豆腐乳、醬瓜一樣。

我驚訝那可頌的滋味，表層酥脆，內層富嚼感，帶著輕淡的甜味，和麥香，奶香，蛋香，那麼動人，像迴蕩心頭的義大利民謠。

既經發酵，又能表現糕點的層次，「可頌是麵包與糕點的交會處」，法國麵包大師里歐奈·普瓦蘭（Lionel Poilâne）說：麵包師傅的技藝重在發酵，就像葡萄酒農，或製乳酪的人，三者都是天然發酵食品。糕點師傅則像是美容專家，「他們藉由調配各類鮮奶油、麵粉、膠質凝固劑、蛋等材料來做糕點，並且需要使用各種油類（如甜柔的杏仁油）；就像香水師一樣，還要顧慮配色和應用不同配方。這個行業講究的是方法，具有科學精神。」兼具這兩種特質不易在家製作，因此普瓦蘭的麵包食譜沒有可頌。

可頌的發明可追溯到西元1683年8月26日，土耳其大軍包圍維也納，當天晚上，有批麵包師正在幹活，聽見地底下可疑的聲響，經過他們示警，搜索隊乃逮到土耳其士兵在城市的防禦工事和彈藥庫舖設地雷。為了慶祝解除圍城，維也納的麵包師用土耳其軍旗上的新月標誌為形烘製麵包。

2

西元前一萬五千年左右的美索不達米亞平原，部落的婦女無意中碾碎穀粒，與水混和，成為一團麵糊，將麵糊放進灰燼中或石板上烤熟，遂誕生了麵包。卻還不是發酵麵包，只是一塊結實又硬的麵餅。

最初的小麥田，約出現於西元前七千五百年。上古時代的埃及人被稱為「吃麵包的人」，麵包是生活重心，工人每天的工資就是三四個麵包，和一壺啤酒。他們相信麵包是冥世不可或缺的食物，法老王的墳墓會放入麵包。

塞尼特（Senet）陵墓位於埃及古城底比斯（Thebes）附近的尼羅河谷，是埃及中王國時期唯一的女性陵寢，裡面的壁畫有狩獵、犁地、播種場景，也詳盡描繪麵包的製程：用杵碾碎木製容器中的麥粒，過篩；以石磨將麥粒磨成麵粉，麵粉混合水成麵團；將麵團放在大甕裡，再用手揉捏或用腳輕踏，最後撕成小塊並整成圓形，在爐火上烘烤。這是世界上最早出現的麵包，技術已相當成熟；當初繪製這些壁畫的目的，就是希望逝者在來世也能享用剛出爐的麵包。

古埃及人已經使用酵母，他們將麵團置於火爐旁，促使麵團膨脹。西元前九百年左右，希臘人從埃及帶回製作麵包的技術，剛開始，做未經發酵的大麥麵團「馬滋」(maze)，專供窮人吃的食物；添加酵母的麵包則被視為美食，規定只用於宴會。從西元前五世紀起，雅典已開設了許多麵包店，仍由女性負責製作麵包，她們裸露手臂及上半身，聽著長笛的節奏揉麵。

七世紀起，歐洲盛行基督教，麵包被賦予了神聖的色彩。然則土地、磨坊、烤爐都是領主財產，農民很貧苦，他們賴以維生的餐點是將麵包切片，泡在熱水中。電影《芭比的盛宴》中，芭比成為政治難民，逃到貧困的漁村，女主人教她如何煮鱈魚乾、大麥麵包湯，庶幾近之。

製作於 1070 年的貝葉掛毯（The Bayeux Tapestry）長近 70 公尺，描述 1066 年的黑斯廷斯戰役（the Battle of Hastings），戰地廚房裡以盾充當桌面，攜帶式火爐的火焰熊熊燃燒，旁邊是剛出爐或火烤過的麵包。這些麵包除了煎餅，還有一種形狀較粗的白麵包（manchet bread），一種加了酵母的麵包，以細磨的細緻麵粉製成。這就關係到細網篩（hair sieve）在當時的廣泛使用，麵粉過篩去除麥麩，從而能製作更白、更乾淨、更輕盈的麵包。

法國大革命的起源，就是麵包匱乏。拿破崙執政起，即竭力避免再發生饑荒，他緊盯小麥生產，監控麵包價格，並為自己的軍隊安排一隊機動的麵包師傅。

小麥萃取出的麵粉量越多，意味摻了小麥的棕色麩皮，做出來的麵包顏色就越深。麵粉的品質，直接決定麵包的口感。從前，布爾喬亞吃白麵包，窮人吃黑麵包。

3

「麵包」在西歐的語言中，通常是指食物，在傳統的食物中，麵包是基本的。人們想要在每一餐吃到麵包，它是一種依賴，一種可靠的安慰品與補償物。筵席上其它食物或許會令人感到壓力或失望，麵包卻像母親的懷抱，它跨越了許多世紀，令無數人得到滿足。

在普羅旺斯，每年聖誕節早上，村民會帶著自家烘焙的麵包到噴泉，把麵包留在池邊，然後帶走鄰居烘製的麵包，據說如此交換，能修好過去一年關係交惡的村民。

麵包成為一種意義深刻的象徵符號，一種具有榮譽感、神聖感的物質。撕開麵包與朋友共享意味著友誼；而在分享過程中，隨之產生信任，愉快，感激。麵包這種普通食物遂變成了聯結人們的紐帶，拉丁語「同伴」（companion）的字面意思就是「與我們分享麵包的人」（a person with whom we share bread）。

許多名畫家的作品，若有餐點或食物場景，麵包總被安排在重心位置，諸如達文西《最後的晚餐》，維梅爾（Vermeer）《倒牛奶的侍女》，馬奈《草地上的午餐》麵包就散落在裸女身旁。

烏克蘭傳統的婚禮圓麵包「Korwaj」，大如禮帽，上面覆蓋著許多麵包做成的小鳥，每隻小鳥小如拇指，啄著麵包。烏克蘭人說，小鳥代表賓客；另有兩隻小鳥，位於麵包最上方的鳥巢裡，象徵比翼雙飛的新人。

高雄六龜「藏御手感烘焙」用水果酵母做麵包，我吃過其中一款麵包，撕開來，內餡是一整隻油滋滋的香檳鳥。我覺得應該去收驚。

4

昔時法國有一種行業「巡迴麵包師」，趕著騾車，帶著「麵種」（酵母和其它微生物混合的發酵劑），巡迴偏僻的農村，把人家的麵粉變成麵包。

麵種混合了酵母和其它微生物，是麵包的精髓，促成發酵的元素，麵團得摻合麵種，麵包質地才會輕盈，柔韌，才會有風味。發酵作用令麵粉中的麩質蛋白延展，導致麵團脹大，發熱，膨脹，激動，多麼令心蕩神馳的工程。我雖不明白這種菌體的生物化學反應，卻著迷它微醉的祝福。

從前我去澳門，都會到「九如坊」用餐，這裡的名菜多得令人咋舌，從麵包到甜點無一不美，諸如「豬耳沙拉」、「焗鴨飯」、「黑蘑湯」、「焗釀海鮮龍利魚」、「燒馬介休魚」、「燴牛膝」、「芥末烤羊鞍」等等。初次去，即驚嘆先上桌的全麥麵包，行政總廚盧子成聞言，拿了一小塊生麵團放在桌上，我看那麵團開始變化，彷彿裡面有什麼欲望洶湧翻騰，持續鼓漲增溫，並散發出強烈的氣味。將水和麵粉和在一起，整個麵團竟像女人懷孕膨脹起來，我忽然為發酵這個狀態動詞而動容，似乎有不可抗拒難以壓抑的欲望蠢動著。

麵包的結構和風味來自小麥蛋白質，即是麵筋。麵筋發得好，烘焙出來的麵包會散發酵母香，並出現不規則氣孔。測試揉麵是否得當，可以用一小塊麵團，揉得好的麵團能擀成半透明的薄膜，若發酵不足擀時會破裂。

製作麵包須隨氣候變更配方比例，天氣冷，攪拌時間就需延長。烘焙失敗的麵包表皮常過度焦黃，裡面又乾又碎，這種麵包沒有麥香，只有澱粉。

麵包師都知道麵團須小心呵護，揉過後先擱置著醒麵，醒麵時要覆蓋著布，以免氣流吹過會在表層形成乾皮。此外溫度也很要緊，麵團最好靠近烤爐，像依偎著體溫。麵包進烤爐烘焙前，先在表面噴灑一點水分，烤出來的麵包皮才香脆。

發酵過的麵包好吃，但以色列人在禮儀中所用的麵包，例不發酵，帶著倉皇的滋味。《出埃及記》12章39節：「他們用埃及帶出來的生麵烤成無酵餅，這生麵原沒有發起，因為他們被催逼離開埃及，不能耽延，也沒有為自己預備什麼食物。」《利未記》也叮囑：「凡獻給耶和華的素祭都不可有酵，因為你們不可燒一點酵，一點蜜當做火祭獻給耶和華。」

麩質是小麥植株的儲藏蛋白質，儲存碳和氮，供種子萌芽以形成新的植株，乃小麥的一種獨特成分，具黏彈性（viscoelasticity）和凝聚性（cohesiveness），使麵粉得以黏合成團，能夠拉伸、滾壓、塗抹、搓捻、發酵，具備稻米粉、玉米粉或任何其它穀物所無法達到的烘焙特性；也就是麩質，才能令麵團變成貝果、披薩、佛卡夏。

5

麵包種類繁多，普瓦蘭行遍法國調查麵包，親手烘製80種法國各地的麵包，擺放在一張巨型的法國地圖上，非常壯觀，諸如：帽子，絞棒，雪堡，船型，調刀，大學帽，皇帝，酒商，裂縫，馬蹄鐵，鋸齒，灶火，佛卡夏……

其中「燙麵黑麵包」（Le pain bouilli）很耐久存，儲藏在地窖或閣樓，可放半年至一年。這種麵包每年僅製作一次，用村裡共有的烤爐烘焙，每個家庭可分到一爐，每一爐的數量約有120個到130個，每個麵包重達5～9公斤，而且非常堅實。燙麵黑麵包只用黑麥和沸水製成，麵團要經過7小時揉製，再放置7小時醒麵，烘烤7小時；村民會利用烤爐的熱度烤各種圓餅，和親人好友一起享用，是大家共聚的節日。

麵包不僅止饑，更是一種文化，彼得・梅爾（Peter Mayle）在他的書中特別推荐卡維雍的奧采麵包坊（Chez Auzet），其麵包的烘培和食用「神聖如宗教」，店內的麵包種類眾多，各自有不同的搭配菜餚法。

我的麵包觀受普瓦蘭影響，他堅持自己的店只賣老麵自然發酵、以石磨研磨整顆麥粒成麵粉、用柴火烘焙的鄉村麵包。這種傳統的家常麵包訴求古早味。

普瓦蘭保存了古早設施，和古早的製作方法，堅信設備越自動化，麵包師傅的手藝就越差；機械捏塑麵包，雖然省時，卻無法取代人類幾千年琢磨出的動作。1979年，他曾受邀到中國傳授製作法國麵包技藝。

他們重視環保，麵粉要求無任何農藥。在手作工廠中心有一木柴區，木柴是鋸木場丟棄的回收物，都先剔除含樹脂、塗了油漆、髒污、經化學處理過的；送入烤爐的木柴都先放在這裡乾燥半年，以期降低排碳量；蓋濕木柴會因碳化而產生黑煙。

阿言德（Isabel Allende）在一篇妙文中喻烘麵包像作詩，是憂傷的使命。她說智利最受歡迎的麵包marraqueta，形狀像陰戶。法國的長麵包雖然外型像陽具，「氣質卻與陽具迥異，因為它謙遜、可靠、從不讓人失望。」

法國流行的長棍麵包19世紀中葉才出現，如今已是文化傳統，立法規定配方馬虎不得：素材只能有麵粉，水，酵母，鹽；並規定了酵母的種類與定義。1920年，巴黎政府規定：長棍麵包最少重80公克，長至少40公分，單價不可超過35分法郎。長棍麵包拿起來很輕，裡面近乎空心，外皮紮實富彈性，它結構了法蘭西人的日常生活。

和其它食物一樣，麵包的賞味時間也不長，一般只能保鮮數小時，如法棍大約能保鮮四五小時，這就是為什麼我們得準確掌握麵包出爐時間，需要的時候才去買。尤其是質地較薄鬆的麵包，最好是即買即食，如果一天想吃兩次以上，亦寧可分開買。

新冠疫情嚴峻後，餐飲業可謂哀鴻遍野，卻有不少餐廳故意設計出很難訂位的訊息，企圖營造出顧客趨之若鶩的效果。我曾經訂過一家小店的吐司，老闆說訂單太多，十個月後才可取貨。秀麗笑說：「真希望你也有一群死忠粉絲，願意在十個月前就預約購買、等你新書出版。」我知道這叫饑餓行銷，若再加上刻意提高售價以彰顯身段，猶可假裝沒看見。我無法忍受的是，臺灣塑化劑果醬流向知名麵包烘焙業，甚至有些業者為了增強麵包蓬鬆度而加入起雲劑，這類商人實在夭壽。

6

駕車在花東海岸公路，經過都蘭，彷彿聞到「馬利諾廚房」的麵包氣味，店家印製一份小冊子介紹產品，第一頁是〈大衛與羅莉的愛情故事〉簡短講述老闆夫妻結合的故事。我買過「純全麥麵包」，「超級麵包」，嚼勁頗佳；邊看太平洋邊咀嚼麵包，快意山海之間。

我並非麵包控，日常早餐僅偶爾在「山的另一邊」吃，有時點五穀堡，有時三明治，他們自製的麵包不錯。

三明治堪稱趕時間的速食，大概是全球最普遍的麵包，簡便，適合出現在宵夜、野餐、茶點，也流行於舞會或大型派對中，擁護者好像以年輕人居多。別小看三明治，要做得好也須用心計較，如各種食材的講究及搭配、和諧比例。三明治尤其須趁新鮮吃，我常看店家的三明治擺了大半天還在賣，實在不可取。

1992 年，為紀念三明治伯爵兩百歲冥誕，普瓦蘭在畢耶佛的工作坊舉辦了一場比賽，參加者如喬埃・侯布匈（Joël Robuchon），保羅・博居斯（Paul Bocuse），亞蘭・杜卡斯（Alain Ducasse）等等來自各國的26位名廚，創造出許多三明治盛宴，諸如：橢圓小麵包搭燉牛尾，大麵包片配小龍蝦，小圓堡佐蒲公英和豬耳朵，鄉村麵包配普羅旺斯奶油烙鱈魚，豬頭長棍麵包，普瓦蘭麵包搭冬蘿蔔煙燻鰻魚……可見光是三明治就能變化無窮。

三明治伯爵即海軍統帥約翰・蒙塔古（John Montagu），他是英國三明治鎮伯爵，這位積習深重的賭徒，「由於對牌局養成貪婪的熱情，命隨從將牛肉夾入兩片麵包中，直接帶到牌桌上來，以便一手取食，一手繼續牌局。雖然這類餐點在窮人階層早已行之有年，卻由約翰・蒙塔古來賜給它貴族封號。」

我歡喜外皮厚實、麵心不會太白的麵包，湊近聞，散發麥香，和天然發酵所產生的輕淡酸味，帶著鄉野氣息。因此我不愛過度奢華的麵包。

臺灣早期的麵包多受日本影響，口感綿軟；近年則流行歐式風格，麵包市場日趨繁複。帶餡麵包發生於明治初期，乃日本第一家麵包店的木村安兵衛所創。高尚的麵包總是表皮蓬鬆，外形豐滿，彈性足，例如紅豆麵包的紅豆餡採紅豆粒，量夥味美，一顆一顆，粒粒皆清楚，咬起來口感濕潤，組織鬆軟。等閒麵包店烘焙紅豆麵包，習用豆沙作餡，尤有甚者，人工香料欺壓了紅豆味，發酵更走了味。

二十世紀末期，臺灣的麵包店大舉在上海插旗，走在上海街頭到處是臺灣的咖啡店和麵包店，如「馬可孛羅」，我年輕時鍾愛他們的全麥麵包，彈性足，咀嚼間散發麥香，粗礪之中隱藏著甜味，樸素中透露格調。

麵包店在城市的比率不下於便利商店，居家附近總有幾間麵包店，人們習慣購買的麵包大抵在自己的生活圈內。木柵「山葳」是我常買麵包的店。山葳的「德式輕裸麥」和「石臼巧巴達」皆用法國小麥粉、全麥粉、酸老麵製成，低溫長時間發酵；法棍亦我所好。裸麥不似小麥具筋性，使用的比例越高，越呈現濕黏的結實的特性。有時我也吃酸種麵包，它不含油糖蛋奶，從冷凍庫取出，令其在室溫中解凍，不宜在烤箱中複熱。此外，印象中，「CLIMONTINE」的高纖核桃麵包嚼勁足，麥香深沈。陳耀訓「麵包埠」，和國賓飯店、兄弟飯店的麵包亦受家人歡喜。路過麵包店，空氣中總是飄散濃濃的烘焙香。

麵包在西方，像空氣、陽光、水一樣，那麼重要，卻重要得理所當然般，輕易被人忽視。西餐的麵包總是放在籐籃裡送上桌，上面覆蓋了一條潔淨的餐巾，在籐籃裡的麵包特別迷人，值得凝視。它在餐桌上如葡萄酒般重要，卻不會像酒一樣，喝多了舌頭就變得張狂。

麵包的種類無窮，我歡喜的是無加味的古早麵包，單純，素樸，經典，麥香飽滿，烤熱了吃，越嚼越香；有時抹乳酪，或再舖上培根；有時抹鵝肝醬，或鱈魚肝，或松葉蟹膏；有時塗上一層厚花生醬，或蜂蜜、果醬……總之，富於變化，美味中藏著樂趣。

好的麵包師，值得吾人巴結，遇見時應該鞠躬致敬。

論漢堡

1

下了高速公路，將車開進「得來速」車道，進到學校，天猶未亮，文學院的草坪上有三隻夜鷺低頭覓食。我坐在車上吃豬肉滿福堡夾蛋，邊用手機聽音樂邊喝黑咖啡，吃完了再進研究室備課，小憩。為了避開塞車時段，我去教書通常摸黑出門，帶著委屈感吃漢堡早餐。

吃過那麼多漢堡，我始終覺得兩片麵包間夾的那塊絞肉排很可疑，吃起來總是調味料的味道，缺乏真正的肉汁和肉味。美國的工業化促成了漢堡三明治的誕生，絞肉機發明後徹底改變了那塊肉排，肉商從此充分利用賣不掉的碎肉，內臟，軟骨，表皮，多餘脂肪等等；消費者很難分辨和肉品混在一起的成分。

凱勒（Arthur Kellet）和施林克（F. J. Schlink）在他們的書《一億隻白老鼠》中宣稱吃漢堡的習慣：「就像走在正噴灑農藥的果園，或像從太陽曝曬下的垃圾桶拿出肉來吃。毫無疑問，大部分的肉商就是從這樣的垃圾桶拿出肉來販售，三明治中的漢堡肉有極高比例是這麼來的。」

1916年，安德森（J. Walter Anderson）買下一間修鞋店改裝為漢堡攤，為了改變人們對漢堡的負面印象，安排一天至少配送兩次牛肉，並讓顧客透過玻璃窗看見製作絞肉。他的經營方式非常成功。後來他與英格瑞（Edgar Waldo Ingram）合資創立「白城堡」（White Castle）。

白城堡迅速擴張，並在報紙和電臺打廣告：「一次買一袋（Buy'em by the sack）」。他們的事業有幾個構成要素：效率；經濟（五分錢漢堡、商品種類有限、大量販售）；標準化和簡化食物熟調過程；設點在近大眾運輸據點的明顯位置；整齊一致又有特色的建築；積極拓展店面；營造顧客享受美食的愉悅環境。這些要素如今已成為所有速食連鎖店的經營文法。白城堡的成功激勵了其他漢堡連鎖店的發展，他們經常取相似白城堡的名稱，其中仿冒最成功的是「白塔樓」（White Tower）。1920年代晚期，白塔樓成了美國最大的漢堡連鎖店。

2

抵達洛杉磯當天晚上，走出住宿處散步，好餓，踅進路口一家燈火通明的「california pizza kitchen」晚餐，看著那漢堡和薯條上的厚重起司，太狂妄，太犯規了，尚未送進嘴裡，就升起墮落感。

漢堡若無起司、炸薯條，一定很寂寞。1920年代，開始了肉餅加起司；最初是美國起司，後來也出現藍紋起司，瑞士起司，切達起司，和其它起司做成的起司漢堡。配餐也有不少變化，炸薯條是最常見的漢堡排配餐。薯條是麥當勞的旗艦產品，創辦人莫里斯與里察（Maurice and Richard McDonald）兄弟認為薯條是麥當勞成功的重要因素，他們改進了薯條的製作方式，並大力推銷漢堡、薯條的搭配。其處理冷凍薯條的辦法是：馬鈴薯切條，用150℃的油溫快速炸去水分，再冷凍起來。他們發現，用93％牛油和7％大豆油組成的混合油炸出來的薯條最好吃。麥當勞薯條的特殊口味來自油品中添加的化學香料。

世界上第一家麥當勞的名字叫「飛機場」（The Airdrome），是一個在加州蒙羅維亞（Monrovia）賣熱狗、柳橙汁的攤販。1940年，莫里斯與里察兄弟把生意搬到加州的聖伯納迪諾（San Bernardino）經營，才使用「麥當勞」這名字。

這對兄弟檔發現最賺錢的產品是漢堡，於是開發出獨家的「快速服務系統」（Speedee Service System）速食產製法，盡可能以最快速度供餐。後來企業家克羅克

（Ray Kroc）買下麥當勞的經營權，轉型成今天遍布全球的大企業。《經濟學人》（*The Economist*）雜誌甚至推出「大麥克指數」（Big Mac Index），藉這種漢堡的當地售價來評估各國貨幣的價值。

麥當勞象徵著成功與巨額利潤。他們花在廣告行銷上的費用遠超過任何其它品牌。96%的美國小孩認得麥當勞叔叔，知名度僅次於聖誕老人。麥當勞揭露了一個有利可圖的行銷原理：品牌忠誠度要從兒童階段培養，今日針對孩童的廣告，能夠確保他們長大後對品牌保持忠誠。

麥當勞很厲害，許多快餐經營者都會到聖貝納迪諾的麥當勞漢堡店參觀，獲得啟發，回去後複製麥當勞模式，諸如漢堡王，玩偶匣（Jack in the Box），小卡爾（Carl's Jr.），溫蒂漢堡，In-N-Out 漢堡。

我看過一部電影《美國料理》（*American Cuisine*），敘述一位熱愛廚藝的美國青年羅倫到法國，在一家知名餐館的廚房習藝，通過愛情，呈現極其精緻的法國料理，後來娶了餐館老闆波耶的女兒，並升為主廚，最後他在眾人的期待中做出比法國料理更厲害的美式漢堡。

好萊塢很愛國，連漢堡都可以有「美國隊長」。

雖然杜杜在他的書中斷言：韃靼牛扒就是漢堡的遠祖。不過真正的漢堡大約19世紀後期才問世。當時只是不重要的街頭小吃，數十年後，這種速食產業，卻從根本改變美國人乃至全球的飲食方式。漢堡廣為流行是1920和30年代的事。美國人特別愛在節日時吃漢堡，譬如陣亡將士紀念日，獨立紀念日和勞動節。

3

日本詩人長田弘有一首〈聖誕老人的漢堡〉敘述尼可拉斯老人從未吃過聖誕大餐，每逢聖誕節都親手做漢堡，忙著全球送夢想：

洋蔥切小塊，
眼淚便流出來。
絞肉和雞蛋裡加入洋蔥和眼淚，
浸泡在牛奶裡的麵包稍微擰乾，撕成小塊，加進去。

混合它們，揉搓到有黏度。
做出來的肉團分成三塊。
用平底深鍋慢慢煎。
用手撕很柔軟的麵包，將肉餅夾在麵包裡。

玉蔥をみみじんに切ゐと、
涙がこぼれた。
挽き肉と卵に玉蔥と涙をくわえ、
牛乳にひたしたパンを絞ってほぐした。
粘りがでゐまでにつよく混ぜあわせゐ。
できた塊は三ツに分けた。
深いフライパンでじっくりと焼いた。
柔らかなパンを裂いてハンパ——グをさんだ。

漢堡的主角自然是夾在麵包中間那塊肉，一般人煎漢堡肉時習慣以煎匙壓肉，這種錯誤的動作易令肉汁流失，使肉片變柴。村上春樹顯然愛吃漢堡，《舞．舞．舞》裡的敘述者和雪躺在夏威夷的海灘上，太陽西沉，「去吃個真正的漢堡吧」，他提議去吃「肉脆脆的還有肉汁，番茄醬絲毫不客氣」的漢堡。

「肉脆脆的還有肉汁」是好漢堡最要緊的條件，番茄醬太多恐影響味覺，欺瞞了肉汁的美感。強勢的番茄醬、芥末醬凌駕一切，並非誠懇的食物。

疫情期間我在家裡吃了不少次外送漢堡，包括潛艇堡、麥當勞的「麥香魚堡」、漢堡王的「華堡套餐」，也吃Burger Ray的「招牌牛堡」，Selfish Burger的「松露野菇漢堡」和「經典漢堡」；早餐有時去山的另一邊吃「USA哞牛肉起司堡」。有一次在「茉莉漢堡」店，見店家在煎肉的同時，也煎著麵包，其起司漢堡頗碩大，生菜份量也多，上下兩片麵包完全無法掩蓋中間的生菜、洋蔥、番茄、肉和起司，傳統美式風味。

臺北大安路「FA BURGER」以大塊牛排取代絞肉餅，豪邁，浮誇，狂傲，其「帶骨牛小排」先燉再燒烤，一人份竟30盎司規模，麵包有3種：巧巴達、可頌、帕瑪森軟法，彷彿只是搭配，跟酸黃瓜、樹薯一樣點綴著牛排。「法式羊排佐薄荷醬」的份量也很驚人，8隻羊排擺在盤中，滋味豐美，陣容壯盛。「粉嫩烤牛肉巧巴達」風味也不俗，軟嫩，富層次。

我正在吃漢堡，無意間看到一則消息：每吃一塊速食漢堡的牛肉，等於犧牲了五十平方呎左右的雨林。

4

澳門、香港的漢堡包，捨絞肉，代之以肉排。港澳的茶餐廳一般都供應有「豬扒包」，很多人早晨習慣吃一個豬扒包再去上班，雖然最初是「舶來品」，現在卻是很本土、很庶民的大眾食品。

從前我覺得香港茶餐廳的豬扒包舉世無雙，直到見識澳門的「大利來記」，方明白什麼樣的豬扒包才是天下第一。三十幾年來，他們只賣豬扒包，堪稱豬扒世家，我有幾次專程去都沒福氣吃到，沒辦法，生意太好了，製作再多的豬扒包，總也供不應求。

澳門旅遊局的Margo同情我的遭遇，有一次特地打電話訂購了幾個，囑我回臺北前繞去領取，可恨我在登機前才想起這天大的事，搥心肝咀咒，返臺後猶心疼了半年。

臺灣「刈包」形式上也像漢堡，中間那塊滷肉也比普通的漢堡排優秀。

我一直很想念西安「秦豫肉夾饃」的肉夾饃，那是陝西風味小吃，又叫「臘汁肉夾饃」，由肉和饃組成。其饃喚「白吉饃」，這種圓麵餅，用半發酵的麵團捏成餅，置鐵鐺上略烤成型，再放入爐膛側立烤熟；打饃以木炭吊爐為尚，取其脹發漂亮，口感佳。白吉饃俗稱「兩張皮」，外皮講究「鐵圈虎背菊花心」，兩面都得烤到皮薄鬆脆，內裡綿軟。麵要揉得夠充分、和得夠硬實，嚼起來才夠勁道。

其肉是臘汁肉。臘汁肉並非臘肉，臘肉是醃肉；臘汁肉是滷肉，必須用陳年老滷汁，加入花椒、桂皮、丁香、草果、大茴、蔥、薑、冰糖、鹽、酒、醬油等等約二十多種調味料滷製。一般選用帶骨的五花肋條肉或五花肉，先浸泡數小時，再行滷煮。

臘汁肉和白吉饃像一對恩愛伴侶，互相發明，彼此烘托，攜手共創美味。

此物素有「肥肉吃了不膩口，瘦肉無渣滿含油。不用牙咬肉自爛，食後餘香久不散」讚譽。

肉夾饃的英文一般譯為中式漢堡（chinese hamburger），其實它的滋味遠非漢堡能比。白吉饃優於那庸俗的麵包如天差地遠；碎肉末添加一大堆調味料所製成的肉餅，更無臘汁肉深厚的文化底蘊和滋味。

我認為肉夾饃完全有機會創建出比麥當勞更成功的速食品牌，進而佔據全球通俗文化的核心，成為消費者的宗教（consumer religion）；如果將肉夾饃包裝為快餐；簡化食物的準備工作，標準化經營管理程序，以及有效的行銷策略。若能提供世人更優質的快餐選擇，未嘗不是美事。

漢堡製作簡單，食用方便，很適合在戶外吃，尤其是坐在公園的長椅上，這食物現在猶原帶著街頭性格，也可以邊走邊吃，它隨興，平價，方便，多變化，有飽足感。

任何食物都必須追求美味，漢堡也應有無窮的可能。諸如一些復古風漢堡店，像福德洛克（Fuddrucker's）這間家常餐廳，宣稱供應「世界上最棒的漢堡」。牛肉餅用純牛肉製成，最重可達1磅，顧客還可以在餐廳的自助吧自由添加佐料。

那兩片麵包和夾在裡面的食材可以令漢堡充滿想像力。廚師高登（Peter Gordon）和朋友在英國南部創立連鎖店「美味漢堡廚房」（Gourmet Burger Kitchen），標榜使用最新鮮的原料製作；它有一款漢堡以蘇格蘭亞伯丁安格斯牛肉結合諸如切達起司、司蒂爾頓起司（Stilton）、莫札瑞拉起司、藍紋起司，大蒜美乃滋和各種調味醬。

超過一世紀以來，漢堡一直是勞工和中產階級的食物，由街頭小販叫賣，或在免下車的連鎖店販售。到了20世紀晚期，漢堡進入了高級烹飪的領域。史密斯（Andrew F. Smith）在他的漢堡史書中敘述：2006年，印尼雅加達的「四季」餐廳和西班牙馬德里的「伊史提」（Estick）都在菜單上增加了一道110美元的漢堡。拉斯維加斯的「百合花餐廳」（Fleur de Lys）隨即開出要價五千美元的漢堡配香檳，點這道餐還會附一份購買證明。這委實是全球最昂貴的漢堡了。

並非那漢堡有多麼了不起，而是一個漢堡消費五千美元的概念。也許，販賣世界最昂貴的漢堡能打響餐廳知名度。不過人們最常吃的還是物美價廉的普通漢堡。

論生魚片

1

もり先生拿出一尾條紋千斤頂（シマアジ）示客，接著以俐落的刀法片出魚肉，盤內擱了紫蘇葉，和剛研磨的山葵。第一片先用魚肉輕蘸薄鹽醬油和山葵，那條紋千斤頂結實富彈勁，純粹，果然鮮美極了；第二片加了紫蘇葉包裹，清新的芬芳，似乎重新定義了香味。吃完條紋千斤頂，又切了石垣鯛，擺成花瓣狀，肉質半透明透著粉紅，脂肪豐厚，鮮味濃郁。我心中充盈著喜悅，升起某種領悟，尊敬，一片魚肉以不可能想像的溫柔贊美了味蕾。接著是水海膽，橙黃，較馬糞海膽細小，甘鮮，毫無腥味，瞬間改變了我對海膽的印象。

我閉起眼睛專心領略那魅惑，深呼吸，再張眼，注意到もり捏握壽司時，總是將手泡在冰水中降溫，以免手溫影響魚生的味道。我喝了一口 BORSEC 氣泡礦泉水，冷冽，清爽，似乎有效詮釋了感官審美。

臺中「もり森」是我很喜歡的日本料理店，也是家人常懷念的所在。它從來不宣傳，卻是幾位美食家朋友的隱密廚房，一般人並不知道，好像只做老顧客，而老顧客來過一次，就黏住了。

這完全靠老闆兼主廚もり，他是廚藝精湛的漢子，在日本習藝十幾年，從事餐飲已逾半世紀，もり對料理的自信和堅持，全部映現在臉龐，堅持烹調絕不添加任何人工調理劑，講究食材，嚴格控管品質，幾近吹毛求疵的地步。

食材最重要，卻是最不容易被察覺的。些微食材的變化即有很大的價差，而其口感必須細心分辨才能明白；一般人吃起來差不多的食物，價差往往可達數倍以上。此店較偏向關西料理風格；相對於關東，關西人重視食材的原色原味，如關西研發的「薄口醬油」；又如烤鰻魚，比關東的照燒鰻魚多了彈勁和鮮味。整體而言，此店烹調適度而精準，其清淡優雅，也表現在一杯果菜汁和抹茶上，日本料理店能提供如此抹茶的並不多見。

在臺北，我對幾家店的生魚片印象較深刻：極壽司，三井，游壽司，東丸壽司，燈燈庵，漾客，或，魚道生……泰順街「初魚」是我常去的日本料理屋，無菜單，以各種握壽司為主調，黑鮪魚上腹、中腹，牡丹蝦，真鯛，秋刀魚，鯖魚，鰹魚，皆吮指回味。日本詩人山口素堂〈在鎌倉〉俳句：「目には青葉山ほととぎす初鰹」（青山綠葉杜鵑啼，更有鰹魚初上市），剛剛上市的鰹魚，風味獨特，並以鎌倉初夏風光為背景，眼看翠綠，耳聞鳥鳴，滋味絕佳。

2

古人在掌握用火技術之前，不免多生食，至今仍有許多地方有吃生肉的習俗。關於生肉，我僅愛新鮮的魚貝生切成片，只要鮮活無污染，薄切，洗淨血腥，沃以蒜薑醋等調味料就很美。有一次吃頂級A5生和牛肉捲，上擱魚子醬，我只是囫圇吞下。

中國人吃生魚片源遠流長，並影響了日、韓。《詩經．小雅．六月》歌詠尹吉甫奉周宣王之令，北伐玁狁獲勝，最後一段描述班師回朝，宴飲慶功：「飲御諸友，炰鱉膾鯉」，「膾」即生魚片，這是中國文獻最早出現的生魚片；菜色特別提到燉甲魚、細切鯉魚。《論語．鄉黨》亦有「食不厭精，膾不厭細」，可見生魚片在周代是高級菜餚。

三國時曹植愛吃生魚片，他在〈名都篇〉描述「膾鯉臇胎蝦，炮鱉炙熊蹯」，生魚片蘸小蝦醬吃。北魏農政學家賈思勰《齊民要術》提到的「切膾」、「魚鮓」堪稱今天日式料理的刺身、壽司。

唐代風行生魚片，相關詩文不少。李白多次在詩中提及，他的一首七言古詩〈酬中都小吏攜斗酒雙魚於逆旅見贈〉，寫中都小吏攜來的汶魚和酒，揮利刃切生魚片，色澤鮮亮，節奏輕暢，流動著歡快之情：「雙鰓呀呷鰭鬣張，撥刺銀盤欲飛去。呼兒拂几霜刃揮，紅肌花落白雪霏。」陸游〈三月十七日夜醉中作〉前兩行：「前年膾鯨東海上，白浪如山寄豪壯。」

元初關漢卿雜劇《望江亭中秋切鱠旦》第三折唱道：「這魚鱗更鮮滋味別。這魚不宜那水煮油煎，則是那薄批細切。」可見當時的鮮魚講究生吃。此後即逐漸式微。

到了明、清，中國文獻幾乎已不見吃生魚片了；倒是在日本發揚光大，尤其醬油的引入，高度提升了刺身的美味。

傳統詩歌詠生魚片多聚焦於視覺，形容刀工，及魚片飛落之狀。鮮少描寫味覺及嗅覺。諸如杜甫：「無聲細下飛碎雪」極言刀工卓絕。段成式《酉陽雜俎》裡敘述南孝廉刀工一流，能將生魚片切得「縠薄絲縷，輕可吹起。」

又如蘇軾〈泛舟城南〉所描述：「運肘生風看斫膾，雪隨刀落驚飛縷。」梅堯臣〈設膾示坐客〉：「蕭蕭雲葉落盤面，粟粟霜蔔為縷衣。」皆描寫刀法之快速，準確，精妙，帶著表演性質。

比表演更要緊的是，刀工如何幫助魚肉完成任務，令味道臻於完美。日本名廚小山裕久斷言，刀工是料理中最基本的工夫，因為刀工關乎口感和滋味：「料理名師所切的生魚片，每一片魚肉的切口晶瑩剔透，上桌一段時間後，仍是彈性十足。一般人切的生魚片，常常會從切口的部份開始失水，讓魚肉流失原本的鮮美。還有，料理名師切的鮪魚片看起來色澤明亮，而一般人切的鮪魚片則會氧化變黑、水份逐漸流失。」他強調，料理名家使用柳葉刀所切出的生魚片，蘸了醬油，醬油也只會包覆表面，滲透入魚肉有限。

他強調，好廚師才能駕馭鋒利的刀刃，運刀時，須隨時掌握刀鋒的細微變化，注意運刀的手感，動作和方向，及刀刃的平衡。必須利用刀刃的長度，採滑刀法，下刀之後的所有過程須一氣呵成。

3

日本菜餚的特殊形象是吃生，臺灣被日本殖民50年，飲食文化不免受日本影響，臺灣人選擇性地學習殖民者的飲食風俗，出現非常有趣的和漢料理如「龍船生魚片」，也到處可見臺式日本料理店。

臺式日本料理的生魚片通常切得厚，比在日本吃霸氣，其實不足為訓。蓋一片魚生以能一口送入嘴裡為宜，若分兩三次才能下肚未免尷尬。

壽司是生魚片的花式演出，醋飯和鮨種（すしだね）中間，夾少許山葵並刷了醬油，集主副食於一身。江戶前握壽司，是路邊攤起家的一種庶民小吃，一種配合江戶人急性子所產生的料理。

岡本加乃子的短篇小說〈壽司〉敘述湊先生從小厭食，並帶著病態般的潔癖；母親為了救孩子，買來全新的器具，清洗乾淨，親手製作壽司，「母親將醋倒入鉢裡，裡面裝著剛煮好放涼的飯，然後混合。母親和孩子心裡咽哽。接著母親靠近鉢，從裡面抓起一口飯的分量，以雙手捏成小的長方形。」母親像變魔術，手心翻過來，捏飯糰，放在孩子面前的盤子上：「孩子順著母親的話。被肌膚柔順撫摸後的恰好的酸味中，飯和蛋的甜味在嘴裡交融，鋪滿舌上的美妙滋味——吃了一個後，不由得湧起一股想靠到母親身邊表達美味和親近，像摻雜著香味的溫水浸滿孩子的全身。」母親去世後，吃壽司成為他生活中的慰藉。

東京「數寄屋橋次郎」一直是我嚮往的店。「壽司的美味，關鍵就在醋飯。」店東兼主廚小野二郎特別強調飯的溫度：「壽司飯必須和人體肌膚的溫度相當才可以。飯一旦冷掉了，我就會捨棄不用，重新煮一鍋飯。在我的店裡都是配合客人預約上門的時間來分批煮飯。壽司在師傅手塑成形的那一刻，它的溫度恰好是最美味的時機。」

小野二郎總是把「壽司不過三秒」這句話掛在嘴上：希望食客可以在師傅出菜的三秒內將壽司放進嘴裡，才能享受最佳的美味。「本店所進的魚貨都是魚河岸（築地市場）裡頭最頂級的。我在選購食材時從不討價還價，我只會挑剔品質的好，至於價格是昂貴還是便宜，我完全不管。」

有些脂肪豐厚的生魚片，稍微炙燒一下，口感更佳。《孟子．盡心下》：「公孫丑問曰：『膾炙與羊棗孰美？』孟子曰：『膾炙哉！』可見膾炙人所同嗜。有些魚的部位稍微炙燒，比完全生食更美，如鰈魚鰭邊，比目魚鰭邊；然則我不喜用瓦斯槍炙燒，總覺得帶著瓦斯味。

4

臺式日本料理多用白蘿蔔絲、芥末醬搭配生魚片，委實欠高明。山葵（わさび）的口感比芥末清芬，優雅。《禮記》載蘸料的具體做法：「魚膾用芥醬，春用蔥，秋用芥」；可見所述配料帶著去腥的任務。這裡所謂的「芥」指芥菜籽曬乾研磨而成，並非山葵。

紫蘇和生魚片尤其適配，有紫色和綠色兩種，綠紫蘇清香味更清楚。紫蘇葉不但能去腥，還有提鮮的功效，很適合海產河鮮。大約東漢時，紫蘇已經作為解毒的草藥廣泛使用，（西漢）枚乘〈七發〉賦云：「薄耆之炙，鮮鯉之鱠。秋黃之蘇，白露之茹。」說紫蘇葉可去腥，解毒殺菌，並增加烤肉的風味。吾甚愛紫蘇之味，蒸螃蟹時都用紫蘇葉鋪墊。

我夢想有一畦香草園，就在廚房外面，遍植九層塔，香茅，萬壽菊，薄荷，迷迭香，蝦夷蔥，時蘿，紫蘇……然則夢想總是還遙遠。我陸續在陽台種了一些香草盆栽，不料全活不過一個月都死了。

生食看似簡單，卻不易在自家處理，主要是缺乏專業的刀具和潔淨的切割介面。刀具須用銳利的單面刃，切割時儘可能避免損傷纖維，務須挽留魚肉的水份和鮮美。

我多半買現成的綜合生魚片，或稍煎北海道干貝。有一次在木柵街上見新開的水產店水族箱內的牡蠣鮮活，遂買了些回家剝食，不料食後即嚴重腹瀉。（清）王士雄《隨息居飲食譜》雖然也說生魚味甚鮮美，能開胃析酲，卻也警告有痼疾者慎食，說從前有人吃生魚吃成病，用藥使生魚排出來，已經變成魚形。他的敘述，看起來十分卡通。

生魚片滋味之所以曼妙，是有些魚肉烹熟之後即失去鮮嫩。如秋刀魚、鯖魚，生食比熟食美味。

並非生的魚肉就叫生魚片，重點是那個「片」字，怎樣片？片得如何？是生魚片料理的起點，和藝術手段。李維斯陀（Claude Lévi-Strauss）以生／熟，新鮮／腐敗，濕／乾等等，對立烹飪和感官特質建立其邏輯架構。生，屬於自然範疇；熟，屬於文化範疇。壽司介乎生熟之間。

秀麗懷阿雙時嗜吃生魚片，「不是我愛吃，是你女兒想吃。」

那期間我陪她吃了不少生魚片，有時也去濱江市場「安安」買綜合生魚片回家。阿雙自幼果然愛吃生魚片，她小學時期，我偶爾會買壽司送去校門口給她午餐。長大後她想吃生魚片，會說懷念童年的味道。

論鰻魚飯

1

阿珊問午飯吃啥？已經二十幾年沒去六條通吃鰻魚飯了，父女倆攜手重溫舊時味。用餐時間，門外果然須排隊候位，店員依序拿著菜單給寒風中等待的食客先點餐。

餐館的生意若太好，常不免忽略了許多細節，如服務、食物味道。店內整體氛圍像路邊攤，用餐空間狹仄，完全是鬧哄哄的大食堂，店員非常有效率地將食客安插在所有的位子上。鰻魚飯附2小片漬蘿蔔和味噌湯，鰻肉的刺稍多，味道平庸，焦化明顯。也點了烤鰻肝，很粗糙，每一串都烤焦了，有的甚至沒摘掉膽囊；顯見廚房以猛火燒烤，急切，失控。

曾經美好的事物留予回憶甚好，只要珍惜它，毋須再續前緣，若勉強要重溫舊時光，說不定就幻滅了美麗印象。也或許，記憶存在著各種各樣的扭曲；記憶像講故事般，是一種重建，比較不是對某件事精確記錄的讀取過程。

鰻魚飯，即蒲燒鰻丼，來自日本，日文「鰻魚丼」即鰻魚蓋飯。「丼」指使用深底厚瓷的大碗蓋飯，元祿時代即出現「丼」這種餐具名。

燒即烤。蒲是一種植物，食物燒烤之後，形態像蒲的穗，故曰「蒲燒」。日人有詩：

「虛空藏在鰻魚菩薩中」，菩薩代表米飯，虛空代表鰻魚，據稱鰻魚是虛空菩薩的信使。描述的應是關西鰻魚飯。

將主食白米飯與菜餚組合在同一個丼缽中，最早出現的就是鰻魚丼飯，是日本料理史劃時代的創舉。鰻魚飯起初通稱為「丼飯」，蓋當時尚未有別種口味的丼飯。據人情本《春色戀迺染分解》載，窯子裡的嫖客與妓女有段對話：嫖客問妓女「要不要叫丼飯來吃？還是光吃烤的？」妓女答道「啊，丼飯的話，滲了醬汁的白飯真好吃呢！」

另一種「鰻重」，意謂鰻魚、白飯分開盛裝的雙層飯盒，上層放烤鰻，下層是米飯，乃大正時代的產物。

宮川政運《俗事百工起源》記載了鰻魚飯的起源：文化年間（1804-18），堺町戲臺（中村座）的金主大久保今助嗜吃鰻魚，為了挽留烤好的鰻魚熱度，他將鰻魚夾在米飯間，差人送到戲臺，乃鰻魚飯之始。由於風味甚佳，眾人倣效，如今的鰻魚店皆賣鰻魚飯。雖則大久保今助促成了鰻魚飯的販售與流行，卻不宜斷定他是發明者。

江戶白米豐足，蒲燒鰻不僅適合下酒，且合搭白飯。鰻魚店提供白飯能獲得新客層，店家也不斷增加。江戶時代尚未有鰻魚養殖業，捕撈的鰻魚大小不一，小鰻魚的成本較低，鰻魚飯通常會用到十條以上，去頭之後長約9～12公分。

鰻魚養殖普遍後，鰻魚飯皆用大鰻魚，日本畫家鏑木清芳懷念小鰻魚丼飯：「這種幼鰻約只兩寸，細長小巧，沒有一絲油脂，這種幼鰻用在鰻魚飯時，會先在底部鋪一層白飯，接著擺上成排的幼鰻，再鋪一層飯，然後再排一層幼鰻，鰻魚有雙層。」鰻魚丼一定附送免洗筷，免洗筷是日本人的發明，以白木杉製作的「割箸」，乃江戶小吃店發展過程中出現的產物。

臺灣的養鰻技術高明，從前主要是外銷日本。

2

鰻魚料理界流傳著口訣：「剖魚三年，串魚八年，燒烤一生（串打ち三年，割き八年，燒き一生）。」臺北「劍持屋」店內特別以紅字引用鰻魚料理的口訣。創業者早年赴日本琦玉縣習藝，四年後返臺，以師父的姓「劍持」為名。劍持屋的蒲燒鰻魚飯附2種小菜：泡菜、黑木耳，都好吃；另附關東煮、味噌湯、紅豆湯。鰻魚下鋪墊海苔，小小的心意有效提升了滋味；醬汁調味準確，鰻肉的刺較少。可惜串燒鰻肝隱約有一點苦味。

關東和關西的剖魚方式不同，關東習慣從鰻魚背部剖開，關西則從腹部下刀；相傳因江戶地區多武士，切開魚肚的動作易聯想到切腹，遂視為禁忌。

鰻魚名匠金本兼次郎，「野田岩」第五代傳人，堅持江戶前傳統，指出正統蒲燒鰻料理：先將鰻魚剖成兩半，插上竹籤，不添加任何調味料進行白燒；蒸熟，蘸上醬汁烘烤入味。先白燒是避免魚皮變硬，也比較容易去腥。

鰻魚丼成功與否，端視蒲燒鰻、白米飯、醬汁三位一體的合作演出。

市面上所見的鰻多為養殖，野生鰻魚是可遇不可求的夢幻極品，肉質最鮮美的野生鰻季節在九月至十月間。優質的鰻魚難求，「要取得知名鰻魚店用的鰻魚比登天還難。」日本廚藝家矢吹申彥感嘆：「想吃好吃的鰻魚，最快的方法就是掀起專賣鰻魚的餐廳門簾，入店享用。」

醬汁燒烤是深奧的工藝。僅塗抹一次醬汁無法入味，反覆燒烤又可能令魚肉顯得乾柴；而烤鰻魚的基本美學就是軟腴。厲害的烤鰻職人每一次燒烤都須微調，視木炭堆疊的差異、鰻魚油脂釋出的狀況而應變。

好醬汁須搭配好米飯。米飯似乎人人會煮，欲煮得漂亮卻非易事，從選米，淘洗，到控制水分都有講究；成品務求晶瑩，鬆潤，富彈勁。此外，米飯須熱，最好能熱得燙嘴，才與鮮甜的烤鰻適配。

臺北一家日本料理的米飯標榜使用日本進口的「金芽米」，說它在碾米過程保留了米粒表面的「胚芽」和「亞糊粉層」的營養素，並使用過濾水浸泡後才煮。雖然宣稱講究，飯卻煮得一般，上覆蛋絲、海苔絲。也有店家的飯煮得很好，鰻肉卻帶著土腥味。

日本的文化文政時期，關東本地產的濃口醬油產量漸大，取代了京都薄口醬油。江戶鰻魚店使用本地產醬油，並以味醂取代酒，熬製出更適合蒲燒的醬汁，過去的比例為5:5，現代人的口味偏甜，一般會調高味醂的比例。老牌店家都有獨門密製的調料，大約有魚乾，蝦米，蕈菇，洋蔥，蘋果之屬。

相對於江戶用味醂，京都用的是酒。關西倣效東京使用味醂做偏甜的醬汁，是在日俄戰爭之後。

江戶乃日本東京的舊稱，江戶時代又稱德川時代，指日本在江戶幕府（德川幕府）統治的時期。「江戶前」有多層意思，其一是指靠江戶一帶的海域，或這一帶所捕撈到的海產。江戶城所面對的海域就稱之為「江戶前海域」；現在，一般把整個東京灣劃歸為江戶前海域。之所以江戶前所捕撈到的魚均十分美味，和東京灣多河川有關；有多達六十條河川注入東京灣，這些河川為魚類帶來許多天然養分，使魚肉含有豐富的油脂。加上東京灣比較深，海域的波浪小，魚的骨骼不會發展得過於粗大，皮也不會太厚。

也由於江戶前鰻魚油脂厚，不易入口，才有蒸的工序，以矯正魚身多餘的油脂。

江戶時代，當地人對於從江戶城就能望見的隅田川下游、深川一帶所捕獲的鰻魚很自豪，乃特別冠上「江戶前」稱號，成為一種品質保證。至於從利根川、江戶城北側運過來的鰻魚，則稱為「旅鰻」或「外來鰻」。不過，池波正太郎吃了來自利根川的養殖鰻仍相當贊賞。可見調理的技藝很要緊。

3

起初，鰻魚飯是為了保持烤好的蒲燒熱度而衍生。後來的餐具加蓋也是為了提高保溫效果，鰻魚丼因而為鰻魚飯帶來表演性質。美食家山本嘉次郎說：吃丼飯的樂趣之一，在於揭開碗蓋那一刻四溢的香味；鰻魚丼的香味，發揮與蒲燒截然不同的個性。明治時代，鰻魚飯也稱作鰻魚丼了。

江戶時代的蒲燒都是塗上醬汁後直接在火上燒烤，到了明治時代，開始在烤蒲燒的過程中，加入燜蒸的工序；烤至表皮略呈金黃，再入蒸籠。

波多野承五郎在《尋覓食味精髓》敘述：東京的鰻丼，飯上添置蒲燒，再淋上醬汁。京都的鰻魚飯，白烤鰻魚夾在飯與飯中間，表面上看不見鰻魚。

蒲燒鰻加入燜蒸工序後，一旦夾在飯中間，相當於蒸了兩次；故東京不再有夾心形式的鰻丼。而且，養殖鰻魚興盛後，丼飯上再也不是小鰻魚了。遠藤周作旅遊柳川時，在一家有著茅草屋頂的小店吃到當地捕獲的野生鰻魚，「蒸籠蒸鰻魚」：「熱騰騰的飯淋上滿滿的醬汁，再與烤好的鰻魚一起蒸。當然，肯定沒有灑上毫不搭味的山椒。」

臺北「彌生軒」卻鼓勵食客灑山椒粉，其餐盤上附有一紙「吃法」：1.先品嚐原味，2.加入佐料，佐料包括山椒粉、蔥花、榨菜、山葵，另有一碟冰鎮豆腐，3.加入高湯，變成吃泡飯。吃的這天寒流來，陽明山下起了雪，這麼冷的天氣吃冰鎮豆腐？吃到令人寒心。鰻魚烤得尚可，看起是先蒸再烤，切成柳條狀，口感陌生。這家日本料理店融合了西餐概念。每桌的桌上都有平板電腦供點餐。店內頗為寬敞，裝修時髦，只要食客進來，就會有此起彼落的日語「歡迎光臨」，食客結帳離去，換成「謝謝」，發音都不標準，臺味十足。

我在臺北嚐過不少饅魚飯，諸如「御神」，「魚庄」，「浜松や」，「梅子」鰻料理，「肥前屋」，「肥鰻屋」，「魚心」，「京都屋」，「新田鰻魚屋」……我尤其心儀「小倉屋」。

尋常店家的烤鰻肝表皮很容易焦化，並帶著苦味，必須依賴厚重的蒲燒醬掩飾。小倉屋的「鰻肝燒」很優雅，肝、腸均處理潔淨。此店標榜是日本九州「田舍庵」首家在海外的分店。生意興隆，室外有多人在排隊等候，室內陳設堪稱窗明几淨。店內最受歡迎的是「鰻重（うなじゅう）」，田舍庵本店點食率最高的則是「鰻蒸（せいろ蒸し，福岡縣獨特的做法）」，我在店內吃蒲燒鰻，歡喜小酌「西の關」手工米酒，柔和的甘，輕度的酸，口感平衡，和鰻味很適配。牙口還可以的話，嚼點烤鰻骨，略有餅乾風味。

小倉屋的鰻魚烤製甚佳，有著輕度的酥脆感，那種酥脆稍稍抵拒了牙齒，頗為美妙；此外，那鰻肉很細緻，蒲燒醬甜鹹適度，沒有一般店家常見的焦味，顯然是慢工出的細活作品，委實是我在臺北吃過最好的。

一般來講，河鰻肉質比海鰻細緻，我最愛的河鰻料理是蒲燒，優質的烤鰻店未進門先聞到濃厚的燒烤氣味，現殺現烤的活鰻，誘人饞涎，我歡喜坐吧檯座位，邊享受美食邊欣賞燒烤師傅的手藝，不斷將燒烤物翻面，刷醬，白煙升騰，香氣洶湧。不僅鰻魚烤得恰到好處，好像只是微炙般，很嫩，肉汁飽滿；煮的飯也是一流，彈牙而香，跟烤鰻是絕配。

阿雙國中教育會考那天，我到「小林食堂」買星鰻丼（あなごめし）給她午餐，到了考場才知道她跌倒，摔傷尾椎，已經在師大附中的醫務室。這是她初次受到考試的傷害，多年過去了，我每想起仍心疼得要命。星鰻屬海鰻，無虞土腥味，肉質柔滑，輕淡，牠連接著一段我的心疼記憶，以及我對小女兒的孝心。

鰻魚飯的形式簡單，吃起來頗感富足，很適合我這種常獨自用餐的老頭。我愛蒲燒腴脂中帶著輕淡的焦香，閃亮著醬黃油色，甜，鹹，酥，嫩，味道鮮美不腥，絢麗而不黏糊。

論豬肉

演講結束後，有人要我對進口萊克多巴胺美豬表示意見，我說這個政府到底有多仇恨臺灣人？越講越氣，忍不住哆幹譙。自覺失態爆粗口，正想道歉，不料竟全場鼓掌。

萊豬進口明顯是政治弊端，也是民生問題，嚴重傷害臺灣的庶民美食、小吃經濟乃至全民的精神層面，全面影響臺灣小吃，諸如肉臊飯，焢肉飯，排骨酥，爆肉，包子，餃子，小籠包，刈包、肉圓，香腸，火腿，擔仔麵，沏仔麵，米粉湯，大腸麵線，鹹粥，四臣湯，肉羹，黑白切，獅子頭，客家小炒，梅干扣肉，豬血糕，貢丸……

豬肉是漢人最重要的動物蛋白質來源，緊密連接著我們的生活，並結構出中華美食的體系。梁秉鈞〈豬肉的論述〉以風趣的詩句，描述豬肉價格波動影響民生甚巨：「生豬買手表示：可能在今天／聯手抵制供應商不再買豬／並且用車堵塞上水及荃灣屠房／阻止超市售廉價生豬肉／／供應商表示：超級市場掀起的／減價潮，是單方面的行為／他們並未對任何方面提供優惠價格／／民主黨表示：關注／肉食供應市場的壟斷／隨即發表聲明／／報紙的社評表示：民主黨／把問題愈說愈糊塗／不要把甚麼都提升到壟斷的層次／我們必須研究豬肉市場的結構／／城市的阿婆搖頭／大公司以本傷人／不要以為現在吃平價豬肉／將來可／便要吃貴豬肉了」。詩裡的豬肉只是價格波動，不似萊克多巴胺威脅健康。

夏代就懂得吃豬肉了。後魏．賈思勰《齊民要術》詳細記載了「焦豬肉法」：用熱水洗豬肉皮，把塵垢從毛細孔逼出來，再用力搓，邊煮邊撇油，這些程序堪稱精緻、複雜，可見當時的燒法已相當講究。宋人趙希鵠的《調燮類編》亦謂：「煮肉投鹽太早則爛，預以酒付之，則易爛而味美。將熟時，投酒一杯亦妙」，說明宋人已總結前人的經驗，懂得燒豬肉放酒的妙處。

陸游《與村鄰聚飲》陳述冬天時鄉閭間的聚餐：「雞跖宜菰白，豚肩雜韭黃。」豚肩即里脊肉，冬日韭黃盛產，用來炒豬肉，至今都是很適配的家常菜。放翁顯然愛吃豬肉，他另一首詩《飯罷戲作》云：「東門買彘骨，醯醬點橙薤。」彘骨即豬排，用橙薤等香料烹製，以酸甜之味輔佐肉味。他在《蔬食戲書》更盛讚豬肉之美，堪比西北的羊羔經典名餚：「東門彘肉更奇絕，肥美不減胡羊酥」。《爾雅．釋獸》載：「彘，豬也，其子曰豚，一歲曰豵。」豬同豕，小豬叫豚，大豬稱彘。

並非別人都像我們那麼愛豬。舉世皆知猶太人認為豬肉不潔；埃及人也斷定豬是不乾淨的動物，若不慎碰觸到豬，必須到尼羅河裡淨化自己。大概僅高盧人、羅馬人和華人比較欣賞豬肉。

沙林斯（Marshall Sahlins）指出食物是一種象徵符碼，食物的可食用性端視其「有用性」（utility），有用性並非該客體的性質，而是該客體性質的「意義」（significance）。人類社會中沒有一樣物件、一件事情，是具有本質意義或能夠流動的，所有的意義都是人類賦予的。

人類的食用習慣中存在著一種文化理性邏輯。

印歐民族視牛群或任何可增加的財產等同於男性精力的觀念。不可或缺的肉食被視為「力量」，特別是牛排被當成富含精力之肉食的代表，依然是美國飲食習慣的基本情況（如運動隊伍的特別伙食，尤其是美式足球隊）。因此而有農業生產家畜飼料的對應結構，而接著是與全球市場之間的特殊連結關係。

美國食肉制度的設定，主要是以某物種與人類社會之間的關連為依據。「馬是讓人寵愛的，牛是養來當牛肉吃的，沒有人去愛撫牛，為牠們刷毛」。狗與馬則是以主體的身分來參與美國社會的。牠們有專有的人名，而且事實上人們有與牠們交談的習慣，然而人們不會跟豬或牛說話。傳統上，馬是為人類從事勞役工作；如果說狗像親人，那麼馬就像僕人或無血緣的外人。因此吃馬肉雖然不是一般作法，至少還能理解；然而吃狗肉，必然會激起某些關於亂倫禁忌的嫌惡感。

可食性與人性之間具有反向關係。同樣的情況也出現在關於動物可食部位的喜好傾向與通用名稱上。

無論如何，華人對豬肉大抵存在著渴望。當豬肉遇到中華大師傅，烹飪手法堪稱無窮，蒸，煮，燉，滷，炒，熘，煎，炸，烤，拌，醃，風，熗……我曾經在登山時，享受過魯凱族的小米加山豬肉，這道名食乃蒸煮五花肉而成。

晉武帝司馬炎到王濟家作客，吃到肥美的蒸小豬，十分驚訝，原來那豬來歷不凡，乃是用人奶餵養而成。

蒸肉追求鮮嫩和原味，烤肉則帶著節慶感。美國曼非斯（Memphis）號稱世界烤豬肉的首府，該市的烤肉餐館超過百家，每年五月在密西西比河舉辦烤肉比賽，全美烤肉高手雲集，肉香瀰漫整個市中心。

烤豬肉最有名的莫非烤乳豬，西周時八珍之一「炮豚」即是烤豬；古羅馬、葡萄牙、西班牙也有這道傳統特色菜。咱們的粵菜擅表現皮薄脆，肉香酥。

《禮記．內則》載炮豚法：「炮，取豚若將，刲之刳之，實棗於其腹中，編萑以苴之，涂之以謹塗，炮之，涂皆乾，擘之。」鄭玄注：「炮者，以涂苴烤之為名也。將，當作牂，牡羊也。」在豬、羊的腹腔內塞滿佐料，用葦條纏裹，再塗上拌有碎草的泥巴，烤熟。這種古老的熟飪手段，我們沿用至今。

我常烤豬肋排，明白最要緊的是火候，不能用猛火，也不可烤過頭；必須挽留肉汁。

紅燒，大概是豬肉最普遍的烹法。

古時候的華人餐桌，豬肉的地位不高，遠不如羊肉。是蘇東坡，提升了豬肉的聲譽。元．陸寶之常說，「吾甚愛東坡」，有人問：「東坡有文，有賦，有詩，有字，有東坡巾，君所愛何居？」

「吾甚愛一味東坡肉。」

世人皆知蘇東坡善於烹調豬肉，流傳千古的「東坡肉」乃是他被貶謫黃州時的創作，那篇使東坡肉變成豬肉典律的〈豬肉頌〉很短，總共只有61字：

淨洗鍋，少著水，柴頭罨煙焰不起。待他自熟莫催他，火候足時他自美。黃州好豬肉，價錢賤如土。貴人不肯喫，貧人不解煮，早晨起來打兩椀，飽得自家君莫管。

燒豬肉的廚藝表現首先是火候——須用文火，不可躁進，這是製作東坡肉最要緊的精神。次要訣竅是鍋裡的水要少。這篇文章猶有未言明的佐料——酒和筍。豬肉要燒得好，鍋子裡可以沒有水，卻不能省略酒，這一點，知酒愛酒如東坡居士不可能不清楚。

有次一位上海菜名廚得意地表示，他用豆腐乳燒出來的東坡肉滋味絕美，我說那不叫東坡肉，那是腐乳肉。

今人多不解東坡肉的精神要義，胡亂加糖或香料去熬煮。甚至以為肉切得方正、綁了草繩就叫東坡肉，其實這是蘇軾為感謝百姓贈肉，自己烹調後用草繩綁起來的「回贈肉」，相傳是蘇軾任徐州知州時所創。民國初年的《大彭烹事錄》有詩記述回贈肉：「狂濤淫雨侵彭樓，晝夜辛勞蘇知州，敬獻三牲黎之意，東坡烹來回贈肉。」

袁枚在《隨園食單》記載三種紅煨肉的燒法，類似東坡肉的作法：

或用甜醬，或用秋油，或竟不用秋油、甜醬。每肉一斤，用鹽三錢，純酒煨之；亦有用水者，但須熬乾水氣。三種治法皆紅如琥珀，不可加糖炒色。早起鍋則黃，當可則紅，過遲則紅色變紫，而精肉轉硬。常起鍋蓋，則油走而味都在油中矣。大抵割肉雖方，以爛到不見鋒稜，上口而精肉俱化為妙。全以火候為主。諺云：「緊火粥，慢火肉」。至哉言乎！

就我有限的餐飲經驗，吮指回味的紅燒肉不少，諸如臺北「春申食府」的百頁結紅燒肉；「點水樓」和「天香樓」的東坡肉；「蘭姥姥」和「秀蘭小館」的紅燒肋排，洋蔥味充分滲透入肋排，連骨頭都燒到香酥。

「點水樓」的墨魚燒肉，特色是墨魚切大塊，醬汁幾乎完全收乾，強化了墨魚、紅燒肉的氣味，兩者間又互相闡揚，海味熱戀著陸味。我常點食這道燒肉，搭配熱乎乎的白米飯，非常完美。

上海致真酒家「兩頭烏紅燒肉」用的是製作金華火腿的兩頭烏，肉質奇佳。

淮揚名菜「獅子頭」圓圓一球，看似大肉丸，其實是一種跨文本演出：肉丸，白菜心，湯；滋味獨立又互相發揚。

做獅子頭首先必須是好豬肉，處理潔淨，絕不可有豬臊氣；其次湯不能油膩，須淡而味郁。選三分肥七分瘦嫩豬肉，粗斬細切；摶圓時在手中摻些澱粉，以免鬆散。臺北餐館裡的獅子頭以「三分俗氣」、「秀蘭」、「銀翼」最獲我心。我偏愛清蒸做法，湯色清澈，湯底襯以白菜心。

福州名肉「荔枝肉」色澤嫣紅，形象豔麗圓潤，乃豬肉的華麗轉身。此肉跟荔枝無涉，用瘦多肥少的豬肉切成荔枝大小，稍加醃漬後裹粉油炸；成品嫩而彈牙，鹹、酸、甜在口腔合奏。做荔枝肉的秘訣：選用帶少許肥的腿肉切成條狀，以細澱粉攪到發黏，油炸的火候須控制在八成。荔枝肉有一種里坊家常的味道，總令我憶起福州鼓樓區的三坊七巷，散步其間竟覺得染了一身歷史文化，連那裡的麥當勞、星巴克都透露古老的韻味。

豬全身最珍貴的肉就是「項臠」，即豬脖子垂下的那塊肥膘，又稱「糟頭肉」，古時候多用來敬獻皇帝的「禁臠」，《晉書．謝混傳》載：「元帝始鎮建業，公私窘罄。每得一豚，以為珍膳，項上一臠尤美，輒以薦帝。群下未嘗敢食，于是呼為」。此肉以新北永和「三分俗氣」所製的「白灼禁臠」最讚。

大仲馬很得意自己在烹飪藝術上的成就，甚至蓋過了他在文學方面的名氣，嘗斷言：「我遲早會為了掌勺而封筆，這是在為我一座新的豐碑奠基」。大仲馬的食譜中有一道「皇家野豬肉」，甚為驚人：

將四分之一頭野豬剝皮去骨，抹上搗碎的香料放進陶缸。放入大量食鹽、胡椒、杜松子、百里香、丁香葉、紫蘇、洋蔥和大蔥，腌製五天。想吃時，去掉香料，就像燉牛肉那樣用白布把肉包好連同腌出的汁水放進鍋裡，摻入六瓶白葡萄酒、等量清水、六個胡蘿蔔、六個洋蔥、四顆丁香、一大把歐芹和大蔥，嚐嚐鹹淡，不夠就再加一點鹽。燉六個小時，如果還不夠爛，就再多燉一個小時。熄火後讓其在湯裡再燜半小時。起鍋時注意不要讓肉皮脫落。

野豬幾無肥肉，皮又特別厚，料理手法不同於家豬，口感甚具彈勁。

我習慣買木柵市場外「黑豚工坊」的豬腳，其腳毛是店家一根一根鑷出來的。這年頭，賣豬腳肯老老實實拔毛的很罕見了，多是便宜行事，火燎再刀刮，僅外表乾淨，皮下毛根仍在。

萊豬進口後，估計更多人會去傳統市場買溫體豬；購買時最好挑選粉裡透紅、質地結實者。料理時避免泡水過久；斜切，令筋少且肉質細而不易散碎。

其實美國曾經有好豬，如早年曾引進巴克夏（Berkshire）品種極黑豬，全身極黑，僅鼻、尾、膝蓋以下為白色，有著與霜降牛肉相似的大理石紋，口感柔嫩，肉質鮮美。

從前的美豬，吃小麥、大麥等穀物飼料，絕不使用抗生素，也不會施打藥劑。美國作家李察羅素（Richard Russo）感喟：「現在的豬肉，精瘦、堅韌難切、毫無香味，可稱得上另類白肉。但三十年前，它的確好吃得沒話講，口感真實，味道一流。」

豬全身都可利用，揚州家喻戶曉的「扒燒整豬頭」，製作相當講究，首先須仔細鑷豬毛，去骨的豬頭經過多次焯水，刮洗潔淨，割除肥肉，以雞湯或肉湯和大量黃酒、蔥薑烹煮燜燒。成品須糯爛不失形，保持豬頭的完整美觀，耳微脆，舌軟韌，眼彈牙。

2011年，抵達北京那天晚上，二毛以他自創的「豬頭宴」為我接風。

豬頭宴在二毛經營的「天下鹽」舉行，菜色包括大蔥拌豬頭、八爪魚燒豬頭、豆渣豬頭、金瓜粉蒸豬頭、脆皮豬頭、鹽菜扣豬頭、回鍋豬頭、魚香豬的思想（腦花）、蒸臘豬頭。

二毛是詩人，廚藝家，尤擅烹川味，豬頭宴所推出的菜餚，都是天下鹽不賣的。菜單上有一道「大刀耳片」，除了價錢，就是一張圖片，豬耳朵切薄片，泡在紅油中，明顯的川味，圖下一行字：「大刀向鬼子們頭上砍去，紅辣辣的砍去，刀口對著胃口，明晃晃的」。這種文字說明已超越了菜單的敘述功能，更帶著抒情任務。詩人變成廚子，本質還是詩人，二毛有一首詩〈為心愛的人下廚〉，開頭幾句深情款款：「爐膛裡 柴火為你燃燒／房頂上炊煙為你裊裊／我繫上圍腰／手握明晃晃的菜刀／心愛的／你想吃什麼／陽光拌豆苗／月亮煮清粥／米線過小橋」。

他總是有能力讓文化想像融合食物，另一首詩〈葷菜素吻〉就很逗：「有一種吻很肥／有一種吻很瘦／有一種吻像五花肉」。

豬太一般了，很容易被我們忽視。中華料理擅營主題筵宴，以動物食材為題的諸如全牛席、全雞席、全鵝席、野鴨席、全魚席、全鮑席、全驢席、全虎席、全狗席、蠶蛹宴、螞蟻宴……全虎席就是以豬肉作單料的全席，並不多見，更遑論豬頭宴了。就我所知，僅章國榮曾用一個豬頭設計過一席菜：松花豆腐（腦、眼）、發財大吉（舌）、一路順風（耳）、八戒過橋（前拱）、紅扒肉方（臉面）、回鍋肉片（下巴）、白龍過江（臉面）、焦炸肉（頭頂）、粉蒸肉（臉面）、銀絲脆耳湯（耳尖）。

大仲馬斷言，豬全身都是寶，豬血可做血腸，豬腸可做燻臘腸，即使是邊角餘料也可做香腸、煙燻肉，「全世界最好的豬肉出在中國」。對華人而言，沒有豬肉就沒有烹飪。飲食生活中，豬好比是華人西裝上的領帶。

論烤鴨

在烏魯木齊機場辦理登機，才知道機位出了差錯，連絡北京的旅行社，緊急安排更晚的班機。

飛機終於抵達北京機場時已經深夜，旅行社的人等在大廳，接了機，堅持帶去吃烤鴨以表歉意。

折騰了一天，在「都王烤鴨店」坐定已飢腸怒吼，下巴鴨上桌直接就召來洶湧的食慾，烤鴨更是一口一大塊，停不下來，其它像鐵棍山藥、雀巢雞球、燒餅、炸醬麵、娃娃菜也是吃得兇猛。

北京最轟動的美饌莫非烤鴨。所謂「京師美饌，莫妙於鴨，而炙者尤佳。」乾隆皇帝曾在13天中連吃8次烤鴨。北京烤鴨從前叫「燒鴨子」，其製法是從南京北傳，剛進京時稱「金陵片皮烤鴨」。《齊民要術》載炙鴨，開中華烤鴨之先河。

烤鴨古時候叫「炙鴨」，作法非常殘酷，最早的記錄見於唐．張鷟《朝野僉載》：「周張易之為控鶴監，弟昌宗為秘書監，昌儀為洛陽令，競為豪侈。易之為大鐵籠，置鵝鴨於其內，當中取起炭火，銅盆貯五味汁，鵝鴨繞火走，渴即飲汁，火炙痛即迴，表裡皆熟，毛落盡，肉赤烘烘乃死。」

最遲至宋代，炙鴨已成為沿街叫賣的平常食物。元．忽思慧《飲膳正要》有一味「燒鴨子方」，相對文明多了：鴨子打理乾淨，將蔥、芫荽、鹽塞入鴨腹；再用羊肚把鴨子包起來，烹熟了之後，去除羊肚，只吃鴨子。烹製的方法有二，或蒸或烤。可見元代已經有了烤爐烤鴨。

明．謝肇淛《五雜俎》有類似的記載：「京師大內進御，每以非時之物為珍……至於宰殺牲畜，多以殘酷取味。鵝鴨之屬，皆以鐵籠罩之，炙之以火，飲以椒漿，毛盡脫落，未死而肉已熟矣。」不唯中華料理，凱區納博士（Dr. William Kitchiner）在《大廚聖經》（*The Cook's Oracle*）引用了一道鴨或鵝食譜，很像炙鴨：

> 拔光其羽毛，只留下頭頸處的毛，然後在牠四周生火，不要讓火太接近牠，以免被煙嗆到，也避免火立即燒到牠；但也別離火太遠，以免逃走。火圈中置小杯水，摻入鹽和蜂蜜；另備大盤，裝滿浸漬過的蘋果塊。鵝（鴨）身須塗滿油脂，開始烤的時候，牠受熱而四處振翅走動，卻被四面火網禁錮，當牠停下喝水止渴，蘋果醬可幫助排糞，清除腸胃。烤的過程，用濕海綿擦濕牠的頭、腹部，當牠跑到暈眩顛

蹬時，肚子缺乏水份時就算熟了，可以立刻上桌，在賓客面前切下任何一部份牠都會大聲叫喊，牠在未死前就已經被吃得差不多了；這真是教人愉悅的景象！

18世紀的英國人相信，如此折磨、虐殺動物，會令肉質鮮美，衛生，今天看來非常殘酷而古怪。

北京烤鴨可粗分為掛爐、燜爐兩大流派，「掛爐」有爐孔無爐門，以棗、梨等果木為燃料，用明火；使用果木是取其不生煙，果木的清香又可在烤製過程進入鴨子體內；鴨入爐之後以挑桿規律地變換位置，令鴨受熱均勻，成品呈棗紅色，形象飽滿，外皮酥脆，帶著果木的氣味。《金瓶梅》61回提到常二嫂的「爐燒鴨兒」，實際就是掛爐製作的烤鴨。

「燜爐」是一種老爐，爐身用磚砌成，無煙筒，頂部留一小氣孔；用暗火，即以爐內炭火和燒熱的爐壁燜烤而成，成品的肉質潔白、細嫩，外皮油亮酥脆。燜爐烤鴨乃山西傳統名餚，又稱晉陽烤鴨，晚清以降即是太原的筵席大菜；烤製時以高粱杆為燃料，點燃後將紅灰撥至爐膛四周，用上次烤鴨的餘燼稍加掩蓋，再將晾好皮的鴨掛入，關嚴爐門，燜烤40～50分鐘。

掛爐烤鴨最輝煌的莫若「全聚德」，其烤鴨從製坯起即有整套嚴謹的工序：宰殺、燙毛、退毛、吹氣、開生、掏膛、支撐、洗膛、掛鉤、晾皮、燙皮、打糖、再晾皮；然後才進行烤炙工序：堵塞、灌水、入爐、燎襠、轉體、出爐。每一道工序都累積了一百多年的摸索經驗，總結出秘而不宣的絕招。諸如燙毛的水溫就必須控制在60～64℃之間；又如用來打糖色的飴糖水，糖和水的比例須因季節、晴雨而異；晾皮、烤製的時間也莫不如此。全聚德聲稱選用的填鴨，從蛋孵到宰殺，必須在一百天之內，填喂成五斤以上；若超過一百天才喂到五斤，鴨肉老矣。

秋、冬、春是最宜吃烤鴨的季節，蓋夏天濕度大，鴨坯潮濕，人們也不喜吃得油膩；冬春時鴨肉肥嫩，秋天的氣候適合製作烤鴨。全聚德有三種片鴨法：杏仁片，柳葉條，皮肉分吃。佐料也有三種：其一，甜麵醬加蔥條、黃瓜條、蘿蔔條；其二，蒜泥加醬油，亦可搭配蘿蔔條等；其三，白糖。

我吃過的好烤鴨不少，諸如臺北的「天廚」、六福皇宮「頤園」、「春申食府」、

「點水樓」，和臺中「全國飯店」，宜蘭晶英酒店「紅樓中餐廳」……其中蘭城晶英的「櫻桃霸王鴨」名稱最威，形式最花俏，尤其是用鴨皮捲成的握壽司風靡不少年輕人。點水樓的「火焰鴨」體形甚為豐滿，健美；上桌先演出一場火焰秀，像煙火慶典，美味之外，極具觀賞樂趣。當鴨車推到餐桌前，熱鬧的敲鑼聲亮起食客興奮的眼神。烤妥的鴨立於鴨架上，舞蹈般旋轉，鴨身淋上燃燒中的法國君度橙酒，前後兩次淋火焰酒燒烤，第一次燃燒用以鎖住肉汁並散發濃郁酒香，第二次燃燒令外皮更加酥脆。片鴨方式也很特殊，以斜刀法從兩側片下，而非傳統從脖處下刀。

2005年夏日我到北京，劉瑞琳在「大董烤鴨店」設宴接風，並邀沈昌文、趙珩、王學泰、雷頤幾位先生作陪。「大董」是店東董振祥的昵稱。和許多名廚一樣，熱衷廚事，不斷鑽研，他的廚藝可謂家學淵源——大董從小夢想能跟名廚父親一樣技藝精湛，入行後曾師從王文昌、孫仲才，此後又頻頻得國內外大獎。

此店的烤鴨號稱「酥不膩」，乃大董所研製，最厲害的是鴨皮，未片之前古銅的膚色極佳，光滑油亮，皮下脂肪甚少。老北京烤鴨講究每一片都有皮有油有肉，現代人在乎健康，避油唯恐不及。「大董」的片鴨皮肉分離，鴨皮蘸些白砂糖送進嘴裡，口感又酥又鬆，香氣四溢，令人忍不住想驚呼。蘸白砂糖是老北京的吃法，據說源自大宅門裡的小姐夫人，她們不喜蔥、蒜，只肯蘸白糖吃。

製作燜爐烤鴨最嚴謹的可能是當年北京的便宜坊，其工序是鴨子收拾乾淨後，先用吹針將皮肉相連處吹鼓起來，風乾，如此烤出來的鴨皮才會鬆脆酥美。現在大概沒有人這樣吹鴨了。

我有限的烤鴨經驗，以北京「大董烤鴨店」，和臺北「臺北世貿聯誼社」、「宋廚」為尊。臺北世貿聯誼社的食物從選材到烹調都很講究，如「世貿片皮鴨」選用宜蘭以大小麥、玉米飼養的鴨子，維持在60天、3.3公斤左右，烤之前鴨腹內先抹上多種調料和香料，風乾8小時再烤1.5小時，出爐後須在3分鐘內片完，他們認為這種標準的肉質最軟嫩；此外，每一隻鴨只片出18至24片精華，強調一咬即斷的脆勁。

可惜他們歇業了。我難忘世貿片皮鴨的做工講究，細緻，鹹甜合奏，脆嫩合度，夢幻般的香氣充盈著感官。每次體驗都像味覺和嗅覺的探戈，令瞳孔擴大。

宋廚原來叫「全聚德」，2002 年北京全聚德決定來臺開分店，老闆宋連郎婉拒加盟為分店，為避免商標權爭議，遂易名「宋廚」。我覺得他有骨氣，有自信，所烹烤鴨明明勝過北京全聚德，何必寄人籬下。

初次去「宋廚」是逯耀東教授作東，說這裡的掛爐烤鴨很道地，老闆燒的北京菜很正宗，逯老師點了好多菜，好像要我一次就嚐遍所有的特色料理。後來我覺得確是好餐廳，遂常在這裡宴客。

烤鴨是不善於等待的，需趁熱片妥，一旦冷掉，皮鬆垮了，口感全失。廚師務必算準訂位者到店的時間，將鴨掛爐。

食客坐定，吃過店家招待的菜心，和其它涼拌菜，老闆推著鴨車出場了。這是北京烤鴨不可或缺的「桌邊服務」，也是中華料理中較罕見的桌邊秀，只見宋先生以熟練的刀法片鴨，且片得有尺寸，皮肉亦截然畫分，頃刻即擺滿整盤大小相若的鴨肉和鴨皮，帶著視覺樂趣。

我吃烤鴨最歡喜飲高度數白酒，烈酒含在口中，一口吞下，強勁的餘韻升上胸臆，準確結合烤鴨的香味。

宛如音樂的和弦。當宋老闆開始片鴨，蒸氣升騰，可以聞到協調的氣味；先是簡單的肉香，表皮烤至古銅色之後的脂香，廋肉含著肉汁的氣息，飴糖水的芬芳，含蓄散發著的爐氣，像幾種樂器同時演奏，層次分明又十分和諧融合，吃進嘴裡，彷彿熱情的和弦跳躍，一個樂隊在心靈深處交響。

那隻鴨，當炙烤準確的鴨皮和肉、油流洩，令人想起傳統詩的結構，在形式的限制中展現想像，令味覺奔放，自由地翱翔。

我習慣烤鴨三吃——將鴨架上剩餘的肉切絲，爆炒芽菜、青椒和辣椒；再將最後的骨架、脖子加豆腐、冬粉、酸菜煮湯。然則梁實秋不以為然，他認為一鴨三吃只是廣告噱頭，在北京吃烤鴨，照例即有一碗滴出來的鴨油，和片剩的鴨架裝；鴨油用來蒸蛋羹，鴨架裝可以熬白菜，或煮湯打滷。

清代詩人嚴辰返鄉之後對北京烤鴨懷念不已，其〈憶京都詞〉頗有除卻巫山不是雲的深情：「爛煮登盤肥且美，加之炮烙製尤工。此間亦有呼名鴨，骨瘦如柴空打殺。」填鴨目的在於增肥，肥即是美，否則平白殺生，徒增罪孽。

烤鴨的技藝不容易，唯高手能烤出表皮古銅、肉汁飽滿的好鴨，表皮古銅光亮代表迸脆、香，油淋淋；肉汁飽滿意謂著柔嫩腴美。那鴨皮烤得酥脆，肉、皮分離，鴨油、鴨皮、鴨肉和青蔥、甜麵醬在荷葉餅裡合奏出不可思議的香味。我每次見那烤鴨閃著古銅膚色，像加勒比海沙灘上的美人，撩人饞涎；我講加勒比海是忽然想到看過一部007電影，黑白混血女演員荷莉．貝瑞（Halle Maria Berry）從海水中躍起的形象，非常魅人。

有一天，阿珊在電視上看到荷莉．貝瑞，對我大喊一聲：「爸，你的烤鴨！」

論吃蛋

1

1999年，《完全壯陽食譜》在臺北「永福樓」舉辦新書發表會，此前接到任意誠總經理電話，說廚房有一點問題，希望我去和廚師團隊開會。忐忑地推開會議室的門，各部門主廚都穿戴整齊，見我進來，全部起立大喊：「焦師傅好！」我的虛榮心在那一刻完全得逞。

行政總主廚在推讓下率先發言：焦師傅，我們遇到的問題是食材的取得。但說無妨。您有一道菜〈紅杏出牆〉，食材中「新出土恐龍蛋1粒」要去那裡買？河南農村，1粒8千元人民幣。可是明天就要試菜，即使我今天飛過去買也來不及了。

我自然不會為難主廚，安慰他不放恐龍蛋也無人知曉，並稍做解釋：河南農村的恐龍考古現場，半夜偶有農民偷竊恐龍蛋化石，每粒以8千元售出。我在詩中載有用法說明：「古有明訓：吃肝補肝，吃腦補腦，吃蛋補蛋。恐龍和牠的蛋，以碩大之形象迷惑人心數千年。碩大即是美，是智慧的暗示，威力的隱喻。新出土恐龍蛋對繁殖頗具神效，不準備生育的女人萬勿嘗試。」

清．顧仲《養小錄》載一則〈龍蛋〉，看了甚覺詭異：「雞子數十個，一處打攪極勻，裝入豬尿脬內，紮緊，用繩縋入井內。隔宿取出，煮熟，剝淨，黃白各自凝聚，混成一大蛋。」他解釋：雞蛋吸收了日月精華，經歷一晝夜，井水分開陰陽二界；雞蛋入井，要泡得深一些，並浸泡一天一夜。

人類在遠古時代即開始吃雞蛋，最初養雞是為了雞的產蛋價值，而不是為了吃雞肉。雞蛋的烹法變化無窮，煎炒煮炸皆可，蒸蛋，蛋捲，蛋糕，沙拉，各式西點……所有蛋料理中以雞蛋最普遍。

我雖愛吃蛋，還遠不如顏元叔那麼癡迷，他小時候經常爬進雞窩，探取母雞剛下的蛋，用指甲挖開小孔，就著嘴吸吮，那蛋猶留著暖暖的雞屎臭，緩緩流入口裡，「蛋白沒有什麼味道，蛋黃極是精彩：甜甜的，黏黏的，好像吞掉了一個小太陽。」

莫內也愛吃雞蛋，其家庭餐桌的蛋餚頗有變化，諸如雞蛋塊，冒泡的煎蛋，番茄煎蛋，里昂的清水煮荷包蛋，貝里煎雞蛋，那不勒斯煮雞蛋；松露拌雞蛋塊則是耶誕節的傳統菜色。

難忘香港「華星冰室」的黑松露炒蛋，雞蛋加起司炒熟，上面再刨些黑松露，細緻，優雅，高尚。松露是烹飪的鑽石。「菜餚若缺少松露的點綴，燒得再好也難獲肯定。」

薩瓦蘭（Jean-Anthelme Brillat-Savarin）甚至斷言：松露不見得是好的春藥，「但有些時候它會使女性更溫柔，男性更容易性衝動。」

然則松露提醒我們，再迷人的物事都不可放縱貪婪。正如愛情多變而暴虐，菜餚若加太多松露，味道即變得俗劣。

限於食材，我在家只做過幾次黑松露炒蛋。較常做的是飛魚卵煎蛋，飛魚卵真是好東西，加在雞蛋中慢煎，蛋中有蛋，層次豐富。打蛋的時候順著同一方向，將碗裡的蛋輕輕攪拌均勻，不可用力打蛋，以免將空氣打入蛋液中，損害成品之細緻。

2

大清早，太陽還未升起，農會門口排隊的人龍已經很長了，隊伍彎過巷弄，他們大多低頭滑手機，耐心等待農會開門買雞蛋。臺灣鬧過口罩荒、疫苗荒後，這幾個月，變成雞蛋荒，蛋價急遽上揚。

雞蛋一向很廉價，可當年乾隆皇帝所吃卻要十兩銀子一枚，駭人聽聞，因清廷內務府開水賬，大肆貪污之故。《清稗類鈔》載：

乾隆朝，大學士汪文端公由敦一日召見，高宗從容問曰：「卿昧爽趨朝，在家曾喫點心否？」文端對曰：「臣家貧，晨餐不過雞蛋四枚而已。」上愕然曰：「雞蛋一枚需十金，四枚則四十金矣。朕尚不敢如此縱欲，卿乃自言貧乎？」文端不敢質言，則詭詞以對曰：「外間所售雞蛋，皆殘破不中上供者，臣故能以賤直得之，每枚不過數文而已。」上頷之。

汪文端深諳保身之道，滿朝貪污，獨善自身已然不易，官場多貪，揭貪難免惹殺機，世人造假弄假誰能不說謊？

曾經買了一箱野放土雞蛋，請 Lalamove 宅配，依規定先加值一千元，再打電話預約，收到貨時，僅剩幾顆完好。算一算運費和運送途中損毀的，委實是我買過最昂貴的雞蛋。

雞蛋種類頗多，彰化縣埔鹽鄉「桂園自然生態農場」生產的彩色蛋有土雞蛋，烏骨蛋，桂之蛋，青殼蛋，初生蛋，放牧蛋等等。我也吃過農家採集的野雞蛋，很是稀罕。

蛋的品質直接左右蛋餚的優劣，世間的壞蛋不少，從外觀並不易分辨，無從知道飼料中是否添加了化學藥物，及重金屬、抗生素殘留。我曾認真在超市挑選幾盒強調人道飼養雞蛋，標榜「無抗生素．無重金屬．無戴奧辛．無藥物殘留．無動物性原料．無芬普尼及其代謝物」，那些廣告文案看多了，不免就模糊了真假。我們總是生活在詐騙中，假新聞，偽機關，假文件……尤有甚者，是睜眼說瞎話的政客，為了自己的利益顛倒黑白，臺灣人都很好騙嗎？

3

具規模的飯店自助式早餐都供應有蛋捲（omelette），又稱歐姆蛋、蛋餅。具體做法是蛋攪拌均勻後，煎至半熟，加入切碎的香草、蔬菜、肉品之屬，對折。

大仲馬說他寫食譜的初衷之一，是為美食家拾遺補缺，搜羅他們聞所未聞的異國菜餚，其中「阿拉伯煎蛋餅」授自一位土耳其酋長的廚師，用火烈鳥（紅鶴）蛋烹製，餡料為：略炒洋蔥、甜椒、番茄、鳳尾魚肉。另一道「草莓煎蛋餅」顯然是甜品，他未講出處，餡料選用碩大的菠蘿草莓，切瓣，加糖、橙皮、蘭姆酒；另取草莓壓汁過濾，加橙味糖；蛋煎熟後，包起餡，裝盤後撒上香草糖，周圍注入草莓汁。我在西安吃的「蛋酥」也是甜點，製法是蛋液須充分攪拌均勻，再加入白砂糖，炸好後冷卻，撒些白芝麻，重壓粘合，切成條狀，蛋黃味清楚。

史上第一位電視名廚薩維耶．馬塞爾．布蘭斯亭（Xavier Marcel Boulestin）的第一個烹飪節目就示範蛋捲做法，他認為，蛋捲主要仰賴雞蛋和奶油的味道，這兩道食材必須非常新鮮。

仰仗奶油是經典的法式蛋捲。費雪（M. F. K. Fisher）描寫蛋捲的做法多樣又精采，她將蛋捲粗分為兩派：法國派，蛋白和蛋黃分開打，再混合起來。另一類為義大利菜肉餡煎蛋餅（frittata），混合蛋和各種冷的熟蔬菜煎成的厚餅。

達．芬奇設計過不少美輪美奐的盛宴，自己卻過著修士般的清貧生活，他吃的是香草奶酪蛋捲，用奶油煎，素材包括帕瑪森起司，甜菜，菠菜，歐芹，鼠尾草，薄荷，墨角蘭或牛至。

我在家有時會做醋炒蛋，用陳年鎮江醋炒雞蛋。從前醋炒蛋是酒樓的「搭菜」，堂倌送給食客的醒酒下飯菜。確實下飯。

培根和蛋，是英式早餐的兩大食材。普魯斯特筆下的培根炒蛋顯然用了大量的奶油、蛋液，淹沒培根肉：「在金色波浪起伏的炒蛋上，小小一群培根船隊，載浮載沉，而每個人都自告奮勇地準備將它們從沈船的危機裡拯救出來。」

費雪強調炒蛋的精髓在於時間。杜杜引述費雪的炒蛋很有趣：先放無鹽奶油在平底鍋內融化，改用極細火。蛋打勻注入鮮奶油，入鍋，溫柔地在鍋中往來攪拌，用有節奏又舒緩的姿態，許久才見蛋慢慢轉成柔嫩顫抖的乳凝體。費雪戲稱此炒蛋法為「夢幻過程」。

4

南投「蘇媽媽湯圓」的肉臊飯，飽滿的肉臊中藏著一粒滷鵪鶉蛋，令那碗肉臊飯帶著幽默感。滷蛋可能是最普遍的蛋膳，全臺灣的便當大概都有一粒。么女中學時，我為她準備的便當菜都有蛋，滷蛋，番茄炒蛋，洋蔥炒蛋，蒲燒鰻玉子燒，蛋炒飯……蛋炒飯可能漢代就有，馬王堆出土的竹簡中的「卵穛」即為粘米飯加蛋，可謂中國獨有飲食文化。至於魚片蛋炒飯（kedgeree）乃英國版的印度炒飯，成為英式早餐的舶來款：用平底深鍋炒放涼的米飯、去骨去皮的魚肉，加入奶油、紅辣椒粉、鹽，再打入雞蛋拌炒。

滷蛋美味的關鍵在滷汁，蛋不宜久煮，宜浸泡在滷汁中入味。有一天參觀埔里酒廠，總經理拿出紹興酒製溏心蛋和滷蛋款待，酒味充分滲進蛋黃，酒香雋永。

這是滷蛋美學，入味。每次去上海總惦記著到「致真酒家」吃飯，這家餐館佳餚不少，最吸引我的是兩頭烏紅燒肉，無論腌成鹹肉或滷煮都是極品，那罈肉汁又涵淹出令人驚嘆的滷蛋。至於淡水老街上那家鐵蛋很出名，可惜太硬，不適合我這種齒髮動搖的老頭。

我煮粥時都會搭配鹹鴨蛋、皮蛋。袁枚的食單載有「腌蛋」：以高郵為佳，顏色紅而油多。放盤中，總宜切開帶殼，黃白兼用；不可存黃去白，使味不全，油亦走散。

汪曾祺很以家鄉的鹹蛋為傲，我曾邀請他來臺灣，餐會上他猶盛贊：高郵鹹蛋的特點是質細而油多。蛋黃通紅，蛋白柔嫩，不似別處的發乾、發粉，入口如嚼石灰。油多尤為別處所不能及，筷子頭一扎下去，紅油就冒出來。

皮蛋之優者曰松花蛋，乃是它凝固的蛋白中有結晶狀花紋，形似松花，那是蛋白質在分解過程中產生的游離氨基酸和鹽的混合物；松花紋多的蛋，蛋白質含量少，氨基酸較多，蛋的腥味降低，鮮味提高。

5

最簡易常見的蛋餚大概是水煮蛋、水波蛋、茶葉蛋。班尼迪克蛋（Eggs à la Benedick）是對切瑪芬，稍烤，置熟火腿於瑪芬上，在烤箱中加熱，上面再放水波蛋，並淋上荷蘭醬。此物常見於咖啡廳的早午餐料理，是紐約名廚查爾斯·瑞赫夫（Charles Ranhofer）所創，他是Delmonico’s主廚，除了為紐約的餐廳引進白色桌布和印製菜單外，也設計了一些具有象徵意義的料理，如「烤熟的阿拉斯加」就是慶祝美國向俄國購得阿拉斯加。我很欣賞他的晚宴觀念：如果晚宴有女性賓客，就必須要有燭光、精緻的料理和賞心悅目的甜點。

鄒金盆女士一生賣茶葉蛋，她用大量的香菇煮茶葉蛋，風味魅人，若去日月潭不宜錯過。我經驗另一處難忘的茶葉蛋是在武夷山「八方飯店」，用大紅袍浸煮的茶葉蛋，茶香悠揚。

安·伯瑞爾（Anne Borrel）和名廚阿朗·桑德杭斯（Alain Senderens）合作，化想像為現實，重現普魯斯特在《追憶逝水年華》裡的料理，諸如燉蛋：「當他專注想著砂鍋燉蛋與菲力佐貝爾納斯醬時，這用餐前的等待簡直令他無力招架，他開始發現，儘管他的頭被水邊紫鳶尾溫柔覆蓋著，角落小徑旁敘利亞玫瑰散發出芬芳，都不足以平撫他被這一早上的工作，被這幾個小時、被這些欲望挑撥了的，那喉間的迫不及待。」

梁實秋說的北京「厚德福飯莊」鐵鍋蛋，屬燒烤雞蛋，用口大底小而高的鐵鍋，將打好的蛋加入油鹽佐料，羼些肉末、豌豆，倒在鍋裡連燒帶烤，烤到蛋漲至鍋口，呈焦黃色，上了桌還滋滋滾響。鐵鍋蛋屬豫菜，常見的配料有火腿丁、荸薺丁、蝦、蝦米、料酒等等。我在昆明「巧庄園」也吃過鐵鍋蛋，所製和梁實秋吃的不同。

成都市「貳麻酒館」的醪糟蛋又稱酒釀蛋，口味酸甜，流行於南方。和醪糟蛋口味相似的是連城白鴨蛋。

冠豸山不高，貌奇幽秀，號稱客家神山，水路沖刷出桄榔幽谷，是丹霞地貌的典型U型巷谷。山路盤旋，磴道陡峭。沿著石門湖畔散步，湖水清澈，悠游著白鴨，黑天鵝。連城白鴨原稱白鶩鴨，全耳羽毛為白，腳蹼和頭部烏黑，閩西客家人又稱黑頭鴨，據說能清熱解毒，可治咯血和虛癆等症，乃中國唯一藥用鴨。聽說肉質細嫩，脂肪少，腥味低，連城白鴨湯是福建傳統名餚，當地有一童謠：「黑頭鴨，水中游；唯一藥用拔頭籌；皇帝吃了不發愁。」

有人在高空鋼索上表演飛車特技，好像很驚險，陽光眩目。吸引我目光的是擺在桌上的白鶩鴨蛋，個頭比一般鴨蛋小，像雞蛋，蛋黃比例較高，加枸杞蒸熟，淋上客家米酒、蜂蜜。

6

杜杜贊美雞蛋幾近完美，「一隻雞蛋橢圓渾樸，線條流麗地由尖轉寬，均勻的粉彩米色，柔和雅靜，握在手心冰涼而又堅硬，而裡面卻是透明的蛋白和明艷的蛋黃，孕育著生命。」

我早餐經常吃蛋麵，例請老闆另煎一個蛋，荷包蛋，洋蔥蛋，蔥花蛋，九層塔蛋，韭菜蛋，那蛋剛煎起立刻送到桌上，猶冒著熱氣。我不確定是為了煎蛋前來？還是蛋麵？剛煎好的蛋香氣襲人，降溫後風味大遜，它提醒我們美好的時光稍縱即逝，要努力把握。

不唯麵店的煎蛋，我忙碌時煮泡麵，必打一顆蛋下去，那蛋包，令庸俗的泡麵有一種優雅的氣質。

除了美味，雞蛋也提供吾人哲思，如網路上瘋傳的：從內打破是生命，從外打破是食物。

憂傷時像一粒封閉的雞蛋，彷彿隔絕了外界。秀麗離世不久我曾有趟療傷之旅，一天下榻日月潭雲品酒店，一泊二食很適合疲憊的旅人。晚餐在「彩雲軒」鐵板燒，蕈湯，松露干貝，煎明蝦，煎圓鱈，煎羊肉，牛肉捲包裹著紫蘇葉和剝皮辣椒。第一道菜蒸蛋：打好的蛋液回注蛋殼內，固定於鐵架，鐵板上倒水，沸騰後覆上鐵蓋，蒸熟，加入一匙魚子醬，帶著表演性。鐵板燒常以蛋炒飯結尾，那大鐵板傳熱均勻，很適合用來炒飯。

也許生活應該像一碗蛋炒飯，素樸，飽足，簡單。我拂曉起身，搭電梯上頂樓「雲月舫」，歪在沙發上眺望日月潭，和環湖公路，太陽還未升起，湖水透露深沉的藍，深沉的憂鬱，有嵐煙輕淡飄浮，純粹，寧靜，幽遠，令人安定的世界。

諭喝湯

1

車水馬龍的大橋頭清晨，市囂漸躁。在「珠記」吃早飯，例點米糕，荷包蛋，炒青菜，肉羹，炊得準確的米糕顆粒分明，淋上肥肉臊，腴香，飽滿著糯米的糗彈，店家選用鴨蛋煎荷包蛋，半熟的蛋黃色澤豔麗，流溢燙嘴的米糕，魅力難擋。我最服膺肉羹，那豬肉條勾了薄縴，鮮嫩有嚼勁，湯色清淡富層次感，似乎海味與陸味互涉，經典般，透露著崇高氣韻，啟迪我，鼓舞我，感動我。

痛風後，其實不太敢喝高嘌呤的肉湯，然則生命難免有義無反顧的時候，我情願為這碗湯失身。

湯之所以好喝，乃鮮味在其中起作用，鮮味庶幾接近肉味（meaty）或美味（savory），這種味道可由很多天然物質來傳遞，像穀氨酸（glutamate）。日本料理常用昆布、海帶熬湯；歐美菜則多依賴濃縮雞湯、牛肉汁，和成熟的起司，以及曬熟的番茄、蘑菇、甜玉米、青豆……

中餐的湯講究清澈，西餐的湯務求濃稠。中餐的湯往往最後才喝，頗有總括一席熱菜的意思；西餐的濃湯則是用來襯托生菜沙拉。至於日本的味噌湯，上層清澈，下層濃濁，喝的時候略微攪散，底層升起如雲霧，趁蔥花浮沉在半清半濁之際喝下，是一種帶著禪味的即時美。

我偏好中式清湯，西式的巧達濃湯、玉米濃湯、番茄濃湯、洋蔥濃湯、南瓜濃湯……都不是我的菜。大仲馬頗以自己發明的貽貝湯為傲，他公開的食譜顯然是濃稠風格：上午11點就要煨湯鍋在爐上。下午4點，取一打番茄、一打白洋蔥，另鍋煮一個半小時，過濾，調味，加入三四盎司的肉凍，小火收濃。將洗淨的貽貝入鍋上爐，待貽貝殼裂開，出汁；混合肉湯、番茄湯。取一口大鍋置爐上，半頭大蒜擦抹鍋底，滴些橄欖油令大蒜上色。最後倒入上述三合一的湯，大火煮一刻鐘，加入貽貝。

臺北「上林鐵板燒」的湯品有海鮮、洋蔥、牛肉和山藥，後者迥異於一般的處理辦法——將山藥切塊煮湯。而是蒸熟後，磨成泥；這碗湯有小蘑菇帽、干貝絲，十分可口，可口又心生一種健康感。那山藥泥泡沫般，結實地浮堆在碗裡，調羹輕觸，如雲朵般浮了上來。波特萊爾有一首散文詩〈湯和雲〉，令人懷念起上林鐵板燒的山藥湯：

我瘋狂的小愛人正在為我開晚飯，而我正從餐廳裡敞開著的窗口凝視上帝用水蒸氣做成的流動建築物，那種奇妙的，不可觸及的建築。而且，透過沉思，我正向自己說：「這一切幻景幾乎和我美麗的愛人的眼睛一般美麗，那有綠眼睛的，瘋狂的小怪物」。

猝然，我的背遭受了一下猛烈的拳擊，我聽見一個瘖啞的但富於魅力的嗓音，一個歇斯底里的，因酒精而變為嗄啞的嗓音說：「你來不來喝湯嘛，販賣雲彩的骯髒商人？」

2

俗話「唱戲的腔，廚師的湯」，可見湯在烹飪中的重要性，卻常被人忽視而屈居配角。日本料理名廚小山裕久認為，高湯雖屬幕後英雄，卻是料理的命脈，他將高湯分為二類：第一鍋高湯指拿來當成清湯的湯頭。第二鍋則用來煮青菜、做調味料。日本料理製作高湯通常將昆布浸泡出味再開火燉煮，水滾後加入柴魚片，即完成第一鍋高湯。補充昆布和柴魚片加水熬煮以增添風味，就是第二鍋高湯，調理菜餚用。

高湯可謂日本料理店的基本內涵，水需用天然的軟水，將昆布放入，待稍微膨脹後才加熱熬煮，直到昆布變軟熄火，加入柴魚以消除澀味，然後過濾。昆布不可水滾時才放，否則會釋放出藻膠的黏稠物質，和碘的顏色。

我在成都初嚐「開水白菜」即驚豔它脫俗的氣質，其形清澈如水，盅內除了一小柄翠綠白菜心，別無任何雜物，也沒有油花，顯得輕淡，透明，高雅；其味鮮美，清爽，雋永。

熊四智教授認為製清湯最難的是掃湯：「掃湯所需的豬肉要背柳肉，雞肉要雞脯肉，均要捶剁成茸，再將湯置於文火之上徐徐進行。操之過急，火力稍大，則肉茸就會被沖散，湯中會存雜質，達不到掃湯的目的。」

煮湯需慢火細熬，不宜猛火沸滾，溫度過高，肉、血中的蛋白質會凝固，肉湯上遂浮著一層蛋白質構成的泡沫。

好餐館皆有招牌靚湯，從前「食養山房」最受歡迎的招牌「蓮花燉」是一砵雞湯，裡面有雞、蓮藕、蓮子，上桌時侍者例置一朵乾燥蓮花於湯上，本來闔閉的蓮花受熱，彷彿忽然醒了過來，綻放般一瓣瓣打開，蓮香隨熱氣播放。

中山北路「The One」以湯為主題，其湯料理套餐強調湯，講究湯，我吃過「澎湃海鮮湯麵」和「樹豆豬腳濃湯佐米型麵」，果然不俗。

安東尼·波登（Anthony Bourdain）認為好高湯得熬幾個月，真是匪夷所思，熬這麼久恐怕不宜直接喝，那應該是老滷鍋，算醬汁了。

有些獃子真以為高湯熬得越久越好。M. F. K. 費雪也覺得這是以訛傳訛，她認為：「應該懷著像過年般除舊布新的心態，把湯鍋洗刷得煥然一新。應該清空鍋子，刮掉渣漬，用清水、少許胡椒粒、任何昨天的剩菜，以及今天的骨頭、萵苣葉和冷吐司之類的，重頭開始煮湯。把它擺在爐灶後方，讓湯在那兒小火煨著，偶爾攪動一下，如此便可做出可口的清湯，既可用它來熬醬汁，也可煮出讓人恢復元氣的湯品。」煮得太久的湯，不僅氣味可疑，滋味亦劣矣。

臺灣市井較常見的湯是魚丸湯，尤以虱目魚丸為最。我在府城喫過不少好魚丸湯，諸如「天公廟魚丸湯」、「永通虱目魚粥」、「永記」的虱目魚丸湯。我曾用豌豆煮虱目魚丸，滿碗綠豌豆中浮沉著白魚丸，視覺效果頗佳，味道也贊。

3

青春期，母親常燉雞湯給我補身。半個世紀前的湯了，至今仍清楚記得那滋味。我不僅吃軟爛的雞肉，那濃郁的湯尤其像飽滿著生命的活力，令我身高快速抽長。

世間到處有好雞湯，韓國人加了糯米和人蔘煮，臺北明福餐廳加了糯米煮，其「鮑魚糯米雞」的湯色亮黃，湯味鮮稠，溫潤，甘淳，親切，是吮指回味的湯品。《紅樓夢》43回，王熙鳳燉野雞湯孝敬受風寒的賈母，賈母很滿意：「方才你們送來的野雞崽子湯，我嘗了嘗，倒有味兒。又吃了兩塊肉，心裡很受用。」

中國人相信喝湯有益健康，燕窩湯尤其是御用藥膳，據稱能養顏養老，價格高貴，武則天就愛吃燕窩湯。秦可卿臥病不起時，婆婆尤氏去探視，看著她吃了半盞燕窩湯才肯離開；寶玉、黛玉生病時也都吃燕窩湯。

我在檳城和馬六甲看到許多民宅改為鳥屋養燕，堪稱城市裡的特殊畜牧業。馬六甲「四眼強」是魚翅、燕窩、糖水專賣店，在觀音亭街58號，該店的燕窩類包括官燕盞、金絲茗燕、水果雪燕、蜜瓜官燕、白果官燕、紅棗百合官燕、泡參官燕。官燕是燕窩的頂級品，白色，乃金絲燕第一次修築的窩，少雜質。

馬來西亞肉骨茶是一種庶民飲食文化，通過經驗的傳承、累積，與不斷研發，展現為一種藝術之美。那火爐，那瓦煲，充滿了活力和熱情，更要緊的是它與人民的生活緊密關連。

肉骨茶本質也是一種補湯，早期的配料儉約，後來才日益豐富。此物顧名思義是豬的肉和骨用中藥材所煮的湯，因此排骨、豬腳、豬尾巴和內臟幾乎是基本內容。不過，各地煮肉骨茶同中有異，如新加坡胡椒味稍重，吉隆坡則湯頭較淡，我在八打靈吃過多次的「新朝生肉骨茶」即不見油膩。

馬六甲「潮洲肉骨茶」是我吃過最好的肉骨茶之一，可能是熬煮的火候足夠，湯色清澄，氣味香濃，豬肉軟糯又暗含彈勁，腩排挽留了鮮甜的肉汁，豬肚、粉腸都滑軟可口。一起吃的拿督威拉顏文龍先生即說，他吃肉骨茶例加一碗豬腳醋。「潮洲肉骨茶」除了肉骨茶好，滷豬腳、滷圓蹄都不宜忽視，芋頭飯也很贊；我更欣賞那碗腰花，選料精，工仔細，又過了多次水清洗，十分鮮脆。

食物之開發是漸進式的，起初在某些人的飲食生活中持續試驗，食用，討論，終於逐漸成形。肉骨茶是馬來西亞華人的日常美食，融入他們的生活習慣，角色相當於香港廣東人的煲湯。我相信，許多疏離的人會在一碗肉骨茶中相遇，團聚。

葷湯中我偏愛海鮮湯。海鮮湯中最出名的可能是馬賽魚湯，普羅旺斯的代表性料理。

村上龍短篇小說〈普羅旺斯魚湯〉敘述一個感傷的旅人來到馬賽，在海邊餐館吃了普羅旺斯魚湯，湯中使用了三種魚，一公斤的份量，那黃竭色的湯，有著大海和番紅花的芳香：「那是鯛魚和日本所沒有的魚。并不是用湯燉熟的，好像只是稍稍蒸了一下。魚肉雪白，油脂仍然留在魚身上。當魚肉吸收了湯汁，放進嘴裡後，馬上就溶化了。離開魚骨的魚肉在湯汁中，再度獲得重生。」暮色漸近，普羅旺斯魚湯凝聚了海洋的勇氣，讓他遠離了感傷。

電視名廚基斯．佛洛伊德（Keith Floyd）表演過的一道「經典馬賽魚湯」做法繁複，難怪過程中他不斷在廚房竄來竄去。其工序大致是：用橄欖油炒洋蔥、韭蔥和番茄至金黃，加入茴香、橙皮和百里香，加水煮滾至濃稠。加入魚，用鹽、胡椒調味；加入番紅花，以小火慢燉10至15分鐘。取出魚，剔除魚皮和魚骨，擺在淺盤中，淋上過濾好的湯汁。他用了5種魚和軟殼蟹。

魚湯不須造作，種類也毋須多，智利詩人聶魯達（Pablo Neruda）曾歌頌魚湯，〈鰻魚湯頌〉興味盎然，詩的後半段還詳述作法：「你取／大蒜，／先輕撫／至寶肉／象牙白，／且輕嗅／觸鼻香，／下一步／混合蒜末／與洋蔥／加番茄／洋蔥煎成／色如金。／趁此時／隔水蒸／吾國至尊／大明蝦，／直等到／蝦肉嫩，／滋味足／醬汁成／再添加／海鮮汁／清澈液／來自洋蔥油，／繼而／入海鰻／任其浸淫甘美，／任其飽汲油水／在釜中，／收縮且飽和。／現在只須／一杓奶油／入湯裡，／沉重的玫瑰／溫火下／緩慢釋出／香濃美味，／直至羹湯中／熱騰騰／俱是智利精華，／上餐桌／來呀，新婚夫婦，／好滋味／海陸盡在此／這道菜一嘗／你就知天堂。（張定綺譯）」全詩都用短句，流暢，輕快，通過可口的魚湯，熱愛著生活。

4

一碗湯能溫暖心靈，召喚美好的往事。遠藤周作重遊里昂，特地走訪窮留學生時經常去的三流餐廳「兔亭」，為了再嚐老闆娘親手煮的洋蔥濃湯。遺憾店已易主，洋蔥湯已不復舊時味。店內的陳設也變了，從前經常換洗的紅白格圖案桌布換成了塑膠；昔日神采昂揚的同學，有的戰死阿爾及利亞戰場；有的已是疲憊的中年，每天為三餐拼命工作。

優質湯品不見得依賴動物骨肉，植物食材亦能煮出好湯。能釋放鮮美風味的蔬菜很多，諸如洋蔥、胡蘿蔔、白蘿蔔、玉米、大白菜、黃豆芽、香菇、西芹、荸薺、筍之屬；水果亦能有效增添甘甜，如蘋果、梨、甘蔗等等，俱是煮湯好材料。賈寶玉被老爸打得皮開肉綻後，躺在炕上，最想吃的是「小荷葉兒小蓮花兒的湯」。林黛玉咳血時，紫鵑就請廚娘燒了一碗火肉白菜湯。

「東坡羹」是蘇東坡發明的蔬菜羹，最初以蔓菁、蘆菔為主，也可以用其它季節時蔬取代。蘇文談飲食的不少，鮮見食譜的寫法，〈東坡羹頌并引〉卻詳述了這道菜的作法：

> 東坡羹，蓋東坡居士所煮菜羹也。不用魚肉五味，有自然之甘。其法以菘若蔓菁、若蘆菔、若薺，揉洗數過，去辛苦汁。先以生油少許塗釜，緣及一瓷盌，下菜沸湯中。入生米為糝，及少生薑，以油盌覆之，不得觸，觸則生油氣，至熟不除。其上置甑，炊飯如常法，既不可遽覆，須生菜氣出盡乃覆之。羹每沸湧。遇油輒下，

又為盌所壓，故終不得上。不爾，羹上薄飯，則氣不得達而飯不熟矣。飯熟羹亦爛可食。若無菜，用瓜、茄，皆切破，不揉洗，人罨，熟赤豆與粳米半為糝。餘如煮菜法。

蔓菁又叫蕪菁，即俗稱大頭菜，是很普通的家常蔬菜；蘆菔即蘿蔔；菘就是白菜。蔓菁四季都有，吃法卻不同：春食苗，夏食心，秋食莖，冬食根。

東坡羹有多好吃？陸游〈食薺糝甚美蓋蜀人所謂東坡羹也〉贊道：「薺糝芳甘妙絕倫，啜來恍若在峨岷。蓴羹下豉知難敵，牛乳抨酥亦未珍。異味頗思修淨供，秘方常惜授廚人。午窗自撫膨脝腹，好住煙村莫厭貧」。

東坡居士吃素時也吃得十分自在，〈東坡羹頌并引〉若和〈菜羹賦〉一起閱讀更有意思，文本也更完整。〈菜羹賦〉描述卜居南山下，窮得沒肉吃，只得摘一些大頭菜、蘿蔔煮湯：

汲幽泉以揉濯，搏露葉與瓊根。爨鉶錡以膏油，泫融液而流津。湯濛濛如松風，投

> 糝豆而諧勻。覆陶甌之穹崇，謝攪觸之煩勤。屏醯醬之厚味，卻椒桂之芳辛。水初耗而釜泣，火增壯而力均。滃嘈雜而麋潰，信淨美而甘分。

從洗菜、入鍋、煮沸到以米粒勾縴，再用陶盆覆蓋，慢慢煨到熟爛，直到水分快收乾，菜蔬湯變成蔬菜羹，此法不用醯醬，烹調堪稱仔細，充滿了自然風味。

林洪《山家清供》載多種素湯，看起來都很可口。他在〈玉糝羹〉敘述蘇軾和弟弟蘇轍夜飲：「酣甚，槌蘆菔爛煮，不用他料，只研白米為糝。食之，忽永箸撫几曰：『若非天竺酥酡，人間決無此味。』」東坡愛吃蘿蔔，作品中常見，認定為人間至味。

羹在中華料理中開發甚早，春秋戰國時期，羹的種類已相當繁多。《山家清供》匯集了文人雅士創作的十幾種羹，其中將東坡羹稱為「驪塘羹」，那是他客居危驪塘書院時，每頓飯後必喝的羹湯；說它「青白極可愛」，味道之佳，連醍醐甘露也比不上。他還引了蘇軾的詩贊美：「誰知南岳老，解作東坡羹。中有蘆菔根，尚含曉露清。勿語貴公子，從渠嗜膻腥」。可見此羹具現了蘇軾的創作美學和飲食美學。

母親茹素後我有時會帶她去「小蔬杭」吃飯，每次都會點食「鮮菇翡翠羹」，那羹用菠菜、鴻喜菇煮成，色澤討人歡喜。

5

野菜入饌也別有風味，梁秉鈞〈蕁麻菜湯〉第一段：「是火燒一般的葉子／曾經灼傷採摘的手掌／是我們戰時的貧窮／煮成今日的從容／是親人的顛沛流離／煮成懷舊湯羹的家常／是我們山邊的針葉，煮成今日的甜美」

蕁麻即咬人貓，這種野菜有細長尖銳的針刺毛，採摘時須戴手套保護，以免皮膚紅腫癢痛。蕁麻湯用蕁麻芽煮成，人類自古就食用，歐洲、伊朗常出現，據說頗有藥效。梁秉鈞此詩，將蕁麻湯置諸戰亂的背景，令詩味苦中回甘。

貧困時，湯能應急解饑。二戰期間，一個烏克蘭工程師回想，在西伯利亞軍事學院就讀時，學生餐廳只有兩種湯，一種是麵粉在滾水中煮成的麵，另一種是用蕁麻熬煮而成的「綠色羅宋湯」。18世紀的歐洲農村，勞動人口標準的一餐是「濃粥湯」（gruel and mush），一種以穀物和扁豆熬煮而成的濃湯。

日本歌人与謝野晶子的娘家是點心商駿河屋，以羊羹出名，每天的餐桌十分豐盛，卻下嫁出身貧困的鐵幹，忽然飲食匱乏，每餐僅能一菜一湯，新婚時端湯、菜、燉魚上桌，被斥「不能這麼奢侈」，端出帶頭尾的魚，又被怒責「一條魚要切成三塊分次吃」。身負才情的富家女，必須變賣嫁妝來買米。

晶子生長在注重美食的家庭，且精通廚藝，只是配合与謝野家的一菜一湯主義，加上經濟不如意，只好忍耐貧乏的飲食生活。

洋人喝湯，例不出聲，感覺很拘謹。

我的飲食習性偏向中國古風，喝湯罕用調羹，通常用手捧起湯碗就口，喝相不雅，喝起來卻比較痛快。杜杜寫洋人喝湯比較姿整，「喝湯用碟子，本來就是邏輯上的差錯。當然不能捧著喝，要用調羹，一羹一羹地舀起來送入口中，不得索索有聲，此其一也：其次呢，舀湯時，調羹要從遠離自己的碟邊移動，在半空中打一個轉，才到嘴邊。捨近圖遠，真正豈有此理，諸般作態。」最作態的大概是盎格魯撒克遜族，缺乏美食，卻講究餐桌禮儀。

我愛喝熱湯，燙嘴的熱湯予人滿足感，安撫疲憊的心靈。熱湯的爽度高，情意深長，最能安慰飢渴的神志，尤其冬天喝熱湯，直接就滋養胃腸和肺腑。

年輕時縱酒狂歡，清晨醒來，宿醉難堪，最渴望喝一大碗熱呼呼的湯。

賈寶玉愛喝筍湯，鮮筍、酸筍都好，不怕筍湯太燙，襲人、芳官會溫柔吹湯，吹涼了才給他吃。福澤深厚者才能有美人吹湯。我的福氣不薄，喝過許多好湯，甲魚湯，腌篤鮮，佛跳牆，魷魚螺肉蒜……我心目中的好湯，風味往往輕淡，熱霧蒸騰，在周圍顫動，滯留不散的氣味，香醇，雋永，餘韻悠遠，有效溫暖人心。

論午餐

1

駕車去粉鳥林漁港，下了蘇花公路，車行山海之間，青山擁抱著海灣，海面上的岩石，岸邊的消波塊，礪灘，有人在沖浪，有人玩獨木舟。雨勢滂沱，海湧有點高亢，戲弄浪中歡快的人影。漁港很小，人們提著水桶、或抱著塑膠籃來買漁獲。一艘漁船入港，漁獲全攤在地上，大致分類，等待的人群立刻圍繞著，搶奪般物色各種海產，鬼頭刀，鯖魚，旗魚，飛魚，白帶魚，煙仔虎……

港邊的「阿滿姨小吃部」陳設簡陋，菜色張貼在牆柱或厚紙板上，帶著野趣。我點了牛港鰺刺身，白灼天使蝦，紅燒河魨肝，蒸鰈魚頭，煎白帶魚，好像有點貪心？節制地加點飛魚丸湯。那尾白帶魚煎得極優，蒸鰈魚頭亦佳。魚要煎好，切忌急躁翻面，我吃過不少店家煎的魚宛如魚鬆，乾，柴，散，一口就令人絕望。

在粉鳥林吃中飯，邊吃邊看海看山，節奏自然緩慢了下來。匆促高速的生活節奏，逼迫人們在電腦前吃生菜沙拉配全麥麵包。我討厭開會，會議的午餐通常只能吃便當。很多人常在午餐中談生意，這種商業午餐講究的是效率，而非美味。1987 年的電影《華爾街》那個金融鉅子 Gordon Gekko 不屑地說：「午餐是為懦夫準備的」。

生物化學家伍特曼（Judith Wurtman）斷言：能供給人精力的午餐，首先該上蛋白質的前菜，再上簡單的蛋白質主菜和清淡的蔬菜，並以水果當甜點，不飲酒。有人不吃早餐，有人過午不食，卻鮮少人捨棄午餐。午餐普遍受重視，如《紅樓夢》提及早膳有8處，涉及午餐和晚餐各有12處。

臺灣東北角屬淺海區，陽光充足，漁類的食物豐富，身型出落得更肥美。我有時會驅車去宜蘭吃午飯。頭城「廟口海產小吃」臨海，距龜山島僅13公里，坐在窗前吃海鮮看海景，非常愜意。「廟口」的門面狹仄，店內卻窗明几淨，其海產來自鄰近的大溪漁港，都很新鮮，生蠔，腐皮花枝捲，蒸旭蟹，古早味八寶飯，海菜炒蛋，都令我停不下筷子。

寒溪村「不老部落」則以山產為主，充滿野趣，在山上吃野育香菇，飲小米酒，唱歌，每次去都喝得痛快。壯圍「永鎮海產老店」近永鎮海濱公園，觀看龜山島的角度很美，烤魚甚佳，我也愛吃其白灼小卷，和炒豬母乳。

我尋覓午餐像獵豔，為貪逐美食，常走上快意風流路。獵豔的路上又像探險，有時會驚喜，難免，有時會受傷如嚴重腹瀉，尤其見推荐過的餐館自甘墮落，令人懊惱，生氣，彷彿被辜負了。

午餐的覓食距離最長，變化也最劇：我雖然常渴望豐盛的大餐，卻沒那麼不安於室，忙碌時也會煮泡麵，蒸包子，買外送，或吃前一天剩餘的食物。自學校退休後生活節奏忽然變得緩慢，日趨自閉，讀書，寫作，吃冷凍水餃，鎮日宅在書房裡，像遵守嚴格的防疫規定，自我隔離。

猶在中央大學任教時，我都把課排在早上，無論如何中午要離開缺乏食物的校園，或到龍岡吃滇緬料理，或到桃園「四季春」吃缽缽菜飯，或到竹北「坊間」吃酸菜白肉火鍋。最常去的所在是大稻埕，美食密度很驚人，如保安街49巷排骨湯、阿發嫂海產攤、許仔の豬腳、阿雲家常菜、葉記肉粥，以及附近的阿華鯊魚煙、賣麵炎仔、阿角紅燒肉、呷二嘴、柴寮仔鯊魚堅、珠記大橋頭油飯……我真想遷居來此。

2

早餐和午餐是我的正餐，早餐的搜尋範圍是半徑15公里；午餐的領域較廣，大約是半徑75公里。雖然偶爾會超過這距離，我一生的勤勞大約僅表現於口腹之欲。

在英國，高度關注食物，會被多數人視為古怪，甚至象徵著道德缺陷。男人的貪吃傾向可能會被視為缺乏男子氣概、太女性化，乃至被質疑其性取向，如英國電視名廚傑米·奧利佛（Jamie Oliver）努力表現出異性戀、男子漢的形象：騎超酷的摩托車，音樂開得轟響，帶著性感模特兒老婆，粗聲粗氣講俚語。這裡有一種暗示，英國人似乎有清教徒般的性情（puritanical streak），對感官愉悅存在著不安。

不過，我寧可被嘲笑娘娘腔，也不肯錯過美食。不重視午餐的人往往很乏味。午餐是一天的中繼站，不宜等閒視之，陸游有兩首〈午飯〉，其一：「我望天公本自廉，身閑飯足敢求兼！破裘負日茆簷底，一椀藜羹似蜜甜。」另一首：「民窮豐歲或無食，此事昔聞今見之。吾儕飯飽更念肉，不待人嘲應自知。」吾人倥傯一生，實不該對食物缺乏熱情；對食物缺乏熱情，就是對生命缺乏熱情。

我跟貓一樣嗜魚，在臺北常吃「鮮魚店」、「蜀魚館」這類鮮魚專賣店，前者賣海魚，後者賣湖魚。蜀魚館專賣家常川菜，以活鯉魚為主要內容，作法包括蒜泥、椒鹽、頭湯、豆瓣、紅燒、糖醋。蒜泥味通常作為冷盤，重用蒜泥，再輔以鹽、糖、醬油、紅油、香油，目的在突出辣香味。蜀魚館的蒜泥鯉魚是熱菜，眾味調得和諧，不過肉嫩多刺，吃的時候須十分謹慎。椒鹽吃法是取魚身近大骨處，切塊、裹麵衣油炸，蘸胡椒鹽或番茄醬吃。頭湯則是用鯉魚頭熬煮蘿蔔絲，湯味鮮美甘甜。

最招牌的吃法是豆瓣鯉魚，那鯉魚相當肥碩，鮮美，整尾裝在長方形的大鋁盤裡，頗有大塊吃魚的架勢，外形上已先奪人鼻目。此店的豆瓣魚未經油炸工序，這跟正宗川菜略有差異。我歡喜的豆瓣味是微帶酸甜，雖然這裡的豆瓣鯉魚稍稍偏鹹，可能是豆瓣醬的用量較多，隱藏了酒釀的酸甜。尤其是大鋁盤裡飽滿豐碩的魚卵，美得令人屏息。

也許受到「鯉躍龍門」故事的影響，清代有功名的人家禁食鯉魚。難道是年輕時不慎吃了太多鯉魚？害我一直考不上大學。幸虧現在已經不用再考試了，可以放心吃鯉魚。

我最常吃午飯的地方還是臺北，「臺北世貿聯誼社」原先以潮州菜為主，後來融入多元菜系，除了潮州招牌「滷水」、片皮鴨，湯品「原盅雞燉翅」，還可嚐到東坡肉、龍井河蝦仁、龍膽魚系列等多元口味。至於「金牌琵琶鴿」，可謂經典的燒臘料理，那乳鴿皮脆肉嫩、色澤光亮，每一吋肌膚都散發難以抵拒的魅力。可惜餐廳竟歇業了。

臺北曾短暫出現過一家福州餐館「翰林筵」，充滿了書香氣息，處處透露典雅，高尚，為沈葆禎後人沈呂遂先生開設，內有許多沈葆禎墨寶；包廂內有一張清代科舉榜單。沈呂遂是葉醉白唯一的入室弟子，擅繪馬，牆上、地上頗有一些他的作品。他的佛跳牆值得歌頌。

我懷念翰林筵的佛跳牆，備齊各種珍貴食材，可能是臺灣最正宗的了。全罈一套12公升，可供10～12人享用，依古法配6冷菜、主食配掛麵、蠣爆蛋光餅，主原料有：最底層乾貨：干貝、淡菜、蟶乾、火腿、墨魚乾、鮑魚仔乾；第二層主料：全雞、全鴨、全肘；第三層副料：鹿筋、豬肚、海參、魚唇、花膠、鮑魚片；最上層素料：白菜、蘿蔔球、日本花菇、荸薺。

佛跳牆原為福州音「福壽全」，取圓滿吉祥之意，它應是「敬菜」（臺灣已變為年菜），諸如老師升官，或家有喜事，弟子們湊份子送一席菜到老師家中，當然也會直接進餐館，但舊時堂客，眷屬不適合拋頭露面，所以形成以敬菜送到府的習慣。福壽全講究的是食材匯集的原汁原味，它是燉菜，講究的是工夫火侯，與一般飯店煮好再分裝的大鍋菜「佛跳牆」不可同日而語。我認為這是世上最好的福州菜館之一，可嘆也歇業了。

世事如此，如同《竇娥冤》所喟嘆：「花有重開日，人無再少年。」既然總要分別，不免追憶當初的相遇。

3

幸虧臺北還有些優質餐館陪伴著我們。「點水樓」是深具文化底蘊又不斷勇猛精進的餐館。不斷勇猛精進意味著知所變通，在經營、菜餚、配酒、用餐空間各方面都日益成長，即使在不景氣的年頭猶能逆勢成長，與時俱進。

南僑集團所打造的點水樓主打江南料理、點心，菜系遼闊又精緻，包含了杭幫、蘇幫、揚幫、滬幫、甬幫等菜式名餚。一般餐館若能推出三兩道佳餚，就能吸引消費者再三光顧，點水樓在菜餚方面的研發精神令人尊敬：兼具深度和廣度，其美味的密度、比例，目前無出其右。諸如「荷葉煙燻鰣魚」，乃根據當年譚府家廚秘製加以變化，作法頗為特別，譚延闓 1927 年 6 月 5 日的日記：「散後，偕程至精衛寓飯，璧君手製鰣魚極佳。其法但淨洗魚，包以荷葉，極堅密，置鍋中（或蒸籠）乾蒸，不加酒水及他作料，而芳香異常，本味不失」。我吃過幾次，成品金黃亮麗，滋味魅人。

又如九層塔，似乎是永遠的配角。點水樓卻用它設計了各種菜色，使這配角忽然有了亮麗的身姿，「九層塔拌香干」、「半天花九層塔」、「九層塔墨魚燒肉」、「九層塔薑蔥鰻片」、「塔香鮮肉一口酥」尤其表現傑出。我特別欣賞「九層塔拌香干」，九層塔一變為主角，香得令精神振作。我們在上海常吃薺菜、馬蘭頭拌香干，忽然重新認識九層塔，才驚覺原來真正的美人在自己家裡。

點水樓的佳餚出奇地多，諸如西湖醋魚、富貴叫化雞、江南炒蝦蟹、醃篤鮮、紅糟香辣穌魚、鍋巴蝦仁、龍井蝦仁、罐煨魚唇、老鴨煲、墨魚燒肉、砂鍋獅子頭、八寶肥鴨……除了大菜，點心類的小籠包號稱「提起像透明燈籠，放下如百摺菊花」，放眼天下，也唯鼎泰豐所製差堪匹敵。

好餐館值得依賴，每次去「上林鐵板燒」午餐，總是升起幸福感。經營數十年，上林在老饕心目中早已經是代表美食的招牌，他們始終堅持新鮮，潔淨和衛生，講究優質食材，認真仔細地操作。它定義了臺灣鐵板燒的美學。

鐵板燒是一種透明的飲食文化，食材條件、烹飪技術都在顧客面前進行，無所隱藏。

俗話說美食不外乎：一色二香三味四形五名六皿七質八養九聲十境。菜色都講究色、香、味、形，我們同時通過視覺、嗅覺、味覺在進行審美。色、香、形是通過視覺和嗅覺使人興奮，品味才是欣賞的開始。

在這裡用餐自始至終都是實實在在的好料，「阮囊差澀不要緊，美食的價位只存在合理不合理的問題，和價錢無關。」從前我常勉勵學生：「平常就節儉一點，偶爾進高級餐館體驗；人生苦多樂少，品味美食是鍛鍊，也是最純粹的快樂。」

食物最重要的是味道，從開始的沙拉到結尾的甜點，無一庸俗。味道涉及的層面相當廣，除了食物主體，還包括吃的整體環境。上林餐廳堪稱一塵不染，顯見經營者近乎潔癖。他們重視每一個細節，如食材都以臭氧水清潔，達到消毒、去腥作用。

老闆廖壽棧先生是鐵板燒的藝術家，無論烹調或擺盤都一絲不苟，專注而認真，如鱈魚佐起司，帕瑪森起司粉煎成一片片的起司餅，煎到酥脆，盤中用菠菜泥繪成樹木，飾以日本進口的醃漬櫻花，和球狀胡蘿蔔，象徵花開又結果。送進嘴裡，起司餅的鹹香，和鱈魚的滋味互相發揚。

汐止「食養山房」是一種園林式的餐館，原先在北宜公路上，充分借景又快樂融合室內布置，將起伏的山巒，和草木、白雲等自然美景通過窗框和竹簾，巧妙轉成餐館景緻。原木長案、燈籠、陶甕、榻榻米構成了室內布置的基本元素，壁上掛了許多程延平的字畫，桌面點綴一些宣紙、松果、燭光。之後遷移至陽明山「松園」內，園內有瀑布、山澗、亭台樓閣隱在花草樹木間。我們在這裡吃飯，常可看見山嵐湧泉般在屋外升起，白雲也適時像飛瀑從山稜瀉下，氣勢壯闊。

後來搬遷到汐止現址，自地自建；每次搬遷都更迷人，每次去都受到美感的撞擊。這餐館已是臺灣精緻文化的一部分，它讓人連想到雲門舞集、朱銘，是我們足以傲人的文化風景。食養山房可謂人文風景的舞臺，演出宋代的文人美學。空間只用竹簾區隔，卻絲毫不見嘈雜，來到這裡，大家不約而同放低了音量，彷彿一切都緩慢了。

大概是經營成功，仿效者眾，粗估全臺有數十家山寨版，卻都僅習得皮毛。食養山房的美學近乎禪，用餐過程彷彿快樂地修行，進入這餐館，忽然覺得時光變悠長了，寧靜了。它提供一種情境和氛圍，令用餐過程從物質層次溢上精神層次，感動，欣喜。有些山寨版很滑稽，可能為了營造安靜的用餐環境，竟然禁止12歲以下孩童進去吃飯；殊不知喧嘩者多是成年人。

食養山房屬無菜單料理，採季節套餐，須預先訂位。我到那裡午餐，總是先在茶寮品茗，喝過幾泡茶肚子也餓了。套餐中以蓮花雞湯最吸睛，乾燥的蓮花放進熱湯上，花瓣遇蒸氣緩緩綻開，極具視覺趣味，賦予濃郁的雞湯蓮花香。

4

有朋自遠方來，安排鄭培凱、鄢秀伉儷在臺中「鹽之華」午餐，這是我在臺灣嚐過最美味的法國菜。主廚黎俞君小姐料理手法多樣而富創意，菜色精緻、美味、典雅，光是鵝肝，就超過30種作法，吃她做的菜會有一種戀愛的感覺；我想，她是臺灣最有魅力的女人之一。為了這種幸福的滋味，我曾在一頓午餐中嚐過兩種「主廚創意套餐」，整個用餐過程是不斷驚豔的過程，感動人心的審美經驗。

最先上來的是「法國吉拉朵生蠔檸檬泡芙」，高腳杯裡的生蠔經過果汁凍的提醒，鮮美得有點不可置信，一口，就湧上海洋的氣息。不知店家如何保鮮的？這是臺中市區哪，不是海灣，不在漁船上，卻好像從海裡剛撈上來立即剝食。

前菜「酪梨蟹肉塔佐伊朗魚子醬」，蟹肉塔搭配魚子醬、酪梨、番茄，已足以令人陶醉，再佐以20年的巴薩米克醋，任何僵硬的舌頭都會軟化。另一款「澎湖野生活明蝦佐芒果酪梨與伊朗魚子醬」也是，吃一口明蝦，喝一口白葡萄酒，彷彿長立無人的小島。「法國大蔥濃湯佐布修貽貝」和「巴西蘑菇黃金清雞湯」，一濃一清，都是非常細緻的作品，那清雞湯的工序更是耗時4天。

「澎湖海魚佐蛤蠣醬汁」進一步讓我感嘆，那麼多海產店一天到晚賣澎湖活海鮮，卻不曉得來這裡觀摩，偷學點黎主廚的一招半式。「波士頓龍蝦佐防風草根與蔬菜龍蝦醬汁」也是，拜託搞海產的廚師有點骨氣好嗎，龍蝦不是只有清蒸、焗烤或煮味噌而已，烹調手段多得很啊。

主菜「香煎法國鴨胸佐肥肝雞油菌菇紅酒醬汁」和「煎烤布列斯乳鴿佐肥肝與牛肝菌菇」，這道布列斯乳鴿果然非凡，不同部位的乳鴿肉，採用不同的烹調手段，令一道菜多端變化，層次豐富，忽而酥香，忽而綿密，忽而細緻柔嫩，值得起立，喝一口紅葡萄酒，眼前彷彿盛開著小花的香草花園，腳下佈滿茂盛的薄荷，以及節瓜、花椰、胡蘿蔔和西洋芹，那些花草的氣味在我的呼吸中飄散。

醫生不斷告誡我，不可再嗜食甜點，並威脅要我家人來幫助我戒甜，可這裡的「巧克力慕斯蛋糕」和「覆盆子風凍軟糕」卻有一種不可抗拒的誘惑，如果我沒有再吃一份，大概會後悔一輩子。

我在「鹽之華」吃過多次午餐，皆是傳統法國菜的烹製方式，諸如「炭烤肋眼佐紅酒醬汁」，用荷蘭醬、巴薩米克醋燉煮蘋果。產自義大利的摩典那（Modena）巴薩米克醋，是一種用久煮濃縮的葡萄汁經過木桶培養陳年，成為全世界最濃郁、豐富，也最昂貴的醋，其口感濃稠溫潤，香氣特別醇厚深遠，非常稀有珍貴。所謂美食無非是好食材遇到好廚師，又仔細認真烹製。

5

專程搭高鐵到高雄「紅毛港海鮮餐廳」午餐，暴食了：珠螺，蒜茸黑蛄，比目魚五柳枝，八寶丸，墨魚小卷，黑胡椒幼母蟳，野生海螺飯，老酒席大鍋菜……真是爽快的獵豔經驗呵。海鮮講究九分材料，一分功夫；店內的澎湖珠螺僅用水煮，再以蒜頭醬油提味，吃進嘴裡，好像一陣海風吹拂。海鮮捲以豆皮包裹飽足的花枝和韭菜，酥脆多汁。

用新鮮豬肉、蛋黃、洋蔥、荸薺打製的八寶丸，可謂貢丸的豪華變身，鮮香中帶著古早時代的富貴氣味。

最遠的一次獵豔是駕車到東港「張家食堂」，回程再一路吃回臺北，往返超過一千公里。張家食堂的海鮮又奇又麗，那天中午大啖了：黑鮪魚上腹肉、虎蝦生魚片、握壽司，汆燙鯊魚鰓，炒海瓜子，芹菜炒山娘鯊的鼻子，紅燒魚翅，烤處女蟳，黑鮪魚的眼睛和尾巴。如今回想，數十年來我堪稱為吃走天涯。

我們可能兩分鐘就找得到好餐館；要找到好廚師燒出好菜，恐怕得花兩小時。可是，要遺忘這些好菜，可能得費一輩子。

我自知貪饞，可本性難移。社會學家斯坦福．萊曼（Stanford M. Lyman）在《七宗罪：社會和罪惡》說：「貪吃更像是『罪』，而不是病；是一種道德淪喪的行為，而不是醫學病狀」；「貪吃是一種過度的自我放縱。甚至對身體不敬，高估自我，因而盲目地滿足自我」。

15世紀一本有關善惡的手冊《天意書》（*Book of God's Providence*），裡面敘述「生前貪吃者圍攏在燒得滾燙的圓桌旁，又被同樣的地獄之火炙烤著；這讓那些罪人們又渴又餓，他們乞求吃稻草、喝尿液、吞食大便。但所有這些只是開胃菜，只是嚴格意義上的地獄膳食的前奏。菜單上接下來就是青蛙、害蟲、蜥蜴。整整一串駭人聽聞的生物構成了正餐，而魔鬼們對那些猶豫、噁心不已的貪吃者又戳又捅並施以酷刑，邊使他們不停地大嚼大咬」。

有必要罪責我這種貪吃的人嗎？能不能寬容貪吃為一種激情，一種活力？近年來，我們對健康的病態執著，和對節食的想像，妖魔化了貪吃。雖然我聽得進耶穌的告誡：放進靈魂和心裡的東西應該比放進他胃裡的東西更重要。

放東西進我胃裡，真的比放進心裡快樂。我主導的餐會都安排在中午，往往吃早餐時就計畫午餐吃什麼？只要想到午餐的內容，整天就充滿希望。

論晚餐

1

那時候我還不知道，這是秀麗最後一次過生日。

2012年3月，我又飛到廣州，準備接她回家，返臺前夕正好是她生日，廣州的朋友安排在「御珍軒」為她慶生，餞行。晚宴相當豐盛：乾燒牛肝菌，野生桂花魚，雪蛤豆腐盞，菊花青欖燉遼參，避風塘太子鴿……每一道菜都美味，主人還準備了壽桃，我不愛吃壽桃，可那晚的壽桃常浮現我的追憶中。

晚餐於我，有一種懷念的情愫，那些場景有時歷歷如昨日，有時夢境般曖昧。楊絳的《我們仨》描寫一個「萬里長夢」，闔家三人團聚的夢境場景，似乎夢中有夢，敘述者總是變成夢，來往於虛實之間，古驛道，客棧，醫院，渡船，其中記述女兒「勞累一天，回家備課，改卷子，總忙到夜深，常說：『媽媽，我餓飯。』我心裡抱歉，記著為她做豐盛的晚飯。可是這一年來，我病病歪歪，全靠阿圓費盡心思，也破費工夫，為我們兩個做好吃的菜，哄我們多吃兩口。」平淡敘述的這頓簡單晚餐，深刻著疼惜，疼惜癌末的女兒，疼惜老病的丈夫。很多地方，夢境顯然是另一種真實，比現實還要真確。

我越老，晚餐吃得越清淡越少，倒是一些和家人相聚的晚餐場景常闖進思維。早餐、午餐於我是正餐，充滿期待；晚餐則較隨興，帶著回憶。

很懷念多年前的加拿大洛磯山脈國家公園之旅，在露易湖畔的費爾蒙城堡酒店（Fairmont Chateau Lake Louise）住了一宿，出發前飯店還詢問當天的晚餐主菜吃什麼？Fairmonview 餐廳巨型落地窗外即是露易湖，那晚我吃的牛排很一般。晨起披衣出門，沿著湖畔散步，露易湖水溶自維多利亞冰川，澄澈，祖母綠的色澤倒映著冰山，森林，美得像想像中的仙境。整個旅程一直遺憾沒能和家人一起來。

2008 年初春，我請岳父母、昌瑞、淑芳、秀敏到觀音鄉「水來青舍」吃晚飯，其素食套餐令人驚豔。水來青舍是一棟骨董，一棟建於清代嘉慶年間在黃山村落的古宅，此宅是「小花廳」，又稱「官廳」，是古代的行政辦公室、地方集會場所，也曾作為私塾用。這棟建築表現典型的徽派風格：馬頭山牆，魚鱗灰瓦，白色的粉牆則用來等待映照竹影夕陽。這是主人在中國大陸初見時，「一時衝動」買回來的房屋，拆解成兩貨櫃運回，在觀音鄉的農地上組拼還原。

站在路邊，古宅的主體結構被竹林遮掩，只見門樓在蓮塘的另一端。這門樓也大有來頭：清代咸豐年間，山西一大戶人家的宅門。進得裡面，眺高的屋樑，樑柱全是古老巨大的銀杏木；室內擺了許多骨董佛像、桌、椅、書法。用餐情境如此古色古香，品味這麼高雅的主人，對菜餚的要求確實不可能等閒。

每道菜都表現清鮮、輕淡之美，我叫它三少一沒有：少鹽，少糖，少油，沒有人工調味品。我們在古桌古椅古蹟中吃飯，體驗的是世上最時尚的飲食趨勢。例如一般素食餐館處理三杯杏鮑菇，很容易搞得重鹹重甜又油膩，他們卻能烹調得雲淡風輕，而且十分可口。這裡，幾乎沒有俗品，幾乎每一道的滋味都叫人法喜充滿。又如火鍋就非常贊，啊，原來素火鍋可以表現得這麼令人動容。還有海苔包飯，我一想到它就垂涎難抑，用海苔包裹著五穀米飯和自製的泡菜吃，吃進嘴裡，一陣好風吹過心頭。手捲包著苜蓿芽、蘆筍、松子、蘋果、生菜，甘美無比。連經常作為飯後的甜點：芋泥，也十分迷人……

「水來」是老闆娘翁雪晴阿嬤的名字，虔誠的信仰，深情的紀念。水來青舍的椅子好像會黏人，很多客人坐下來，就不想再離去。那滋味猶清晰，人事已非，焦妻謝秀麗和「水來青舍」的雪晴都已離世，啊，她們都還那麼年輕。

一些難忘的晚餐，多是和家人一起。也是2008年，礁溪老爺酒店舉辦「歐洲宮廷之夜」，每一位來賓先在門口的歐洲宮廷布景處照相，我帶著家人與會，和黃春明夫婦、阮慶岳、劉邦初同桌。賴金雄主廚卯足了勁，自己說是畢生最精采的演出。這場晚宴包括：「地中海番紅花雙味海鮮冷盅」（明蝦、扇貝），「香酥鮮鵝肝餃」，「翡翠蛤蠣蟹黃瓊漿」，「鴨胸脯幼鮑拌野菜」，「法國菌菇扒沙朗牛排佐起士細麵」；甜點是「古典奧匈國薩哈巧克力蛋糕」和「瑞士古雅起士、核桃、櫻桃」。

酒店的溫泉池中有一項魚足浴——水池中養了許多淡紅墨頭魚（garra rufa），會嚙食腳的角質層，形同美足修趾服務，因此這種魚又叫醫生魚（doctor fish）。我和家人並坐，邊作魚足浴邊喝茶，那墨頭魚嚙腳有一種輕微的癢，如今追憶，竟隱隱癢在心裡。

美國小說家 Anne Tyler 的長篇《思家飯店的晚餐》（*Dinner at the Homesick Restaurant*）描寫家庭生活，人們在艾茲拉繼承的思家飯店用餐，吃家常菜，對家的愛意就更濃；雖則老主顧越來越少，眷戀家的人卻越來越多，「家庭就像一場聚餐，一道道的菜就是我們每天的生活」。

2

晚餐在三餐中最浪漫，尤其是講究浪漫的日子，崇尚情趣的人會期待燭光晚餐，卻沒人安排燭光早、午餐。晚餐像華爾滋，午餐像波卡舞曲，早餐像爵士樂。

然則餐會不見得都令人愉悅。葡萄牙作家路易．蒙特洛（Luís de Sttau Monteiro）的長篇小說《痛苦的晚餐》圍繞著每月15日定期晚餐的兩個朋友發展，主要的敘述者貢薩羅是人生勝利者，對比飽受壓迫的小人物安東尼奧。每月一次的晚餐，貢薩羅品嚐的莫非權力、地位、優越感，通過一個卑微的中學同窗的痛苦，對比出來。而安東尼奧，三十多年來從沒缺席，如果忽然不來，好像示弱，只要活著，就不能缺席每月15的晚餐之約，即便必須坐救護車。他們的晚餐像一場比賽，一場戰爭，他說：「這種晚餐對我實在無益。每到喝咖啡時，我就激動發火」。

美食從來不是絕對的，對窮苦困頓的人而言，可能是一種折磨和傷害。尤有甚者，也象徵著逐漸褪淡的生命。詹姆斯．喬依思（James Joyce, 1882-1941）的小說《逝者》描述一場晚宴，情節簡單，死與雪似乎是其中的母題，已逝的人彷彿還驅動著活人的生活。餐會結束，大家互道晚安；衰老的主人茱麗、凱特阿姨，搖搖晃晃從昏暗的樓梯走下來，幽影般，雪花落著落著落在窗玻璃，傾斜著落向路燈，落在一切活人與逝靈身上，靜默地落在每個地方。我也看過改編的電影，更加陰沉，蒼老，憂傷。

《芭比的盛宴》也是大雪紛飛的夜晚。芭比的彩票中了一萬法郎，為了感謝自己落難時收留她的姊妹，她用這筆錢做一頓晚餐，宴請她們的客人。無論小說或電影，《芭比的盛宴》最精彩之處自然是那頓神奇晚宴，當所有食客酒足飯飽，雪停了，到處散發出超俗的光芒，「由小黃屋走出來的客人艱辛地舉起雙腿蹣跚而行，有的滑坐在地、有的向前摔撲在地上，雙手和雙膝都覆滿了雪，彷彿他們的罪都被滌淨，如同羊毛般純淨；一個個彷彿披上了潔淨的外衣，如同羔羊般嬉戲。」美好的晚餐如此這般，蘊涵著力量，充滿愛。

除夕的晚餐是華人全年最重要的一頓飯，我家雖人丁單薄，也鄭重其事。年夜飯總是大魚大肉，我會烤一盤綜合蔬菜。古來春節的食俗連接了祭祖，除夕食俗主要是供天地桌、品五辛盤、吃年夜飯、飲屠蘇酒。「供天地桌」是北方除夕到元宵祭祀天神、地鬼和祖靈的齋宴。「品五辛盤」是吃一種生菜大拼盤，所謂「五辛」原指蔥、薑、蒜、韭菜、白蘿蔔五種辛香蔬菜，帶著「迎新」的意思；明代，蓼蒿、芥取代了薑和白蘿蔔。

五種東西雜合而食，又有「散發五臟之氣」用意，有益身體健康。

後來五辛盤演變成「春盤」，《帝京歲時紀勝》載：「割雞豚，炊麵餅，而雜以生菜、青韭芽、羊角蔥、衝和合菜皮」。《武林舊事》記載皇宮的春盤，「翠縷紅絲，金雞玉燕，備極精巧，每盤值萬錢」。這就是現代春捲的源頭，除夕時品嚐，叫做「咬春」。我烤綜合蔬菜盤也帶著身體健康的祝福，就像陸游〈甜羹〉所說：「山廚薪桂軟炊秔，旋洗香蔬手自烹。從此八珍俱避舍，天蘇陁味屬甜羹。」有著改過自新的念頭。

3

人類最有名的晚餐可能是達文西的壁畫《最後的晚餐》，耶穌和門徒都面對觀者，端坐在大食堂長桌前，每個人都有各自的心思，驚恐，憤怒，複雜，帶著戲劇性。

很多晚餐帶著戲劇性，電影《廚師、竊賊、他的妻子和她的情人》（*The Cook, the Thief, his Wife and her Lover*）很驚悚，用餐場景皆是晚餐，在一個放縱食欲和性欲的餐館。Albert 這個粗俗殘暴的黑道老大，經常折磨妻子 Georgina。Georgina 總是藉上廁所和情人 Michael 親熱，並得到主廚的掩護。東窗事發後，他們裸體在吊滿豬屍的貨車上逃離。Michael 終遭殺害，Georgina 以詭異的方式為情人復仇：烹熟情夫，逼迫丈夫吃下情夫的生殖器。影片仿戲劇舞臺分幕，開幕時標誌以當天的菜譜。

我較喜圓型餐桌，因此偏愛中餐甚於西餐。世人以為西餐分食，中餐合食；其實中國人自古一向分食，可能元代才變為合食。五代《韓熙載夜宴圖》即為諸客分食。（南唐）顧閎中的畫作《韓熙載夜宴圖》（宋摹本）描繪巨宦韓熙載家的晚宴的全過程，以連環長卷的形式，分琵琶演奏、擊鼓觀舞、宴間休息、清吹合奏、曲終人散五段場景。其中聽樂的場景7男5女，正傾聽琵琶演奏，樂伎梳高髮髻，穿著淺綠色對襟上衣，粉色小團花長裙；另一名年輕女子身著淺藍色衣衫，在第二個場景中跳六么舞，也叫綠腰舞，白居易的《琵琶行》描述：「輕攏慢撚抹複挑，先為霓裳後綠腰。」舞者穿長袖窄襟舞衣，身姿輕盈柔美，和我們在連續劇所見相同。此時韓熙載不再端坐床上，他挽起袖子，雙手拿鼓槌，和著拍子擊羯鼓。

古代較講究的餐宴總不乏侑樂，蘇軾〈老饕賦〉想像中的極致美食就有美女奏樂歌唱：「婉彼姬姜，顏如桃李。彈湘妃之玉瑟，鼓帝子之雲璈。命仙人之萼綠華，舞古曲之鬱輪袍。引南海之玻瓈，酌涼州之蒲萄。願先生之耆壽，分餘瀝於兩髦。候紅潮於玉頰，鶯燰響於檀槽。忽纍珠之妙唱，抽獨繭之長繰。」飲佳釀，聆美聲，灑出的葡萄酒沾濕了她們垂下的長髮，襯托臉頰上的紅暈，光看就醉了。

吾人的晚餐能有如此侑樂，未免太奢望。生活往往像一個碗，攥在手中，端牢，像牢牢端好家人的團圓，圓滿，和諧。我從來不追求金飯碗、鐵飯碗，僅希望別砸了能飽腹的瓷碗或陶碗。

一般人把晚上吃的這頓叫晚飯（supper），而非晚餐（dinner），晚飯是多數人的正餐，工作了一整天，下班後心情放鬆，正宜小酌，聊天，吃點可口的食物。晚飯也曾經是我的正餐，帶著某種儀式感。

我不喜歡應酬飯局。人際間的酬酢交通往往瑣碎，多餘，拘謹。繁複的禮節是文明所生產出來的面具，多裝飾而少真誠，在雜沓的社群中廣泛被使用。因此越客氣的朋友，彼此的距離越疏遠。梭羅說他這輩子所收到信，值得郵資的只不過一兩封而已。

現在，我夜晚越來越少出門赴宴，主要是老人家睡得早，晚飯吃多了，恐胃食道逆流；而且努力告誡自己：多素少葷，低熱量、低糖、少油的食物。年紀漸大，代謝速度漸緩慢；夜晚的活動量少，蛋白質食物無法有效被消化，加以睡眠時腸壁蠕動慢，延長有毒物質在腸道的時間，多餘的熱量也在胰島素的作用下大量合成脂肪。

我自知今天會這麼肥，完全是從前晚餐太豐盛所致，醫生也說三酸甘油脂、糖化血色素、血尿酸偏高，都是吃出來的，搞得血液太油，恐虞動脈粥樣硬化，極易引爆血管危機。

生命難免缺憾，碰撞，跌倒，已提前離去的親友，一定希望我珍惜那缺憾。往日時光像一個有豁口的碗，雖然存在著裂罅，卻也和親友共享過許多美麗晚餐，重溫它，一遍又一遍，共此燈燭光，重溫走過的歲月。

論宵夜

從一個應酬飯局回家已經凌晨4點。回家的路上，帶著三分酒意、七分的懊惱，今天出門已經12個小時，在外面忙碌了12小時，可我做了什麼？

我年輕時曾供職於《中國時報》，雖然是編較無新聞時效性的副刊，下班時也已經是深夜，我總是先吃一頓宵夜再回家。不到半年，我的體重暴增10公斤。

剛開始，為了爭取較完整的讀書時間，日夜顛倒，每天大約早晨七、八點就寢，下午三、四點起床。由於我剛睡眠時剛好整個社區的人開始活動，大家準備上班上學，人聲鼎沸；雖然緊閉門窗，並以眼罩、耳塞封鎖視聽感官，猶原睡得極淺。我一度以為，夜深人靜是我的高質量時間，又有完整的一段時間可閱讀，書寫。

如此這般大約半年，發現我這樣欺騙自己的生理時鐘，違逆天地的自然節奏，嚴重影響了身體的免疫力和精神狀態，遂趕緊糾正了過來。

宵夜是晚餐的延伸。我剛迷上登山時，有一次，兩位日本登山家來臺灣登白狗大山，另有兩位國際嚮導陪遊，我報名跟上了。在登山口，老嚮導拍拍我的肩贊許說：「你看起來背負能力很好喔。」我自幼缺乏贊賞，經不起恭維，立刻挺胸表示練過的。他們將全隊的公糧和用水都塞進我的背包，我背著起身，重心不穩，須勉力才能不後仰。出發，

15分鐘後我已嚴重掉隊，完全不見他們的蹤影，遂升起「千山我獨行」的悲壯感。這時候，兩隻大腿、小腿同時抽筋，我在高山峻嶺間脫下褲子，塗抹藥膏。

疲憊走到紮營點已深夜，在他們的埋怨聲中卸下公糧和10公升野炊用水，那一頓，是把晚餐吃成宵夜了。當酸菜鴨肉湯、煎香腸、鹹豬肉炒高麗菜……和白米飯煮好時，我驚訝這四位老登山家的食欲，也才明白我這個揹夫的貢獻多麼大。有人問紐西蘭登山探險家艾德蒙．希拉里爵士（Sir Edmund Hillary）在遠征埃佛勒斯峰途中吃什麼？他回答：「在高山上，食物令人作嘔，你得逼自己吃東西才行。」

那次白狗大山之旅，我在過小懸崖時摔斷了眼鏡，下山途中遂跌跌撞撞，帶著累累傷痕回家。算是我初次被宵夜傷害。前中央副刊主編梅新先生也受過宵夜的傷害，他年輕時被一位老班長帶到左營的酒家，可能太緊張，被幾個妓女調戲，嚇得從二樓滾下樓梯。

宵夜是深夜的點心或小吃，過夜生活的人才需要。（唐）方乾〈冬夜泊僧舍〉前半段：「江東寒近臘，野寺水天昏。無酒能消夜，隨僧早閉門。」燭焰明滅在牆上，雨聲繁急，眾人皆睡，漂泊的人還清醒，很難不渴望小酌。（宋）吳自牧《夢粱錄》載除夕：

「內司意思局進呈精巧消夜果子合，合內簇諸般細果、時果、蜜煎、糖煎及市食，如十般糖、澄沙團、韵果、蜜薑豉、皂兒糕、蜜酥、小螺酥、市糕、五色萁豆、抄槌栗、銀束等品」。大家圍爐團坐，吃零食，酌酒唱歌。吳敬梓《儒林外史》也有一句「三人點起燈來，打點夜消。」宵夜如此帶著裝點性質，不追求飽足，乃三餐之外的點綴。

還吃宵夜的從前，輒到永和吃燒餅油條、喝豆漿，或復興南路的清粥小菜，或逛夜市吃熱炒，喝點啤酒，日久成為生活習慣。忽然不吃宵夜，剛開始難免饑腸怒吼。雖然偶爾餓飯未嘗不好。海明威在巴黎時相當窮困，經常挨餓，卻領悟饑餓是有益身心的磨練，他枵腹走進盧森堡博物館，「覺得所有的油畫都變得格外醒目、格外清晰，也更加美不勝收。我就是在餓肚子之際，更懂得深刻地理解塞尚的作品，以及真正弄明白他如何描繪自然與風景的方法。我時常猜想，他作畫時是否也餓著肚子」。可能太富於挨餓經驗了，「饑餓同時會使你的全部感官都敏銳起來，而且我發現我筆下的人物，多半是胃口好、食量大、對吃有品味，其中大多數還都喜歡喝酒」。

我戒宵夜已經很多年了，並非為了減肥，實在是生活作息已徹底改變，朋友們餐聚、續攤吃宵夜時，我早已就寢，只能在夢中羨慕。

宵夜屬於年輕人，感喟「晝短苦夜長」，一種秉燭夜遊的意志。然則宵夜對老人的身體，恆是一種禍害。我雖則愛吃，卻明白和宵夜的緣份已盡，意志甚為堅定，有點像時下流行語「斷捨離」。

論年夜飯

好久沒下廚了，每天都在勵行減肥的長女問：爸爸，今年除夕夜我們吃什麼？我問想吃那些？佛跳牆、烤豬肋排、地中海烤時蔬、白斬雞、酸菜白肉火鍋……她們批示了，大概覺得這些菜餚有「爸爸的味道」。十幾年來的年夜飯都是我備辦，例菜必有佛跳牆，我總是煮了幾罈，分贈岳家。烤時蔬則是簡單地用大蒜、橄欖油、岩鹽烤節瓜、彩椒、花椰菜、蘑菇、玉米等等季節蔬菜，在滿桌肉品中尤其受歡迎。

華人整年中最重視的一頓飯在除夕夜，華北稱「年夜飯」，江南和粵港澳叫「團圓飯」、「團年飯」，閩南和臺灣名「圍爐」。就是這一頓，大部分人整年中最期待的一餐，全家大團圓的宴會。

過年所吃的食物重視討口彩，圖吉利，希望在話語中得到幸福，菜名像五福臨門、三陽開泰、團團圓圓、年年有餘、歡樂今宵、蠔運當頭……食物如年糕、餃子、粢粑、湯圓、荷包蛋、大肉丸、全魚、福橘、蘋果、花生、瓜子、糖果、香茗……北方人的應節食品不能缺少餃子，江南常以糰子（肉丸）、圓子（元宵）來象徵團團圓圓，嶺南則用煎堆（芝麻球）喻團圓和財富；又如長年菜隱喻長壽，魚表示年年有餘，髮菜寓意發財，蠔豉代表好市，腐竹諧音富足，年糕是年年高……

北京民謠：「送信的臘八粥，要命的關東糖，救命的煮餑餑」。臘八粥表示年關逼近；臘月二十三吃了關東糖，接收各種賬單；直到除夕吃煮餑餑，債權人說恭喜，總算闖過年關。

現代人吃年夜飯不一定在家，不一定要中餐廳，不一定圍著圓桌，也不一定在除夕這一晚。這年頭似乎流行訂購外賣年菜，總之是過年家人團聚的一餐，一樣重要，一樣要追求美味，一樣帶著慶典的味道，寓意著對未來的期盼。

年夜飯的花樣繁多，每個地方都有不同的講究，要之強調團圓，周宗泰〈姑蘇竹枝詞〉描寫年夜飯：「妻孥一室話團圞，魚肉瓜茄雜果盤；下箸頻教聽讖語，家家家裡合家歡」，抒發的就是團圓的歡欣。

可能是人丁較單薄，我家不講究敬神祭祖；只是依然特別重視年夜飯，這一頓晚餐務必全家齊聚，表現團圓的意思，餚饌也特別豐盛。《紅樓夢》第53回描寫寧國府除夕祭宗祠之後，賈母回到榮國府，接受晚輩的行禮，禮畢，獻屠蘇酒、合歡湯、吉祥果、如意糕。這些，其實都是形式化的食品。

屠蘇酒是一種藥酒，具益氣溫陽、祛風散寒、避除疫癘的藥效，相傳為漢末名醫華佗所創製。此酒用多種藥材泡製，配方不盡相同，大抵用大黃、白朮、桂枝、防風、花椒、烏頭、附子等中藥材；蘇軾詩云：「但把窮愁搏長健，不辭最後飲屠蘇」，即是追求健康。

飲屠蘇酒是古代風俗，重點是喝的順序——正月初一，依齒序從年紀最幼的開始喝，年長者最後才喝。因為隨著年歲漸增，少年得歲，老年失歲，故先飲少者，後飲長者，全家人都長壽安康。至於榮國府的「如意糕」是麵粉或糯米粉所製。「吉祥果」在宋代叫「消夜果子」，品類以水果、蜜餞為主，麵食製品為副，果子上有表示吉祥的圖案、花紋或字句。所謂「合歡湯」是全家人一起吃的一碗湯。

臘肉也是咱們過年的應景肉品。農業社會，華人總在臘月「殺年豬」。那是缺乏冷藏設備的年代，過年時殺豬，豬肉多切成條塊狀，鹽醃，懸掛在通風處，此即臘肉。華人製臘肉甚早，《周禮》即載臘人、醢人等專責官吏，作法與今亦相去不遠。朱彝尊《食憲鴻秘》載臘肉之法，和袁枚在食單中提到的尹文端公家風肉類似。

風肉是腌製後風乾的肉，融入了粗鹽之味，和時光的味道。黎明柔曾餽我桂家臘肉、香腸，說這臘肉一年僅作一次，都趁東北季風吹襲時才上陽明山製作。那味道迥異於偏甜的臺灣香腸，肯定撫慰了不少外省新移民的鄉愁。

我的初戀女友來自空軍眷村，已經恍如隔世了，大部分事情早就淡忘，可我至今仍清楚記得張伯伯的蒜苗炒臘肉，濃厚的湖南風味，眷村氛圍。優質的醃肉總誘人饞涎，一位人類學家的愛爾蘭祖父描述他家鄉的名菜「馬鈴薯指一指」(potatoes and point)——煮好一鍋馬鈴薯，以細繩在餐桌上方掛一小塊醃豬肉，吃的時候叉起一塊馬鈴薯對著醃肉指一指，再送進嘴裡。

有時我也會準備酸菜白肉火鍋，我偏愛東北火鍋主要是因為鍋具，寒風料峭的冬日，炭火最能溫暖家人的心情，那紫銅膛爐冒著煙，增添不少團圓氣氛。太太過世後，和女兒的圍爐，酸菜白肉火鍋必不可少，一種但願人長久的意志，和乞求。

吃罷年夜飯就給媽媽和女兒壓歲錢，看母親逐年衰老，看女兒日漸長大，恨不能更努力愛惜春華。對我來講，世間最美麗的開銷莫非發壓歲錢。

過年總是熱鬧著歡愉的儀式感，形容，和聲音。日語「聲」(こえ)和「音」(おと)分得很清楚，「聲」指涉如狗吠、貓叫等生物發出的聲音；「音」指無生命的聲響，像敲門聲、風聲。

杜甫〈杜位宅守歲〉寫在弟弟杜位家過除夕的情景：「守歲阿戎家，椒盤已頌花。

盍簪喧櫪馬，列炬散林鴉。四十明朝過，飛騰暮景斜。誰能更拘束，爛醉是生涯。」當時稱弟弟為「阿戎」，就是杜位。椒盤，用盤子盛上花椒，飲酒時取花椒放入酒中，這跟飲屠蘇酒一樣，是除夕、春節的一種儀式。頌花：椒花頌，新年的祝詞。盍簪，指親人聚首，這兩句是說家人在過年團聚，熱鬧的氣氛，驚吵到馬槽的馬匹；終夜不熄的明燭，照散了林中的烏鴉。

有些人為的聲音則很恐怖：除夕夜的鞭炮聲、拔掉滅音器的摩托車咆哮過靜巷、選舉的宣傳……年夜飯不全然美好。我最痛苦的是鞭炮聲，入夜後陸續引爆。我已經厭惡除夕、春節的鞭炮聲，高分貝的噪音總是突兀地，在深夜驚嚇年幼的女兒。幸虧她們都熬過來了。

每一年我不免懷著驚恐的預感吃年夜飯，預期到了午夜，必定有高分貝的鞭炮聲在耳膜燃放。鞭炮聲使此地的過年氛圍帶著魯莽性格，毫無克制的意思。它在我們的腦神經劈劈啪啪亂叫。

吃過年夜飯，全家人聚在一起聊天、打牌、看電視。夜深了，親人互道晚安，帶著家庭式的平靜氣息，也帶著某種不祥的預感躺下來，剛要睡著，鞭炮聲果然遠遠近近地傳響，像埋伏在枕頭上很久了，如今在我謹慎的抵拒中，蓄勢引爆。

原來年獸是存在的，鞭炮聲就是一隻亢奮、歇斯底里的年獸，挾持我，迅速進入一個瘋狂的世界。困難地捱到天亮，感謝上蒼，又賜給我另一個早晨，賜予我全新的勇氣，面對另一個不祥的預感，從初一到上元的鞭炮聲。

我常常追憶女兒小時候，輕輕推開房門偷看她們睡覺，那樣寧靜、安心的表情，總是在我心中湧起一陣宗教般的感動，充滿了幸福和感恩。我還沒有宗教信仰，卻每天都有禱告的欲望，感謝上蒼揀選我作為兩個美好女子的父親，希望她們一輩子都有著善良美好的心。

在日曆的交替點，感受歲月催趕，故人的蹤跡沈浮，自己的容顏將有所改變，吃罷這頓飯就要告別舊歲迎接新春了，在特殊時空環境，帶著珍愛光陰的意思。

論宴會

1

抵達辦桌現場時，備料長案上擺滿了龍蝦沙拉、烏魚子、中卷，和發好的海參，香菇，疊高的蒸籠滾滾冒出蒸氣；我探頭，見隔壁的婚宴會場已布置妥當，隨時可以走菜。

「還未吃早飯吧？」阿燦師遞來一個飯糰，「先吃點我親手做的米糕。」

林明燦先生，江湖上尊為「國寶級總舖師」。非常驚豔其鰻魚米糕，這道經典臺菜有日本料理的脈絡，米糕內當然摻了肉絲、香菇、蝦米，上覆蒲燒鰻，再撒上芝麻，軟腴，濃郁可口，冷掉也好吃。阿燦師自幼師承父親「南港辦桌王」林添盛手藝；可惜並非天天辦桌，坊間買不到他的作品。

辦桌，臺灣最風行的外膾宴會，隨處可見。有一年中秋節，社區主委 Joy 曾請人來辦桌，作為住戶聯誼餐會，如今回想，覺得真是高尚的社區。

人類最早的一次宴會，大概是亞當和夏娃款待大天使拉斐爾（Raphael）的那頓生機飲食：美味的水果、醇酒、牛奶、漿果、葡萄，夏娃一直都裸體隨侍在旁，用餐空間又是美麗的樂園，此情此景任何人都會陶醉。可惜我們身上沒有六片羽翼，無緣吃這樣的一頓。

樂園中野宴可謂餐飲的藝術化和自然化，食物因此更美好。東晉末年，曹丕在〈與吳質書〉談及三五摯友遊玩，飲宴結合美景，令人嚮往。

唐代科舉及第後有宴飲遊樂的習俗，且名目頗多，諸如聞喜宴，櫻桃宴，牡丹宴等等。聞喜宴在進士放榜後，大家集錢醵飲於曲江亭子，又稱「曲江宴」或「曲江大會」，由於在吏部關試之後舉行，也叫「關宴」。曲江池又名芙蓉池，在唐長安城東南角，本來是為了解決居民用水而修鑿；後來唐玄宗開鑿黃渠，引水注曲江，遂開闢成長安近郊最大的風景遊樂區。

曲江宴當然充滿了喜悅與激動之情，本來新科進士得自掏腰包，寒門出身的進士往往要為之舉債；後來朝廷編列預算，「逐年賜錢四十萬」。可惜宴遊到了晚唐已變成奢靡頹風，背離了朝廷優禮進士的初衷。

開宴之日，臨時性商舖沿江畔排開，宴中有樂舞助興，宴後則泛舟遊玩，「長安幾於半空，公卿家率以其日揀選東床，車馬填塞，莫可殫述。」狂歡景象，可見於黃滔的詩〈成名後呈同年詩〉，走馬賞花，歌舞宴飲，雁塔題名，秦樓狎妓，都是曲江宴遊的內容。

我高度期盼臺鐵能開發旅行的美食列車，改變交通運輸工具為旅遊列車，每月開出若干班，聘請高廚駐車，旅客穿行在風景間享受美食。

1883 年啟運的東方快車（Orient Express）高級火車是當時奢華的代名詞，列車使用19世紀晚期最炙手可熱的科技，提供乘客中央暖氣，煤氣燈，熱水，堪稱一座架在車輪上的五星級飯店。1884 年從巴黎到君士坦丁堡的東方快車上提供的晚餐：濃湯，日本珍珠，魚肉料理，英式馬鈴薯，花園牛排，烤肉，勒芒雞佐水芹，蔬食，焗烤花菜，巧克力奶霜。其中「日本珍珠」是西米露；「花園牛排」是那個年代的鎮桌筵席主菜，乃法式高級烹飪的經典菜。

東方快車也嘗試以食物反映列車行經的地理位置，如通過匈牙利時供應該國特產的托卡伊（Tokay）葡萄酒。

2

不久前承邀在高檔飯店用餐，包廂內有一大圓桌，上了兩道菜之後，二十幾個人紛紛離席，三三兩兩站著聊天，剩下我獨自坐在桌前吃菜，服務員見不太有人坐下來吃，暫停上菜。全世界好像只有我會肚子餓，尷尬地等著下一道菜。

宴會不一定為了吃喝，毋寧更重視社交功能。布里亞．薩瓦蘭指出宴席之樂與飲食之樂必須仔細區別：飲食之樂是身體滿足於對食物的需求時的直接和實際的感受；宴席之樂是對食物相關的事實、地點、物品、人等各種環境的綜合反映性感覺。飲食之樂對所有生物都適用，完全依賴饑餓和滿足饑餓的方式；宴席之樂則是人類所獨有，須預先精心準備飯菜，選擇場所、賓客。飲食之樂不一定需要饑餓感，至少需要食欲為前提；而宴席之樂往往兩者都不需要。

社交應酬的飯局費工費時費錢，卻都索然無味，我若不幸參加也多如坐針氈，勉強陪笑陪酒就半途逃離。

宴會應該要快樂，《詩經．小雅．鹿鳴》歌詠周朝國君宴飲群臣的樂歌，詩以鹿得苹草，呼伴共食起興，表現主人邀嘉賓共享美酒的深情厚意：「呦呦鹿鳴，食野之苹。我有嘉賓，鼓瑟吹笙……」我大三時有陣子每夜讀詩經，為了避免讀得太快，還刻意用毛筆抄寫。

有些餐宴雖然豐盛又結合旅行，卻令人唏噓。1912 年 4 月 14 日，鐵達尼號船難發生的前一夜，頭等艙仍供應愛德華時代聞名於世的豐盛料理，例如晚餐：各色開胃小菜，生蠔，奧爾加（Olga）清燉肉湯／大麥糊，鮭魚佐慕斯琳奶醬、黃瓜，松露肥肝菲力牛排，里昂式炒雞肉，鑲夏南瓜，小羊肉佐薄荷醬，烤乳鴨佐蘋果醬，沙朗牛排／城堡馬鈴薯，豌豆／紅蘿蔔濃湯，米飯，薯泥焗牛肉與水煮新馬鈴薯，羅曼潘趣酒冰沙，烤乳鴿與水芹，勃艮地紅酒，涼拌蘆筍／油醋醬汁，肥肝泥，芹菜，華道夫布丁，蜜桃夏翠絲甜酒凍，香草巧克力閃電泡芙，法式冰淇淋。

3

太鋪張的盛宴多帶著負面意義。1971年，伊朗情勢動盪不安時，巴勒維沙阿（Shah Mohammad Reza Pahlavi）為慶祝波斯帝國成立2,500週年，自巴黎空運進口18公噸的食材。伊朗政府特地在古城波斯波利斯（Persepolis）遺址打造了一座帳棚城，款待世界各國的國王、王子、元首三天。

當時全球最知名的巴黎美心（Maxim's）餐廳特別關門兩週，讓餐廳的廚師和侍者前往伊朗張羅這次活動；從旁協助的是大批身穿藍色制服（代表波斯宮廷的顏色）的瑞士侍者。大約15,000棵樹空運到慶宴場地造林，為了維護這片人工森林，灌溉水源也橫越沙漠而來。森林裡還放生了5萬隻空運自歐洲的鳴禽，結果因不適應極端高溫，都在幾天內死亡。盛會的住宿區由巴黎設計師操刀，運用近50公里長的絲綢打造出夢幻般的波斯棚村，並點綴著噴泉、高爾夫球場。

雖然伊朗是穆斯林國家，這次盛宴卻很不穆斯林：所有的葡萄酒都是最高級與罕見的佳釀，如1959年的唐貝里儂粉紅香檳（Dom Pérignon Rosé）只釀了306瓶。就連雪酪都是用1911年的陳釀酩悅香檳（Moët）製作。這場盛會的開銷估計等同於今日的一億英鎊。8年後，巴勒維沙阿政權被推翻，何梅尼成為伊朗共和國的首任領袖。

非僅皇室，宗教也不遑多讓。1342年教宗克勉六世（Clement VI）的加冕宴，動用了超過3公噸的杏仁，1,000隻綿羊和118頭公牛，另有5萬多個塔派，雖然賓客多達1萬人，食物量還是非常驚人。

為教宗舉辦過最奢靡的宴會大概是1501年的「栗宴」（Chestnut Banquet），有50名娼妓擔綱當晚的壓軸節目，她們裸體爬行，收集賓客四處拋灑的栗子。教宗的司儀約翰．伯查德（Johann Burchard）在日記裡寫：「誰能跟妓女辦最多次那檔子事」（'who could perform the act most often with the courtesans'），就能獲得絲袍和貝雷帽的獎賞。

強烈對比的是德蕾莎修女，1979年她赴挪威領諾貝爾和平獎，希望取消為她準備的國宴：一頓國宴只讓135個人吃飽，卻能讓15,000個窮人獲得一日溫飽。挪威政府答應了，將宴會的費用交給她使用；德蕾莎又將連同獲得的40萬瑞幣捐款，和賣掉的諾獎獎牌，全部獻給了窮人。

宮廷盛宴不免都很誇耀，清代4度舉辦「千叟宴」，初次舉辦是康熙帝60壽慶，在暢春園宴賞耆老，年逾65歲者近兩千八百餘人。規模最大的是第4次，入宴者五千餘人。置辦千叟宴耗資甚巨，僅乾隆50年那場就用掉1,700斤豬肉，850隻菜雞，850隻菜鴨，1,700個肘子。

清代自慈禧訓政，更講究宮膳，皇帝每膳48味，稱全份；皇后吃半份，24味；妃子四分之一份，12味。慈禧則享兩個全份，而且她進膳時帝后妃嬪都得向她獻菜，幾乎每頓吃滿漢全席了。

4

薛福成《庸盦筆記》載河工官員豪奢，非僅日夜不停地張羅筵宴，更設計出稀奇古怪的吃法，如生勺猴腦、火炙鵝掌，痛鞭數百豬脊致死以剜取脊片肉，殺鴨無數只截舌作羹。

宴席中最聲名狼籍的可能是一世紀的羅馬小說家佩特羅紐斯（Gaius Petronius Arbiter）的諷刺小說《愛情神話》（*The Satyricon*），這部長篇小說首創古羅馬文學中的流浪漢小說，諷刺尖銳，影響了阿普列尤斯的《變形記》，和歐洲17、18世紀的小說；敘述一對同性戀人的冒險旅程，敘述者是尹科皮爾斯（Encolpius），他帶著俊俏男孩吉頓（Giton），和阿斯基爾托斯（Ascyltus）一起參加暴發戶特里馬爾基奧（Trimalchio）的狂歡家宴：橄欖以青銅驢子雕像盛著，野豬的肚內塞著一群活生生的鶇鳥，還有戴著頭盔的水煮小牛。

這暴發戶俗到爆，粗鄙，愚昧，故作姿態又愛炫耀。他不懂飲食，只喜歡擺闊，「餐廳裡擺著計時器，計時器旁配備著號手，好讓主人隨時知道他在餐廳裡耗掉了生命中的多少光陰」。然則他不去外面購買東西，肉品、柑橘、胡椒、蜂蜜……一切都是自家的物產。他從雅典運來蜜蜂，用以改良家裡原有的蜂群。更從印度運來蕈種。試看這傢伙的宴會排場：

我們正品嘗珍饈美味，特里馬爾基奧進來了。他在音樂伴奏下由人抬著，身子下面墊著蓬鬆的褥子，有的人見了不禁失笑。他的頭剛剛剃過，從朱紅色罩袍裡探了出來。脖子周圍衣服臃腫，裡面裹著一條圍巾，圍巾上飾著絳紅色寬條，圍巾邊緣掛著穗子。他的左手小拇指上戴著一只很大的戒指，鎦金的，無名指的最後一節上也戴著戒指，看上去是純金的，不過分量要輕一些，上面鑲著鐵星。他不只是這樣表明他富有，他還裸露著右胳膊，上面戴著金手鐲、象牙圈，有光亮的小牌相連。最後，他終於一面用牙籤剔著牙，一面說道：「朋友們，儘管我一直還沒有進餐廳的興致，但是為了不致於因為我不到而過分耽擱你們用餐，我還是放下了其他娛樂，只是請允許我結束正在進行的遊戲。」有個男孩跟在他身後，手裡托著篤耨香板和水晶骰子。此外我還發現了更講究的事情：代替黑白兩色石子的是金幣和銀幣。

羅馬人似乎以日常飲食為恥，雖然創作出大量的文學作品，卻沒有任何典型一餐的描述。他們難得記錄下來的部分，即使只是為了諷刺食客，仍是罕見的驚世饗宴。

1995年元旦前夕，癌末的法國總統法蘭索瓦．密特朗（François Mitterrand）覺悟到自己來日無多，邀請了30位摯友共享最後的晚餐。菜色包括生蠔，肥肝，醃雞，圃鵐（Emberiza hortulana），貴腐白酒與紅酒。

壓軸那道圃鵐很有爭議。此鳥體型嬌小，喉部呈黃色，自1980年以來數量減少了80%，歐盟禁獵，法國後來也取締盜獵，雖然餐桌上仍常見。羅德．達爾（Roald Dahl）在小說*Twits*描述被捕獲的圃鵐會關在陰暗的籠內，強迫餵食小米以增肥，直到體型漲大兩倍。相傳古羅馬皇帝會把這種鳴禽弄瞎，以促使牠們不斷進食。

圃鵐的傳統做法是用雅馬邑（Armagnac）淹死牠，再以這種白蘭地作醃料，拔光羽毛，放進淺底砂鍋，用少許鹽、胡椒調味後大火烤約8分鐘，連鍋端上桌。吃的時候，食客都要在頭上披一條白餐巾，創造出小帳棚般的私密空間。據說這樣能聚集香氣與美味，也有人說是為了不讓上帝看到他們在幹什麼事；我覺得可能更為了避免狼狽的吃相外揚。

宴飲中何種食物最名貴？中國在南北朝時，鹿尾被視為「酒肴之最」。降至唐代更是貴饌，陳子昂曾作〈鹿尾賦〉，描述鹿被捕後，庖人宰割鹿尾做成珍饈，乃皇帝的御膳，「雕俎之羞」、「金盤之實」。到了清代的京師宴會，鹿尾比猩唇、駝峰還珍貴。

5

「射鵰英雄宴」辦在臺北市長選戰正酣時，所有服務員都扮成金庸筆下的角色，在我那桌服務的是黃蓉和歐陽鋒。當晚的菜餚都很難吃，氛圍卻不乏樂趣；剛上第二道菜「矯若游龍擲金針」，陳水扁坐不住了，離席趕選舉行程。馬英九見狀急了，第三道菜「玉笛誰家聽落梅」上桌，他即起身，雙拳一抱道：「各位英雄好漢，青山不改，綠水長流，咱們後會有期。」趕行程去也。只有王建煊吃到宴會結束，那時候我就知道他選不上了。

我曾策畫過幾場大型主題筵宴：春宴，隨園晚宴，印象主義晚宴，文學宴，客家宴，原住民宴，藝文宴……

有一年綠竹筍盛產時，我邀了幾個朋友吃筍，委請木柵老泉里「野山土雞園」辦綠竹筍宴，我設計的菜單是：涼拌綠竹筍，竹筍炒肉絲，竹筍炊飯（腐皮、時蔬、三層肉、香菇、蝦米），竹筍燒排骨，東坡肉，梅醬竹筍蝦，竹筍雞湯，竹筍炒蛋，紅蔥筍絲。

2011 年 5 月我籌辦「原住民飲食文學與文化國際學術研討會」，並規畫一場「原住民宴」招待與會學者，菜色有：「彭巴草原的秘密」（南美洲瓜拉尼族，瑪黛茶），「阿里山日出」（鄒族、達悟族，地瓜水芋沙拉），「鬼頭刀跳舞」（達悟族、阿美族），「勇士出征」（太魯閣族，竹筒飯），「鱒魚深呼吸」（賽夏族，野薑花鱒魚），「山中傳奇」（卑南族，桶仔雞），「野鴨物語」（大洋洲毛利族，烤野鴨），「原野二重唱」（阿美族，過貓拌花生），「公豬娶親」（魯凱族、排灣族，Cinabulu），「母雞唱歌」（泰雅族，馬告雞湯），「山海戀」（大洋洲毛利族，小龍蝦燴飯），「祖靈的眼睛」（賽德克族，甜點）。配酒：「祖靈的呼喚」（布農族，小米酒）。

從前較愛玩，也曾邀親友在家餐聚，玩不同的主題，一次秋蟹肥了，遂張羅「螃蟹宴」，於今追憶，不免懷念有大廚房和閒情逸緻的時候。

我歡喜有文化底蘊的宴會。詩人伯恩斯（Robert Burns）紀念宵夜頌揚的是一種文化，而不是宗教、政治或軍事功績。

活動的主菜是羊肚雜碎（haggis）。1801年7月21日，伯恩斯逝世5週年，地方牧師漢彌爾頓．保羅（Hamilton Paul）邀請了8位伯恩斯的朋友，在伯恩斯的鄉居小屋齊聚，朗讀伯恩斯的詩作，享用羊肚雜碎，舉杯向他的文才致敬。今天的伯恩斯紀念宵夜會則使用威士忌敬酒，威士忌和羊肚雜碎幾乎已成為這個活動的同義詞。不過，1801年用來敬酒的比較可能是艾爾啤酒或葡萄酒。

羊肚雜碎的材料：綿羊心、肝、肺，混合燕麥，油脂，洋蔥，香草和香料，全填進羊肚裡煮熟。伯恩斯是相信每個人都生而平等的政治激進分子，用一道大多數人都吃得起的農家菜來紀念他，相當合適。

狄更斯小說《耶誕頌歌》（*A Christmas Carol*）敘述克拉奇一家人的耶誕大餐是最令人窩心的一段情節。1840年代是確立世人耶誕慶祝傳統的重要時期，狄更斯厥功甚偉。

美好的宴會總帶著正面意義。東晉王羲之和41位文士在上巳節行曲水流觴之戲，作「蘭亭序法帖」。《韓熙載夜宴圖》準確細緻地描繪隋唐五代貴族的家宴，提供中國筵宴發展史翔實的形象化資料。李白〈春夜宴桃李園序〉，「會桃李之芳園，敘天倫之樂事」，是我唯一會背的散文詩……

宴會成功與否，端視笑聲多寡；歡笑聲多寡取決於同桌友人的交情，和無所不談的親朋好友餐敘，隨意吃菜，隨意飲酒，覺得時光悠長了，酡著顏互相調侃或掏心掏肺隨意說些體己話。

論傲骨

1

假日，恆光街口停著一部小貨車販售葡萄，我看了一眼，果粒飽滿，色澤深紫，遂買了一箱送去小妹家。不久小妹來訊，說別再買那葡萄了，除了上層的葡萄似完好無損，整箱多已爛掉甚至發霉。

這世界充滿了謊言，我自幼即見識江湖上到處是欺騙：政客，商賈，郎中，律師，固然所在多謊言；後來廁身學界、文藝界發現騙徒也不遑多讓。一個充滿欺瞞的社會，騙術日趨高超，人際間的言行舉止難免矯飾。

幾十年前，一位雲遊客下榻大姨經營的旅館，大姨慷慨又尊敬修行人，招待他吃住，每餐都費心擺佈。起初他自云苦修，每日只吃一餐，每餐卻能吃下整鍋飯；後來大概覺得飯菜實在美味，很快一餐變三餐。

毛姆有一幽默短篇〈午餐〉，敘述者是一個窮作家，被半強迫宴請一位女筆友午餐。年輕男子很難拒絕女子主動要求一起吃飯。貴客謙稱自己只吃一道菜，於是點了剛上市的鮭魚；旋即加點了魚子醬，香檳，大蘆筍，大桃子。窮作家忖度，這些已經用掉自己整月的生活費，只好點選菜單上最便宜的羊排。

「我覺得你吃肉就太不明智了」，她說，「你吃了像羊排這麼厚重油膩的東西後要怎麼寫作」。

做客應該有基本的禮節，要求素昧平生的筆友請客已經厚顏了，竟還指定昂貴的餐館，分明是敲竹槓；何況對方又是阮囊羞澀的作家。

荷馬史詩《奧德賽》敘述特洛伊戰爭期間，奧德賽離家時，家裡湧入許多人喝他的酒，吃他的烤羊，甚至逼迫他妻子改嫁其中一人；當奧德賽裝扮成乞丐返家，這些追求者竟拒絕給他食物和棲所。世間太多這種乞丐趕廟公的不速之客了。

2

錢鍾書喻吃飯很像結婚：「名義上最主要的東西，其實往往是附屬品。吃講究的飯事實上只是吃菜，正如討闊老的小姐，宗旨倒並不在女人。這種主權旁移，包含著一個轉了彎的、不甚樸素的人生觀。」

我參加過的大型餐會不算少，有時候主辦方安排了十幾個人上臺致詞，有些是政治人物，有些則是捐錢者，全部都講完話才供飯。

飲食有其社會功能，味覺堪稱屬於社交的知覺，具社交的特性。然則我吃飯時總是專注在食物上，殊少分心在意自己的吃相，也無暇搭理他人。朱彝尊《食憲鴻秘》：「食不須多味，每食只宜一二佳味，縱有他美，須俟腹內運化後再進，方得受益。若一飯而包羅數十味於腹中，恐五臟亦供役不及。而物性既雜其間，豈無矛盾？亦可畏也。」我雖然明白這個道理，可面對美食仍貪饞難耐。

我大概屬於不受歡迎的客人，總是吃碗內，看碗外，把腹肚當上帝來崇拜。也許精神科醫師知道我是怎麼回事？

貪吃超越了生活必需，更多的是縱情享樂。然則，美味潔淨的食物，對別人的禮貌，共餐者之間的和諧氛圍，可謂大家一致的要求。聚餐總是群體面對面，不免要求餐桌禮儀，人們不會接受與群體和諧相悖的舉止。

非僅我，世間不乏貪吃者，巨人加剛圖亞（Gargantua）一餐飯至少包括：十六頭烤公牛、三隻小母牛、三十二隻牛犢、六十三隻小肥羊、六千隻小母雞、一千四百隻兔子，和用甜酒煮的三百隻豬。加剛圖亞想吃點清淡的沙拉時，就到菜園去；不幸六個隱藏在包心菜和萵苣中的朝聖者，就這樣一併被吃掉。

至於太宰治的胃口雖大，卻非食欲，毋寧更像對食物的仇恨；雖然立志成為美食家，卻對飲食一竅不通。有一次他在壽司店剝食一整隻烤雞，吃相狂亂，頭髮披散，「撕裂雞肉的模樣如同惡鬼」。

每見這類描述，總覺得心虛，好像在照鏡子。梁章鉅《歸田瑣記》敘述了幾則大胃王的故事，如曹文恪「肚皮寬鬆，必摺一二疊，飽則以次放摺。」又說達香圃「人極儒雅，惟見肉至，則至喉中有聲，如貓之見鼠者，又加厲焉。」

我以前比現在肥，從背後看，像是行走的飯桶；吃相又如餓鬼，彷彿明天不再來，形象類似埃德蒙．斯賓塞（Edmund Spenser）《仙后》（*The Faerie Queene*）裡描述的饕餮：「在他一旁，令人憎惡的饕餮，／這畸形怪物，正騎在骯髒的豬玀上；／他的腹部因放縱食欲而膨脹，／面對肥肉，雙眼總是鼓突」。

貪吃自古被視為一種罪，弗朗辛．珀絲（Francine Prose）在《貪吃》一書指出：貪吃之罪是一個程度問題，但最重要的並非過度的消耗，而是過大的胃口、過度的欲望和過分的關注：關注食物，關注口腹之樂。《神曲．地獄篇》（*Inferns*）第六篇描述，「饕餮們被安排在地獄的第三圈，跟淫欲者相比這一圈更低，要承受更可悲的命運」。既然克制那麼困難，我只好叛逆傳統禮教，視貪吃為一種激情，一種快樂的源泉。

3

我做客時的貪慾來自於饑餓感，似乎隨時保持饑餓狀態，不易饜足。雖則不至於像沈光文窮得像鬼一樣，飧風吸露。

鄭成功入臺後，以沈光文為前朝舊臣，相當禮遇；相傳鄭經嗣位後，沈光文作詩嘲諷，招惹殺身危機，乃變服為僧，躲藏在大崗山「普陀幻住庵」，此後生活陷入困頓，常三餐不繼。他在〈夕飧不給戲成〉詩中描寫：「難道夷齊餓一家，蕭然群坐看晴霞；煉成五色奚堪煮？醉羨中山不易賒。秋到加餐憑素字，更深吸露飽空華。明朝待汲溪頭水，掃葉烹來且吃茶。」此詩餓到發慌，竟幻想晴霞可食，只好餐露飲溪水，掃落葉當茶煮。

關於做客之道，蘇雪林講過一個故事：

德國希特勒掌執政權時，遇到一慶典，各國都派特使至德相賀。希氏當然要設宴相待，那一天，賀客及他自己國中的顯要，約有數百人，冠履濟濟、劍佩鏘鏘，魚貫入座，除主人致詞外，鴉雀無聲，即動用刀叉也不聞聲息。中國派去的賀使坐上座位後，就拿起餐巾將面前盤子細擦起來，侍者看見，忙將那只盤取去，另奉一只，他又擦拭，侍者又換，為是者一連三次。他身旁一客輕輕碰了他一下，並耳語道：「請您莫再擦了，若被上面『元首』瞥見，這個侍者的頭顱就要和他身體分家了。」

這種陋習我也有，長期以來，大多中餐館洗滌杯盤馬虎，食客擦拭面前的杯盤已成習慣動作。

我亟須學習餐桌禮儀。雖然也常想模仿高尚者優雅用餐，無奈積習難改，總是不自覺當眾剔牙，擤鼻水，打飽嗝。

4

很多身居高位者赴宴習慣遲到，甫進門，所有賓客皆立正迎迓，非常神氣。我曾獲邀在香港知名俱樂部晚餐，已經上了兩道菜，美食家才進門，所有人皆起身致意，我也只好從眾站起，滿嘴食物說不出話來。美食家雖非主人，卻笑容可掬地賜坐：「請坐請坐，大家別客氣。」有一次我效法遲到，遺憾沒有人理我。

滿足口腹之欲，往往也是一種社交任務。政經界的朋友禮數周到，無論請客或做客都會準備伴手禮，散席時好像彼此在交換禮物，十分熱鬧。後來我學會了帶伴手禮，有天去朋友家晚餐，帶了一瓶平價紅葡萄酒。參觀主人的酒窖發現多是五大酒莊佳釀，頓時輕蔑自己，羞慚不已。

遺憾練習多年，至今仍拙於送禮。元代南戲文《小孫屠》第四出，孫必貴在街坊上以屠宰營生，日子過得十分艱苦，不免想要「買些人事，投鄉外幾個相識行打旋一遭。」稱禮物為人事，意味著人與人之間其實就是那麼一回事；在充滿摩擦的人際關係，原來是需要些許應酬儀式，一點善意的潤滑劑。

餐宴總是鄭重其事，行禮如儀，美酒佳餚是待客之道，熟朋友才會拿吃飯開玩笑。《魏語錄》載宋朝西蜀人郭震、任介互相戲謔之事：郭震寫信邀任介吃皛（音「孝」），來到郭家，只見白飯一盂，白蘿蔔、白鹽各一碟，原來三白為皛。隔了幾天，換任介招待吃「毳飯」，郭震揣測「必有毛物相戲」，來到任宅，什麼也沒有，任介說：「飯也毛，蘿蔔也毛，鹽也毛，只此便是毳飯。」原來「無」蜀音「毛」。這等促狹，好像生活中冷不防被掐了一下，不至於打掉手中的飯碗。

5

有人作客常常忘了身是客，帶著一雙到處找機會插話的眼睛，不管什麼話題都能打斷別人的話頭，不管懂與不懂的知識領域，都從此滔滔不絕地演說，直到宴席結束，甚至沒有人能加進一個標點符號。我數次驚見尋找話題的眼睛，企圖阻止這種災難的發生，採取過轉移話題、勸酒、唱歌……各種手段都無法有效制止。

一場好的餐會，來賓往往比食物更重要。華特夫人（Mrs. W. G. Water）在《廚師十日談》（*The Cook's Decameron: A Study In Taste*）說：「乏味的人只有在遇到同樣乏味的人時，才會覺得快樂（Dull people often enjoy themselves when they meet dull people only」。

一次參加晚宴，有人帶來一瓶陳年女兒紅，才剛開瓶，美食家喝都未喝就斷言：這老酒有香味，沒有body，必須兌一瓶新酒，於是請餐館拿來一瓶紹興，將兩瓶酒混在一起。我覺得頗欠商略，試喝一口，蒼天垂憫，好好一瓶女兒紅竟橫糟凌辱，兌過的酒已完全失去酒香，宛如一個美麗的body公然遭到強暴。

兌酒是高難度動作，非精於各種酒味莫辨，唯高明者能兌出風韻。宋．羅大經《鶴林玉露》評兌酒有和有勁：「不剛不柔，可以觀德矣；非寬非猛，可以觀政矣。」

飲食審美須保持清醒，該起身就不能屁股黏著座椅，「事之是非，惟醒人能知之；味之美惡，亦惟醒人能知之。」袁枚強調飲酒過度必痲痺味覺：「豈有呼呶酗酒之人，能知味者乎？往往見拇戰之徒，啖佳菜如嚼木屑，心不存焉。」

我平常並不貪杯，偶遇佳釀輒無法按捺。其實酒酣耳熱時無論主客皆難停止。王安石〈北客置酒〉後半段：「殷勤勸侑邀一飽，卷牲歸館觴更傳。山蔬野果雜飴蜜，獾脯豕臘加炰煎。酒酣眾吏稍欲起，小胡捽耳爭留連。為胡止飲且少安，一杯相屬非偶然。」熱情的主人常禁止客人提前離席，必須先撤退者，須事先規畫好逃逸路線。

古詩云：「人生寄一世，奄忽若飆塵。」杜甫也說：「莫思身外無窮事，且盡生前有限杯。」我歡喜嵇康所贊的酒會境界：「臨川獻清酤，微歌發皓齒。」可惜漢人喝酒多不唱歌。不誠懇的人事那麼多，苟能常有三五知己聚飲，唱歌，聊天，促狹，實在快樂。

我和豬八戒很像，貪饞，食量大，缺乏禮節，隨時等待招飲，也從來不反對別人請客。

論請客

主辦單位電邀參加上午十一點的「杭州美食文化節」座談及餐會，我十點五十即來到圓山飯店松柏廳，僅見幾個不認識的賓客，和我一樣站在大廳張望。等了四十分鐘，仍不見主辦單位人影，飯店服務員開始準備午餐，決定離去。回程不斷地自責：放著正事不幹，大老遠跑來參加烏何有之會。主人也很無禮，既是十二點以後才開始的餐會，何以命我十一點就來等待？

最不準時的餐會是婚宴。在臺灣吃婚宴，不免都有枯等的經驗，喜帖上明明強調準時開席，卻往往得等待一小時以上，才看見上菜，好像專門折磨準時的人。一桌可能並不熟識的人一起等吃，是很尷尬的等待，本應拂袖離去，人家辦喜事，卻不好意思發作。全臺灣只有北門有準時開席的觀念，可見非不能也，是不為也。

主人不能準時開席，是對準時者的懲罰。我請客例不等人，約好的時間一到，立即上菜。有一次晚宴遠客，對方順便邀請了他在政大教書的朋友，我說歡迎歡迎；那天晚餐卻等了這位教授兩小時。

二十幾年前，我剛開始下廚就很喜歡宴客了，有些餐聚印象深刻。阿珊大學畢業典禮那天剛巧是她生日，我在南京東路「點水樓」宴請十幾個親戚，並預訂了名饌「富貴叫化雞」；我其實不愛吃這道雞膳，好像只是為了讓兩姊妹用木槌敲碎覆在雞身的黃泥，帶著儀式感，和遊戲的意思。這世界，阿珊和阿雙是我最親愛的兩個女人，能用一頓飯討絕代雙嬌的笑容，結帳時總覺得特別幸福。

之所以喜歡請客，可能是熱情指數偏高；也可能，是自卑感導致的誇耀控，誇耀廚藝，誇耀慷慨，順便收獲讚賞。我自幼孤僻，人緣差，有時不免想巴結朋友，日久乃形塑了虛張聲勢的個性。

請客能連絡感情，《查令十字路84號》的海蓮．漢芙之所以那麼受那家舊書店歡迎，乃是她三不五時郵寄肉品、雞蛋、罐頭給書店的人，雖然彼此未曾謀面，卻因此建立了深厚的友誼。

然則不一定每次宴客都能夠開心。老友自上海來，特別在家裡宴請他，並找了幾位陪客。我鄭重準備了幾天；當日，所有人圍坐餐桌恭侯主客大駕時，他來電說臨時去了另外的飯局。

臨時狀況似在考驗主人的修養，和應變能力。有些餐館的菜餚採位上，必須預先告知人數，以備材料；一次宴客，朋友臨時多帶了幾個陪客來，幸虧那天餐館還有大一點的桌子，慌忙更換。

餐館總是予人愉悅，偶爾也暗藏危機。十幾年前去上海，蕭關鴻晚宴於「翠蜓軒」，菜色有鯊魚骨濃湯翅、煎鵝肝、紅燒肉、小籠包、燕窩蛋撻、提拉米蘇。尚未上菜，服務員就將一整杯南瓜汁灑在蕭關鴻身上，她流著淚道歉，餐館主管亦連聲道歉。道歉是一定要的，可道歉不能解決問題。一家裝修那麼豪華的餐館應視作危機處理，基本動作是詢問遭殃客人的衣服、長褲尺寸，立刻派人去買一套給他換上，再將髒污的衣褲送洗。而不是讓客人一直穿著黏黏濕濕的衣褲繼續吃飯，還將剩下的南瓜汁放在桌上，好像連南瓜汁的損失都算在遭殃的客人身上。

我沒吃過這麼油膩、這麼甜的鵝肝，糟蹋了好食材，真是掃興啊。關鴻是主人，整頓飯，他得一直招呼客人，只好悶著氣，陪著笑臉。經理來結帳時，竟說那壺南瓜汁算是店家請客。這是那門子道歉？

類似的厄運也曾降臨吾身：那天晚上在松山高中附近一家餐館吃飯，可能客多桌擠，每道菜端上時都飛越我頭頂，不免惴惴難安，果然被一鍋熱湯當肩淋下。天幸賤軀頑固，至今猶健在。

我歡喜到鄉村作客，自己請客也像鄉巴佬，總是端出過量的食物，令每一盤皆有剩餘。

多年前參加婚宴，場面盛大，新郎是出了名的吝嗇，果然準備的自助餐少得寒傖，宴後眾人相約去吃牛肉麵。

廉儉只合自我要求，這種美德實不宜拿來對付客人。宋．翟公巽雖貴為高官，卻自奉甚薄，簡直像個窮人。有一次翟公巽宴客，還沒上菜先批評，「近世風俗侈靡，燕樂之間尤甚」，接著正色道：「德大於天子者，然後可以食牛；德大於諸侯者，然後可以食羊」，主人如此過分，害客人連「惡草」都吃得像嗟來之食。

這類吝嗇鬼請客，古書記載頗多，大柢當笑話看。諸如《西京雜記》載公孫弘當了丞相後厚己薄友，老朋友高賀跟隨他，僅能吃粗糧做的「脫粟飯」，不免逢人埋怨公孫弘虛偽、矯情：「內廚五鼎，外膳一餚」。

有人歡喜作客，有人歡喜作東，菊池寬成長在極端貧窮的家庭，長大後歡喜請客，即使生活還窘迫的時候，朋友間也都習慣吃飯讓他掏腰包，芥川龍之介、久米政雄、小島政二常跟他一起在各種餐廳用餐，卻幾乎誰也沒買過單。

有時餐會並非自己作東，結束時卻不見人主動會帳，甚至有人吃飽即先行離去。奇怪，為何大家都覺得應該我來付錢？我雖歡喜請客，但那是請朋友，而非一群陌生人啊。最後只好說：既然已經請大家喝酒了，這頓飯就順便請了。我窮則窮矣，既然有心請客，一定要請得爽，所謂賓主盡歡，我比較服膺李白「五花馬，千金裘，呼兒將出換美酒」的豪邁。

完全不心疼的請客是吃公款。我經歷過平面媒體最輝煌的時期，當時在編中國時報人間副刊，每年的時報文學獎經費優渥，固定會邀請海外的作家學者來評審，同事們調侃我評審階段的主要工作是接客（機場接機），開房間（載客人去旅館辦住房），陪笑陪酒（宴請客人）。

二十幾年來我舉辦過幾次飲食文學國際學術研討會，每會都設計較大型的主題晚宴，招待與會學者，諸如隨園晚宴，印象主義晚宴，文學宴，客家宴，原住民宴，春宴……幾乎所有與會者都忘記會議發表過什麼論文，卻還津津樂道吃了什麼菜，害我虛榮得像一隻驕傲的孔雀。

最鄭重的宴客往往是在家裡。好懷念從前的家居廚房，餐廳也稍大，遂成為我的遊戲場，常玩一些小型的主題家宴，像醬油宴，火鍋宴，燒烤宴，綠竹筍宴，螃蟹宴……螃蟹宴菜色包括：蟹肉涼拌柚子，清蒸處女蟳，酒蒸帝王蟹腳，青蘆筍大閘蟹膏橄欖醬，咖哩粉絲沙公煲，味噌帝王蟹湯，避風塘炒蟹；並搭配5款白葡萄酒。

體貼的主人不會千篇一律，常為不同的客人準備相異的菜色，唯須避免違逆自己的專長，袁枚管它叫本份：「滿洲菜多燒煮，漢人菜多羹湯，童而習之，故擅長也。漢請滿人，滿請漢人，各用所長之菜，轉覺入口新鮮，不失邯鄲故步。今人忘其本份，而要格外討好。漢請滿人用滿菜，滿請漢人用漢菜，反致依樣葫蘆，有名無實」。

大二時初訪焦妻家，在保守的客家村，長孫女第一次帶男朋友回家是何等大事，席間她三叔尤其熱情，頻頻夾肥肉到我碗裡，原來三叔嗜油脂，可我不愛呀。他一定沒讀過袁才子的《隨園食單》，其中〈戒強讓〉告誡我們：

治具宴客，禮也。然一餚既上，理宜憑客舉箸，精肥整碎，各有所好，聽從客便，方是道理，何必勉強讓之？常見主人以箸夾取，堆置客前，污盤沒碗，令人生厭。須知客非無手、無目之人，又非兒童、新婦，怕羞忍餓，何必以村嫗小家子之見解待之，其慢客也至矣！近日倡家，尤多此種惡習，以箸取菜，硬入人口，有類強奸，殊為可惡。長安有甚好請客而菜不佳者，一客問曰：「我與君算相好呼？」主人曰：「相好。」客跽而請曰：「果然相好，我有所求，必允許而後起。」主人驚問：「何求？」曰：「此後君家宴客，求免見招。」合坐為之大笑。

強讓是粗魯的表現，有違禮貌，也有背衛生。此文宜納入請客規範。強讓最糟的莫非灌別人酒。我大概永遠無法忍受被迫飲酒，不幸飲酒以來，常在飯局中被強迫勸酒，或出言相逼，或慍形於色，眼看不順從就翻臉了。

禮貌的舉止出乎尊重，能避免激怒、粗魯，是一種自我克制，一種半道德的情操。

一位朋友歡喜宴客，每宴輒喋喋不休地明示、暗示這一桌菜餚的昂貴，穿插著誇耀跟某些達官顯要的熟識，並強迫賓客認真聆聽，好像要大家永遠記得其恩情；這樣的餐宴只是給自己搭建一個舞臺。真抱歉，誤入高貴的圈子。下次記得要聳身直腰，跪求君家賜飯別再招我。

共同進餐常是社會交際的媒介，請客除了提供美味潔淨的食物，亦不能缺乏體貼的態度，這個貴氣朋友令人想到路易16國王，聚集全國的貴族在凡爾賽宮，傳授他們如何贊嘆國王、感恩國王。當年宋徽宗也粗魯，賜飲蔡攸，竟用巨觥灌他，甚至說：「就令灌死，亦不至失一司馬光也。」完全不掩飾尊光薄攸，壞透了。

我接待過最特別的食客是「黑皮」——楊牧、夏盈盈的愛犬。他們去臺中時，讓黑皮寄養在我家幾天。我不曾見過這麼乖、這麼熱情、這麼美麗、教養這麼好的土狗，毛色烏黑透亮，氣宇不凡。牠原是東華大學的流浪狗，不知盈盈是如何訓練牠的？據說牠乖到楊牧睡午覺時，怕吵醒主人，會小心躡足走路；後來隨主人回西雅圖，滿屋子人都講美國話，可能因語言障礙，竟躲在房間裡不好意思出來。

盈盈牽著黑皮來我家時，牠以為只是串門子，樂得見人就猛搖尾巴，直到發現女主人忽然失蹤了，才垂頭喪氣，眼神透露著落寞和憂傷，整晚徘徊在門口和臨時的窩之間。我的么女阿雙十分不忍，蹲在狗窩旁輕拍牠的背，唱起搖籃曲，模仿從前我哄她睡覺時的模樣。

黑皮徹夜未眠，似乎一直低聲啜泣，全家人都非常心疼。為了讓牠賓至如歸，我清晨就去傳統市場選購肋排。牠有一種奇異的預感，早等在門口對我用力搖尾巴，表情誠懇，一付要交朋友的模樣，彷彿有許多話要說：「只有你才知道我是雜食性動物」；「我不愛吃那種藥丸狀的飼料」。

「你有美食家的潛力」。我拍拍牠的背，表示同意牠的觀點。

當我從烤箱中取出肋排，令其降溫，香氣已令黑皮興奮得花枝亂顫，涎著臉好像在贊美：「你的手藝看起來不錯，我先試試。」那些肋排充滿誘惑，肉汁飽滿，帶著滋味絕美的骨髓，蛋白質、鈣質都很豐富。我將烤肋排放在牠的碗裡，再倒一些盈盈帶來的狗飼料進去，擺飾得像高級餐館的菜餚模式。黑皮專注吃肋排的形容，宛如一位彬彬有禮的紳士，吃完肋排，才用一種很有風度的表情勉強吃下飼料。遺憾黑皮已經離開我們。

請客追求的境界是賓主盡歡，分享美食的過程意味著友誼，信任，愉悅，感謝之情油然而生。我至今仍歡喜請客，也從來不反對別人請客，吾人圍桌而坐不只是為了營養，而是共同用餐。身為東道主，提前邀約來餐敘的朋友，預約般，提前享受了客人的喜悅和贊美。

論吃相

1

馬丁．路德早就說：「上帝是什麼？就是我們的肚子！」歷史上的「飢民」跟「暴民」往往只有一線之隔，就生理規律來講，肚子既直接影響到行為，「肚子命令腦子」乃成為客觀事實。

我從小即對食物充滿贊美，軟硬皆難以抗拒。大二那年，女朋友覺得是時候了，該帶身邊的人回鄉下給整個家族長輩過目過目，乃邀我到她家裡作客，在民風保守的客家農村，女孩子公然帶男朋友回家是十分鄭重的大事，她的叔嬸姑姨大約全數到齊，殺雞宰鵝，席開三桌。我本來就木訥，偏偏眼前擺滿豐盛的客家料理，誰還有意志抵抗那些正宗的土雞土鴨土鵝？後來，結婚後，焦妻判斷無虞太傷我自尊，才說出實情：我當時目中無人，只顧低頭大啖，完全忽略應該偶爾抬起頭，禮貌地跟主人交際應對一下；聽說，那兩桌的主人們早就都吃飽了，客氣地陪坐良久，終於客氣地請我「慢慢用」，全部離席到客廳繼續等我。

真是痛快的一頓啊，那天在餐桌前，我真的慢慢享用，面前堆積的肉骨頭，大約是同桌人的總和。聽說飯後，還打了幾個響亮深長的飽嗝，大家都懷疑我是餓狼谷跑出來的。

為什麼我明明吃飽了還離不開餐桌？「健康的食慾該是一飽了就消失」，武者小路實篤說，「達成了吃的目的之後，還想留著食慾，那是違反自然的意志」。原來我一直在幹違反自然的事。初讀朱彝尊（1629-1709）的食譜《食憲鴻秘》，他在介紹各種食物的加工、烹調之前，開宗明義說「飲食宜忌」，強調吃得少而簡單，有益健康，「五味淡泊，令人神氣清，少病……酸多傷脾，鹹多傷心，苦多傷肺，辛多傷肝，甘多傷腎」。朱彝尊以飲食的觀點把人分為三種：餔餟之人、滋味之人、養生之人。我大概名列餔餟之人，是屬於「吃粗飽」的蠢蛋。

很久以前我就自覺各方面很像豬八戒。豬八戒因錯投豬胎而形貌像豬，行徑乃表現出淫蕩、好吃、貪婪、嗜睡等豬性。為了滿足寬大的食腸，西行途中惹了不少麻煩；也常常因口腹之慾而竅迷心惑，快抵達目的地時唐僧還忍不住責罵：「你這夯貨，只知好喫，更不管回向之因，正是那『槽裡喫食，胃裡擦癢』的畜生」；「回轉大唐，奏過主公，將那御廚裡飯，憑你喫上幾年，脹死你這孽畜，教你做個飽鬼」。

八戒能吃貪吃，食慾旺盛，「一頓要喫三五斗米飯；早間點心，也得百十個燒餅纔轂」。第20回，師徒來到一村舍借宿，王姓屋主辦齋款待：

> 兒子拿將飯來，擺在桌上，道聲「請齋」。三藏合掌誦起齋經。八戒早已吞了一碗。長老的幾句經還未了，那獃子又喫轂三碗，行者道：「這個饢糠的！好道撞著餓鬼了！」那老王倒也知趣，見他喫得快，道：「這個長老，想著實餓了，快添飯來。」那獃子真個食腸大：看他不抬頭，一連就喫有十數碗。三藏，行者俱各喫不上兩碗。獃子不住，便還喫哩。老王道：「倉卒無殽，不敢苦勸，請再進一筯。」三藏，行者俱道：「轂了。」八戒道：「老兒滴答甚麼，誰和你發課，說甚麼五爻六爻；有飯只管添將來就是。」獃子一頓，把他一家子飯都喫得罄盡，還只說纔得半飽。

這段敘述十分靈活生動，將八戒的食量、食慾和吃相，描寫得宛如一頭異常飢餓的大豬。貪睡如他，即使睡夢中彷彿聽見吃食，也會立刻醒來。

理查．莫瑞斯（Richard C. Morais）《美味不設限》敘述者描寫父親的吃相：「不是中規中矩地把食物舉起來送進嘴裡，而是一頭栽進盤子裡，把肥羊肉和飯鏟到臉上，好像這輩子沒吃過飯似的。而且他吃飯時會汗流浹背，腋下印出如盤子大的濕痕。等他終於由食物中抬起頭來，流露出醉漢般的呆滯眼神，下巴和雙頰全都沾上了橘色的油脂。」當時讀到這一段竟臉紅，覺得在講我。

雖然我有時也想假裝出身高貴，吃相優雅，或學習鳥一般地啄食；可忍不了多久就又現出原形。昨天在一爿小店吃麵，不知出了什麼差錯，吃在嘴裡的鴨肉、啃完的鴨骨一直掉在桌上，砸翻醬汁碟，滾到別人的面前。

2

現代經濟學者認為，我們對「消耗」（consume）物品的渴望，和對食物的需求一樣，永不滿足。消耗食物的生理需求，已是一種精緻的文化現象，進餐乃成為社會交際的媒介。食物除了提供營養，又被賦予了多重意義，變成一種具有廣闊內涵又虛無縹緲的原型，一種藝術形態，一種商業交換與社會間相互影響的中間媒質。

蘇雪林經驗過幾個吃相難看的故事：一次作客，主菜是肉餅蒸羹，才上桌，主人的妾生小女「凶巴巴」一筷子就將肉上羹魚撥開一邊，再一筷子又將整塊肉餅夾入她自己碗裡，幾口便吞下去」。另一次和同事應邀作客，主菜紅燒雞剛端來，「女主人以很巧妙的手法夾了一隻雞腿給她女兒。片刻間，另隻雞腿，幾大塊雞脯肉也都到了她女兒盤裡，她自己也吃了幾塊……看這光景，我們兩個哪敢下箸。不過，最後女主人還算沒忘記客人，替我們佈菜，我得到兩節寸許長的雞頸」。來臺灣後，朋友的兒子「吃飯時從來不肯上桌，托著一隻大盤，將滿桌菜肴挑他所愛吃的夾入盤裡，堆高得像座小山……一面滿室游走一面吃嚼。盤中食物尚未吃光，又倒在桌上，再挑新的。吃嚼過的殘肴剩骨，也都吐在桌上」。

英文單字「人」（man）與「舉止」（manners）之間沒有語源學關聯，但16世紀有一首韵文：「肉令你果腹，衣服令你保暖，然而只有禮貌才能使你成為一個人。」("Meat feeds, cloth cleeds, but manners make the man.") 可見所吃所穿不如行為舉止重要。

《禮記．曲禮上》有一段談餐桌禮儀：

毋摶飯，毋放飯，毋流歠，毋吒食，毋齧骨，毋反魚肉，毋投與狗骨。毋固獲，毋揚飯。飯黍毋以箸。毋嚃羹，毋絮羹，毋刺齒，毋歠醢。客絮羹，主人辭不能亨。客歠醢，主人辭以窶。濡肉齒決，乾肉不齒決。毋嘬炙。

勿吃得嘖嘖作聲，勿啃骨頭，勿把咬過的魚肉放回盤裡，勿扔肉骨頭給狗，勿囫圇喝湯，勿當眾剔牙……古代士大夫的子弟，10歲就須學習這些禮節。我到老還會吃得滿嘴流油，嗜啃骨頭，大口灌湯，當眾剔牙，實在值得自卑。

之所以被認為吃相難看，主要是吃得太快，不夠優雅，缺乏教養。優雅，在這裡趨近一種江湖道義，一種不成文的遊戲規則。然則，批評別人吃相難看者，殊少檢討到自己。

3

我的吃相，大約跟谷崎潤一郎同樣難看，主要是自幼牙齒欠佳，又長得不整齊，咀嚼困難；其次真的是食量大，吃得快，面對美食就會覺得飢餓難捱。谷崎潤一郎蛀牙多，無法咬太硬的東西，乃偏愛溫軟黏膩的食物。

矯正的途徑也許可以從慢開始。我在工作壓力大時歡喜下廚，緊張忙碌時輒到院子裡拔除野草，修剪花木。從前我很不能理解這種逃避的性格，甚至有些討厭起自己了。說也奇怪，剛開始快手快腳，一段時間後竟不自覺地慢了下來；等燒好菜、拔完草，往往能從容回到工作現場，完成迫睫的任務。

快與慢真是有趣的對比美學。工業革命以後，世人都拚盡全力在追求速度。快感有時確是美的要素，運動競賽的美常來自於速度所表現的力感。日常生活卻不一定——從臺北到花蓮自然越快越有「效率」，卻越沒有美感；飛機在一個小時之內可以抵達目的地，但遠不如北迴鐵路可以飽覽風景。

這年頭社會上流行起一種慢食風，這種飲食觀顯然是對速食的反動。我認為，這更應該是一種理想的生活方式。

速食的吃相往往欠缺一份優雅。也許大家都很飢餓，也顯得很貪饞，有人吃起來含蓄，有人吃起來粗魯。我們通過轉喻，速食相當程度暗示著吃相難看，臺諺：「呷緊弄破碗」，不僅帶著「欲速則不達」的教訓，還生動而準確地描繪躁進者的缺乏「家教」。

吃相被認為難看，是因為違反遊戲規則，吃東西未行禮如儀，看在一起吃的同桌人眼裡委實很吃味，恨自己擺不下身段，處處拘泥禮節，又深恐佳餚快被那莽人消耗掉了。各類型的飲食比賽，為講求速度與胃納，自然無暇顧及形相。我們看一群肥胖者在狼吞虎嚥，也許不甚雅觀，卻不致覺得吃相難看，乃是他們的貪多貪快，並非為了口腹之慾，反而是一種運動精神，符合遊戲規則。

據我觀察，吃相難看，無關營養，通常是飢餓感太強而吃得太快，吃得快是為了吃得更多，吃得多是因為貪心。一個貪贓者，剛開始動作可能還稍顯文雅，吃完後還記得仔細擦拭嘴上的油漬，後來習慣受民脂民膏的供養，胃口既經養大，吃食只是過程，何必在乎姿勢和禮儀呢？一個沽名者，恨只恨不能全力打開知名度，何患手段之露骨？

在高速節奏的生活裡，大家拚命向目標追趕，無論是為名或為利，眼光不免日益短淺，血液循環日漸遲緩，智能也日漸衰弱。這時候如果能慢下來，委實有了提醒作用，有了再出發的信心。

慢食，是1986年源於義大利小鎮波拉（Borla）的風潮，主張吃東西要細嚼慢嚥，料理過程也要求緩慢，因為從挑選食材到烹飪的過程都是值得審美的樂趣。

審美主體必須以悠閒的態度，才能進行審美活動，日本人歡喜追求這種悠閒、靜觀的情境，萩原朔太郎（1886-1942）在〈悠閒雅緻的食慾〉一詩中說：

在松林中漫步
看見了一家明亮的咖啡廳
在遠離市區的地方
沒有人會上門
是一家藏身在林間追憶中夢想的咖啡廳。
少女害羞臉紅地
端來如曙光般清爽的特製餐盤
我緩慢地拿起叉子
吃著蛋包飯
天空中飄著白雲
非常悠閒雅緻的食慾。

在這樣的咖啡廳用餐，無一不美。遠離市囂的松林裡顯得靜謐，連餐盤也有「曙光般清爽」，而鮮為人知的咖啡廳、白雲、害羞的少女也都被動員來襯托悠閒慢食的美感，使一盤平凡的蛋包飯有了不平凡的滋味。

4

吃飯需要注意吃相，卻不需要太注意。其實餐桌禮儀跟道德一樣，總是提供作自我追求，並非用來要求別人的。自我追求某種禮儀，是高尚的姿態；不管自己，只要求別人符合某種禮儀標準，委實是歡喜干預他人的臭習慣，近乎精神疾病，很值得同情。

我自知吃相很像豬八戒，也長期因牙口不好而自慚形穢。聽說頗有人批評我吃相難看，我很幸運，這麼多年來，一直不知道他們的存在。

食物不僅是供人止飢解渴而已，進食有其約定俗成的意義，這些意義有著象徵內涵，象徵地傳達思想。吃相難看真的不雅，但尊重別人逾越吃的禮儀，寬容他稍稍逾越框限，本身即是一種約束，一種禮貌。何況，他嘴裡的佳餚，也許不那麼適合你的胃口。

年輕時的暴飲暴食，是一種嗜欲負債，註定年歲增長時要去償還。我在前中年期即發現罹患高血脂、高血尿酸，這兩種慢性病直接跟飲食習慣相關；我的吃相已不見容於健康。遺憾的是，我的胃口大、吸收強，除了牙齒，整個消化系統狀況極佳；偏偏克制力極差。我的辦法是繼續逞口舌之欲，等滿足了再吃藥安撫心理。聽說慢性病不會痊癒，若為了害怕痛風發作，從此不沾滴酒、嚴格控制飲食，不僅折磨口腹欲望，甚至顯得有幾分懦弱。我的貪吃固然可憐可鄙，然則一想到為美食美酒所作的付出，卻油然升起一種悲壯感。

論醬油

我們全家都愛吃一間客飯餐館的回鍋肉，這回鍋肉完全不道地，五花肉、豆乾切薄片，炒蒜苗，堪稱不三不四的臺版川菜；可真好吃。反覆回味，好吃的原因是那醬香，有效入味肉片和豆乾片。

袁枚的《隨園食單》常提到「秋油」，且多和酒一起使用，諸如治鱘魚「切片油炮，加酒、秋油滚三十次」，燒黃魚「下酒、秋油」，燒豬蹄「加酒、秋油煨之」，乾鍋蒸肉「加甜酒、秋油」，燒鹿筋「加秋油、酒，微縴收湯」……

秋油到底是什麼油？二十幾年前，我初讀時曾詢問一位美食家，他隨口說是太倉糟油；我雖然懷疑，見美食家如此篤定，知道再追問下去很無趣。打電話請教逯耀東教授，回說不知道。逯老師大概因此耿耿於懷，隔了幾天，回電說即是醬油。醬油就叫醬油便好，何必叫秋油？和季節有關？

後來我在王士雄《隨息居飲食譜》中讀到：「篘（案：音抽，有兩層含義，1.濾酒的竹器2.過濾）油則豆醬為宜，日曬三伏，晴則夜露，深秋第一篘者勝，名秋油，即母油。調和食物，葷素皆宜。」他又說，豆醬以金華蘭谿製作的最佳，味鹹性平；嘉興所製，因為缺少日曬，質薄味淡，不耐儲存。

王士雄這段敘述有兩個重點，首先，秋油是季節產物，自立秋之日起，夜露天降，深秋第一篘就叫秋油，調味最棒。其二，日曬程度完全影響了醬油品質，必須曝曬九十天，味道才佳。王士雄也將秋油說得很神——被瘋狗咬了，或燙傷了，即時用此油塗抹傷部，有療效。孕婦害喜，可以沖開水調服。中了砒霜毒、鴉片毒，亦可調水服用，能夠解毒。

蘇州人稱秋油為母油，「母油船鴨」乃蘇錫一帶的冬令風味船菜。江南小鄉盛產河鴨，從前船家將整隻光鴨放進砂鍋中烹製，求其原汁原味；由於鴨背朝下形狀似船，遂稱之為「船鴨」。現在的製法則取出胸骨、背部大骨，鴨腹內塞入炒熟的川冬菜、蔥、豬肉絲，再將鴨放入砂鍋內，加母油、黃酒、白糖、麻油、蔥、薑，煮滾後以小火燜三小時。

醬油是亞洲人味覺的起點，基本任務是增鹹，著色，生香，乃亞洲人廚房中不可或缺的調味聖品：蘸食餃子，涼拌菜餚，蘸生魚片，蘸涼筍……醬油在亞洲，大抵以中南半島為緯，以北用黃豆、黑豆釀造，又稱「豆油」；以南用魚醃製，又稱「魚露」。

俗諺：「百家醬，百家味」，古代各家各戶都應時做醬，以備全家人一年之需；各家所做的醬味因原料、水質、比例、貯存及發酵技術不同而味道各異，醬味早已形成華人的飲食基因。史游《急就章》顏注：「醬者，百味之將帥，領百味而行」；陶穀《清異錄》也說：「醬，八珍主人」。

中國先秦時先有肉醬，稱為「醢」，《周禮》已載有一百多種醬品。可見起初是作為食品，後來發展為各種調味料，在這些基礎上產生了醬油。

至於醬油誕生於何時何人則不可考。後魏．賈思勰《齊民要術》記載作醬法，其中提到「醬清」、「豆醬油」，可謂原始的醬油。醬清是醬經長久陳貯，表面所滲浮的清醬，香氣濃郁，紅亮晶瑩，乃醬的精華。

清．朱彝尊《食憲鴻秘》載醬油、豆醬油、秘傳醬油方三則，其中〈醬油〉：「黃豆或黑豆煮爛，入白麵，連豆汁揣和使硬，或為餅，或為窩。青蒿蓋住，發黃。磨末，入鹽湯，晒成醬。用竹篾密掙缸下半截，貯醬于上，瀝下醬油，或生絹袋盛濾。」〈豆醬油〉：「黑豆煮爛，濾起，放蓆上窩七日，取出晒乾，揣去皮加鹽，入豆汁，汁少添水，同入缸，日晒至紅色，逐日將麵上醬油撇起，撇至乾，剩豆別用。」

清．顧仲《養小錄》亦載有數則，其中醬油、秘傳醬油方抄襲朱彝尊的書。清代的醬油製作工藝大抵成熟，種類亦夥，香蕈、蝦子都成為製作原料，亦開始用「抽」（篘）分別醬油的提取，本色稱「生抽」，在日光下復曬增色，使醬味變濃的叫「老抽」。

清代《調鼎集》錄有「造醬油論」：

做醬油越陳越好，有留至十年者，極佳。乳腐同。每壇醬油澆入麻油少許，更香。又，醬油濾出，入甕，用瓦盆蓋口，以石灰封口，日日曬之，倍勝於煎。

做醬油，豆多味鮮，麵多味甜。北豆有力，湘豆無力。

醬油缸內，於中秋後入甘草汁一杯，不生花。又，日色曬足，亦不起花。未至中秋不可入。用清明柳條，止醬、醋潮濕。

做醬油，頭年臘月貯存河水，候伏日用，味鮮。或用臘月滾水。醬味不正，取米雹一二斗入甕，或取冬月霜投之，即佳。

醬油自六月起，至八月止，懸一粉牌，寫初一至三十日。遇晴天，每日下加一圈。扣定九十日，其味始足，名「三伏秋油」。又，醬油壇，用草烏六七個，每個切作四塊，排壇底四邊及中心，有蟲即死，永不再生。若加百倍，尤妙。

醬油是非常複雜的發酵食物，兩種迥異的發酵過程中有三組微生物：麴黴、乳酸菌、酵母菌在進行發酵作用。聯合國農糧組織報告：這些發酵作用中，三組菌會發生親密關係，進而產生不同風味和氣味的化合物。

傳統的發酵在室溫中可持續1～3年，顏色和風味也會隨時間拉長而更濃烈，成熟的醬醪呈鐵鏽色，濃稠，香味醇厚。其顏色來自梅納反應產生的黑色素，乃醬油的主要抗氧化物，其抗氧化物的含量是紅葡萄酒的10倍；醬油的醣化合物能增強腸道免疫系統，和抗過敏。

現在的優質醬油都遵從古法製作，那是一種崇尚自然的美學手段：長時間發酵、釀造而成，不求速成，不投機降低成本，不亂添化學調味料如防腐劑、鮮味劑、色素等等。此外，袁枚曾提醒我們：「求香不可用香料，一涉粉飾便傷至味」。誠哉斯言，現在很多獃廚滷肉時動輒添加各種香料滷包，滷什麼都一個味。其實滷肉只要加酒和醬油，最能表現肉香，香料加得多，徒然消滅肉味。

老老實實釀造的醬油都有近似木訥的表情，搖動它，瓶底的泡沫細緻而綿密；一開瓶，豆香飽滿；滋味甘醇，悠長，好像會呼吸。

學期末，我讓「飲食與文化」課堂的研究生以醬油為主題作期末報告，有人品嚐各種醬油，有人採訪有名的醬油製造公司。之前，我亦曾自己在家品嚐十幾種市售醬油：瑞春醬油的醬味足，色澤深沉，豆香味濃郁，鹹中帶甘，餘韻深遠。「大同」醬油黑中帶紅，其味近瑞春，蔭豆香濃郁；「黑龍」較豆油伯鹹，甘味濃。「喜樂之泉」色澤和氣味都很平淡，鹹味強卻顯得有點平板……

臺灣醬油以西螺聞名，瑞春、大同、丸莊、陳源和尤為代表。這種醬油和世間許多優秀的品牌一樣，背後總是有著堅持理想的故事。平日我最常用的是黑龍醬油。

沒有人會直接飲用醬油，它像水墨中的奇岩怪石，不能單獨審美，必須和它物一起，方顯出其結構上的道理。童年時，熱飯上澆些許豬油，醬油，味精；那醬油和豬油經過熱飯蒸騰，釋放出不可思議的香氣，覺得整個人忽然都開竅了。

醬油乍看顏值不高，烏黑；然則黝黑的色澤，閃亮在味覺和嗅覺的深處。鹹中帶著甘醇，醬香深刻，悠遠，傳誦含蓄的滋味。那醬缸裡蘊蓄了深沉的文化奧秘，通過嗅覺和味覺，在舌尖上唱著古老的歌。

論餐具

虱目魚攤的生意非常好，老闆又很堅持一份一份仔細煮，對待食物相當認真，桌面、檯面也都打理潔淨，只要他們營業我就來吃早飯：白米飯，滷蛋，虱目魚皮湯，牡蠣，魚腸，魚頭，都新鮮美味，每次我都耐心等待，熱烈地吃；可我每次挾取魚肉都戒慎恐懼，盡可能不讓免洗筷碰到熱湯。坊間的免洗筷製作時多添加漂白劑，危害人體甚巨。我很納悶，邱氏夫妻已經雇用了洗碗工，除了洗碗盤，也可以洗筷子呀，何況固定大量購買免洗筷，成本豈不更高？

羅蘭．巴特也承認東方的筷子比西方的刀叉高明，他旅行日本時驚識筷子之為用：姿態輕柔，有著一種母性的氣質，不像刀叉那樣切割、刺扎；只是去選取，翻動，移動，筷子更接近手指的作用，像兩隻手那樣交叉在一起運送食物。由於使用筷子，食物不再成為人們暴力之下的獵物，母性般一小口一小口地來回運送食物。

臺灣小吃向來輕忽器皿和衛生，食客也習以為常，我每次在髒亂的環境下吃東西都覺得很委屈，忍耐著味覺、嗅覺、視覺、聽覺的扞格衝突，可能食物的滋味不錯，可鼠輩在桌下遊走。

一次性餐具除了環保疑慮，多暗藏著危險。久聞延平北路三段那家筒仔米糕名氣，有一天專程前往品嚐，果然人氣甚旺，味道也不錯。撫腹步出店，看見店家掀開蒸籠，取出裝筒仔米糕的塑膠模具，原來他們用塑膠模具蒸米糕，蒸熟了再放進碗內供顧客食用。我覺得想嘔吐，須要趕緊去收驚。

路邊攤和小吃店充斥著保麗龍、美耐皿、塑膠袋、塑膠匙、紙盒等餐具，化學毒素雖無色無味，然則路人皆知，紙餐盒多以有毒溶劑、螢光增白劑處理過。保麗龍的聚苯乙烯（（polystyrene，PS）材質，遇熱超過60℃，會溶出致癌物苯乙烯（styrene），也可能導致肝、胰、肺及神經損傷；我生性膽小，吃泡麵例不沖泡，而是下鍋煮。美耐皿（melamine resin）餐具是以三聚氰胺（melamine）和甲醛（Formaldehyde）聚合的塑膠材質，這種餐具只要盛裝40℃以上的食物就可能溶出微量的三聚氰胺，長期吃進體內恐造成腎臟、泌尿道結石，甚至增加膀胱癌的風險，尤其對兒童影響更大……

衷心建議商家全面摒棄這些有害健康的器皿，回復可重複使用的陶、瓷、不鏽鋼製品那種「古早味」，衍生的成本可轉嫁給消費者，相信大家會願意多花費兩三塊錢來換取衛生與安全。

本文所謂的餐具包括烹具與食器。烹具的演進是，無炊具，石烹，陶烹，銅烹，鐵烹，電氣烹，不同的烹具形塑相異的食物，和餐飲特點；也影響了燃料、調味料、風味、食俗及食養觀念，日益積累，多元了飲食文化。許多古時候的烹飪手段流傳至今仍沿用，如「叫化雞」，用植物葉子包裹原料，外塗一層泥土，直接用火加熱成熟。

吾友 Nancy 生前曾經營臺中金典酒店，我每次去臺中固定會吃「金園中餐廳」，她開發的「臺灣一品宴」有一道「原住民石燒牛」，是精緻化的石烹，將無骨牛小排置於燒燙的石頭上；另附小菜，天婦羅、炸蝦，以竹筒盛著。

我歡喜用竹箯或木盆盛著白米飯，總覺得特別香，令人胃口大開。八里一家原住民主題餐館，白飯即置於竹籃上，並以假酸漿葉（排灣族語 I habulu）舖墊，具獨特香氣，乃魯凱、排灣、卑南三族製作主食的材料。又，我很迷戀的苗栗「傳家堡」肉臊飯，白飯盛在木桶內，肉臊另盛於砂鍋，供食客自取，飽滿著不可思議的脂香，我只要去吃，就停不下來。

北京「直隸會館」的名餚「官府六味骨」，烤好的牛小排切片後盛於木盒內，那木盒的外形有點像周代的「簠」，蓋與器身對稱，合為一器，打開蓋子，羅列著六種蘸料。

很懷念那道烤牛小排，更懷念同桌共餐的好友：黃怒波，陳平原。

多年前和親友在鶯歌陶瓷老街吃飯，似乎主角並非菜餚，而是餐具，好像沒有人會在乎「甕仔麵」美不美味，而是裝麵的那個甕燒得是否漂亮。好像也不太有人計較「泥漿粥」的口感，倒是會關心餐後店家送的那個「聚寶盆」或「寶甕」。

餐具的首要任務是實用、便利，我曾經使用竹製環保筷，筷身略呈不規則狀，似在強調自然、質樸、降低加工感；然則這樣的竹筷雖帶著憨拙感，卻在分、合之際頗顯扞格，違逆了夾物的便利性。

筷身光滑有光滑的需要，我最愛用的漆器嵌合筷購自日本，上寬下細，流線型筷身，人體工學設計的筷頭處嵌合了金屬，使用時稍具沉甸感，圓尖端順勢指向食物，挑魚刺，剔撥食物尤顯方便，流暢，準確，優雅，似乎因而深刻了美味。我一直不習慣用韓國那種扁平的不鏽鋼筷。

嘉斯克太太（Mrs. Gaskell）在《克倫福德》（*Cranford, 1852*）中有一段用叉子吃豌豆的敘述：「波爾小姐嘆口氣，她把盤裡的豌豆留在一側不吃，因為豌豆總是從叉縫中掉下來」。我用叉子吃豌豆的經驗也頗為不堪，往往每口吃不到幾粒，最多的一次是吃到7粒。

羅患社交拘泥症的英國中上層階級認為，有教養的人左手拿叉時，叉尖必須永遠朝下。較技巧的方式是：先以右手的刀令豌豆靜止，同時用叉尖向下刺入兩三顆豌豆，再以刀推擠幾顆豌豆到叉背上，之前刺入的兩三顆豌豆剛好擋住叉背上欲下滑的豌豆。難怪匈牙利籍記者喬治．梅克斯（George Mikes）嘲笑：「歐洲大陸的人有很好的食物；英國人有很好的餐桌禮儀（On the Continent people have good food; in England they have good table manners.）」。

器皿影響食物甚巨，諸如使用不同的酒杯、茶杯，會改變酒和茶的味道，我飲陳年紹興酒，都使用「點水樓」的陶製溫酒壺，這種溫酒壺具特殊的氣密度和導熱性，加入熱水，令酒能較久地維持適口的溫度。夏日飲清酒輒選用日製「地炉利」冷酒器，令清酒透露出爽冽魅力。吃麵時我歡喜使用大而厚的瓷碗，先溫碗，再盛入麵條和湯，取其能有效維持熱度，表現麵條的口感，熱呼呼地溫暖人心。

一切的美都隱藏在細節裡，服務業尤其要帶著體貼的心意，隨時體貼顧客的舒適感。最近新開的一家日本料理，其握壽司有滋有味，可那茶杯導熱快速，且相當光滑，我喝茶時必須用兩張濕紙巾包覆，像包紮傷口般，以免燙傷手。

美好的器皿都不斷探索工藝，令材質結合藝術，真正的美食須用美具，才能滿足審美的需求。日常家用的器皿以安全、實用為主，其次才追求美麗；收藏品等級的器皿則供欣賞，一般捨不得拿出來用，那是另一層次的審美功能。

中國人自古講究美食配合美器，《周禮》所載的籩人、醢人、冪人，都負責美食相配美器。《水滸傳》38回，宋江與戴宗、李逵在琵琶亭酒館飲酒，宋江見酒保端來醒酒的湯，宋江道：「美食不如美器，雖是個酒肆之中，端的好整齊器皿。」「不如」為齊人語，如、若、猶的意思，表達美食和美器和諧統一的觀念。

永和「三分俗氣」的菜很好吃，可器皿多用砂鍋，兩三個人吃飯，滿桌砂鍋，器容壯盛。袁枚在食單中的「器具須知」主張：「宜碗者碗，宜盤者盤，宜大者大，宜小者小，參錯其間，方覺生色。若板板于十碗、八盤之說，便嫌笨俗。大抵物貴者器宜大，物賤者器宜小。煎炒宜盤，湯羹宜碗；煎炒宜鐵鍋，煨煮宜砂罐。」

美食與美器關係密切，互相發揚，如才子配佳人。一桌餚饌，或豐腴或丁絲，形態各有不同，色澤也互異，最好能烘托、裝飾以相應的器皿，令形質協調。有一年在新加坡的一家泰國餐館吃飯，炒蟹裝在蟹形瓷盤裡，微量的咖哩準確提升了蟹味；連一起炒的雞蛋，經過蟹黃的感染，散發出迷人的氣息。炸魚盛在魚形的瓷盤裡，魚肉、魚骨均已炸酥，淋上酸醬，味道顛覆了我對炸魚的成見；吃到這尾魚，心想已經不能不小酌了。吃到一半時，覺得暈忽忽的，原來美食會醉人。這一餐令我對泰國文化肅然起敬。

歷代餐館酒樓多重視餐飲器具，杜甫〈麗人行〉描寫楊國忠和虢國夫人享用紫駝峰、白魚，用綠鼎鑊所烹、水晶盤盛著，筷子則是犀牛骨打造：「紫駝之峯出翠釜，水精之盤行素鱗。犀箸厭飫久未下，鸞刀縷切空紛綸。」

我偏好使用木製烹調器具，木頭的質地和觸感總是讓人滿心歡喜。

平常下廚，我較少用微波爐烹調、加熱食物。微波爐的加熱方式，是利用微波激烈振動水分子，以提高溫度。沒有任何有機細胞能承受這種破壞力，細胞一旦變質，原味盡失矣。何況，天知道塑膠器皿、保鮮膜在微波時會分解、釋出什麼化學物質？

然則法國當代物理化學家埃爾韋・蒂斯（Hervé This）卻倡言：「微波爐快速、經濟，相對於傳統的烹飪方法，其能量利用率要高得多；而且，切莫忘記：防止全球變暖，人人有責！我們應該準確也了解微波爐的工作原理，物盡其用地使用這種新型的烹飪裝備。」

清末時，成都「正興園」標榜「素來收藏古器甚多」、「瓷盤瓷碗古色斑駁」，吸引食客。

有一次食養山房主人不曉得從那個博物館借出當年總督府的御用器皿，當骨董鎖在玻璃櫥窗裡，也許能獲得吾人的驚嘆；然則我們洗淨它，叫它回到生活，委實是結合了視覺、觸覺、味覺和嗅覺的審美感受，我清楚記得盛著前菜的那小碟是孔雀造型，它背著橘色鮮豔的海膽，鮭魚卵和紫蘇葉，展翅欲飛。

論食譜

1

創作《完全壯陽食譜》之初，我刻意令它成為一本能據以操作的真正食譜，設計妥整本詩的布局架構，即開始進廚房練習烹飪，每天至少費五、六小時實驗，閱讀，筆記。我不諳廚事，所有菜餚都遵照食譜指示，洩氣的是，成品多難臻美味；後來憑想像一一加以變通，才漸入佳境。於是我明白，不能盡信食譜。

有些廚子出食譜，獃頭獃腦地東抄西抄別人抄來的食譜，若偶然發現小技巧，輒急於藏私，令本就無甚可觀的食譜破碎不堪。食譜都帶著實用功能，若不能用或不好用，無異垃圾。我想起費雪（M. F. K. Fisher）的喟嘆：「過去八年以來，美國出版的真正重要的烹飪書，不超過八本……而且其中不可或缺的不超過一本（我起初寫的是：『一本也沒有。』）」

歐洲最早的菜單出現於18世紀的法國，在超大開數的紙上，以細小的字印了密密麻麻數百道菜，有如報紙的分類廣告欄。

依莎貝拉．比頓（Isabella Mary Beeton, 1836-1865）較簡短而為人熟知的稱號是比頓夫人，她是英國史上最具影響力的烹飪作家之一，在名流廚師的時代來臨之前就已經是個名人，啟發了維多利亞時期的人民。比頓夫人的名氣幾乎完全來自《比頓夫人的家庭管理之書》這本書，通常簡稱為《比頓夫人的烹飪書》。

世人皆知，比頓夫人的食譜並非她自創。乍看似乎缺乏原創性，或更嚴格來說屬於剽竊行為。休斯（Katherine Hughes）撰寫的比頓夫人傳記《真心料理》（*Cooking Up a Storm*）裡指出其食譜大多來自英國食譜作家艾克頓（Eliza Acton）寫的食譜，而艾克頓的食譜又是抄自別人的作品，包括法國廚師蘇瑤（Alexis Soyer）、美食家薩瓦蘭及卡漢姆（Marie-Antoine Carême）等人。

剽竊的指控不免太嚴厲，因為食譜書的血脈就在於改寫食譜。事實上，食譜作者都會長期閱讀別人所寫的食譜，也常積極蒐集食譜並加以改寫，而且通常不會公開承認。比頓夫人的成就不僅在於提供食譜，更在於提供了完整的建議及明確的指示，讓家庭廚師建立信心，比以前更大膽地在廚房裡嘗試。《家庭管理》絕不只是一本烹飪書，而是在講一個文化夾在新、舊世界之間，在現代與懷舊之間拿捏平衡的故事。

如今網路那麼便捷，隨時可以搜尋到各種菜餚的做法，我們需要的是受過專業訓練的好廚師，食譜已經沒那麼重要了。

茱莉・鮑爾是20世紀中期最著名的美國電視主廚茱莉亞・柴爾德（Julia Child, 1912-2004）的粉絲，她經營的「美味關係」部落格（The Julie/Julia Project）用一年的時間做出柴爾德《掌握法式烹飪藝術》（*Mastering the Art of French Cooking*）中的每道料理，並在部落格中記錄進度，後來收編為暢銷書《美味關係：茱莉與茱莉亞》（*Julie and Julia: 365 Days, 524 Recipes, 1 Tiny Apartment Kitchen*），並改編成電影。

2

我們通過傳統目錄學，可略窺中國食譜的源流與變遷。起初，食譜歸類為農家、醫方的範疇，後來才提升到藝術層次。逯耀東在一篇論文中說：中國的食譜，興於魏晉六朝。中國儒道思想，形成兩種不同的傳統飲食觀念，「儒家的飲食觀念是維持全體人民的生活，使其免於飢困，可謂之『維生』；道家的飲食觀念，則是透過飲食企圖將個人有限的生命，作無限的延續，此謂之『養生』。」他指出，這兩種不同的飲食思想，在唐宋的食譜中匯合。

食譜是烹飪藝術發展到一定程度衍生的產物，寓理論於實踐，早在先秦，中國即不乏這方面的敘述，《周禮》、《禮記》、《儀禮》雖非飲食專著，卻匯集了豐富的飲饌制度、品種和禮儀資料；《呂氏春秋．本味》更描述烹飪火候、調味理論，及各地名食。（南宋）鄭樵在《通志．藝文略》中將飲食書籍以「食經」類單獨列出，乃是圖書發展史上的大事。

最早的大概是東漢崔寔《四民月令》，已亡佚。這是一部「月令」體的農書，列舉士、農、工、商「四民」的經濟活動，包括釀造、祭祀、宴饗等等，對我們研究東漢的飲食生活頗具參考價值。（北魏）崔浩《食經》原書不存，有部分佚文涉及食物儲藏和餚饌製作，如「藏梅法」、「藏柿法」、「作蒲鮓法」、「蒓羹」，可見內容豐富；此書為崔母口述，崔浩筆錄而成，乃中國最早的一本食譜。（北魏）賈思勰《齊民要術》更是世界上最古老且保存得最完整的農學巨著，內容「起自耕農，終于醯醢」，可謂古代的烹飪百科全書，極具價值。

很多古代食譜已散佚，我們在較具規模的圖書館，仍可尋到《筍譜》、《蟹譜》、《糖霜譜》、《粥譜》、《膳夫錄》、《山家清供》、《菌譜》、《饌史》、《易牙遺意》、《救荒本草》、《野菜譜》、《海味索隱》、《閩中海錯疏》……

清代戲曲家李漁《閒情偶寄．飲饌部》反映了清代文人的生活情趣，強調飲饌應有接近自然的生活情趣。

同時代的詩人朱彝尊《食憲鴻秘》多屬江浙風味菜餚及製作方法，所載部分餚饌引自（明）高濂《遵生八箋．飲饌服食箋》，分2卷16類，包羅甚廣，較全面記載了中國古代飲食的烹飪工藝，影響後來的袁枚《隨園食單》、顧仲《養小錄》。

《食憲鴻秘》頗關注飲食禁忌、健康養生的問題，如〈食憲總論〉一開頭講：「五味淡泊，令人神爽氣清少病。務須潔。酸多傷脾，鹹多傷心，苦多傷肺，辛多傷肝，甘多傷腎。尤忌生冷硬物。食生冷瓜菜，能暗人耳目。驢馬食之，即日眼爛，況于人乎？四時宜戒」；「飲食不可過多，不可太速。切忌空心茶、飯後酒、黃昏飯。夜深不可醉，不可飽，不可遠行。」又說：「食不須多味，每食只宜一二佳味。縱有他美，須俟腹內運化後再進，方得受益。若一飯而包羅數十味於腹中，恐五臟亦供役不及。而物性既雜，其間豈無矛盾？亦可畏也。」這番話好像是告誡我這種貪吃鬼來的。飲食不可過多、過快，不可太冷、太燙，都很符合今天的健康觀念。

我退休前在中央大學中文所開過幾年《隨園食單》研究的課，帶研究生讀這本奇書。袁枚此書詳細記述了中國18世紀中葉上溯到14世紀的菜餚飯點326種，味兼南北，從山珍海味到小菜飯粥，可粗分為兩部分：第一部分是烹調原則，包括「須知單」、「戒單」前者20條，後者16條；第二部分為正式食譜，包括「海鮮單」、「江鮮單」、「特牲單」、「雜牲單」、「羽族單」、「水族有鱗單」、「水族無鱗單」、「雜素菜單」、「小菜單」、「點心單」、「飯粥單」、「茶酒單」等12種。

袁枚的烹調理論主要集中在「須知單」和「戒單」中，是掌握中國烹飪美學的重要文獻。

3

多年來，費雪的《飲食之藝》（*The Art of Eating*）是我的案頭書。這部書是張錯慨贈。1999年我策畫了一場為期三天的「飲食文學國際學術研討會」，他發表論文〈M. F. K. 費雪與《飲食之藝》〉，會議結束後他贈書予我，頗有寶劍相贈的況味。此書乃合集五本食譜：《逕自上菜》（*Serve it Forth*）、《牡蠣之書》（*Consider the Oyster*）、《如何煮狼》（*How to Cook a Wolf*）、《老饕自述》（*The Gastronomical Me*）、《美食順口溜》（*An Alphabet for Gourmets*）。

費雪的食譜多是優美的散文，飽滿著創意，和生活感，並設想讀者跟著操作可能會遭遇的問題，提出變通的辦法；像〈如何燒水〉一文列出好幾道湯譜，每一道皆富興味，和啟發性。這是《如何煮狼》中的一篇，她所謂的狼，可轉喻為食欲，或饑餓感；特別在她寫此書的戰爭年代，物資匱乏，她教大家如何刻苦度日，燴煮出貧窮美食，教大家「如何以最少的花費活得盡量像樣的急迫難題」，鉅細靡遺，非常實用。

我不知道臺灣有幾個廚師讀過她的食譜？

英國廚藝家伊麗莎白・大衛（Elizabeth David）一生寫過九本食譜，她的著作融合了智慧、技藝與熱情，影響深遠。《南風吹過廚房》是其著作精選，分「前菜」、「湯品」、「蛋和乳酪」、「海鮮類」、「肉類」、「家禽野味」、「蔬菜」、「麵食、豆類和穀物」、「醬汁」、「甜點與蛋糕」、「果醬」、「麵包和酵母烘焙」等十二類，菜色主要包括地中海沿岸料理、義大利菜、法國鄉村菜等等，是經典食譜作家的技術結晶，閱讀起來又十分可口。

食譜書籍，可能，在所有類型的書籍中最多剽竊了。我讀過數十本食譜，絕大部份是為實用目的而讀的，閱讀時空多在廚房烹調時進行，它們只是一種烹飪指南，教人們製作各種菜餚，本身卻非常乏味——缺乏文采，更缺乏想像力。如果好幾種同類型的食譜一起參照閱讀，不難發現東抄西襲的痕跡。可見好作家不能缺乏想像力，好廚師亦然。

廚藝跟任何藝術一樣，講究興味，也講究原創。伊麗莎白的食譜寫作可能受到波密恩（Edouard de Pomiane）啟迪，風格成熟，謙遜，毫不虛矯，充滿了創造性，並鼓勵讀者開發自己的觀察和意見。

除了實用的烹飪指南，此書還收集了一些文章，包括伊麗莎白的飲食散文，並穿插了親友和各地名廚懷念，軼聞掌故，饒富閱讀興味。我讀到她的醬牛肉作法，深自懊惱，原來哈洛德百貨公司的肉品櫃買得到這種醬牛肉，「而且是用著名的亞伯丁安格斯（Aberdeen Angus）牛以精準刀法切成的」，比自己在家裡做的更好吃。我在倫敦逛過三次哈洛德，竟錯過品嚐的機緣。

伊麗莎白的食譜，如此充滿了敘述魅力，準確，流暢，幽默，讀她的文章，有時以為她是詩人，觀察入微，餘韻無窮，三言兩語即描繪出用餐的情境氣氛，像一塊乍看不起眼的自製麵包，實在、平淡而雋永，飽滿著含蓄的香味，和鬆軟適度的口感。例如我素不愛乳酪，可閱讀她在羅西爾河岸陰暗的小酒館裡，無意間吃到一頓清新美味的法國布爾喬亞餐飲，我立刻就想吃點麵包、鮮奶油乳酪。

〈義大利魚市場〉是優美的散文，描寫黎明前的威尼斯市場，場景恍如「欣賞一出前所未有的精采芭蕾舞劇」，各種活蹦亂跳的海產，魚身的條紋、色澤，閃著新鮮的光芒，我們彷彿聽聞嘈雜的吆喝、交易，與海洋的氣味，不僅令人食慾蠢動，也令人精神感動。

她敘述巴哈羅德太太開的「南方大飯店」，及當地的豬肉舖，變成許多人的旅遊重點。她敘述法國的沙丁魚罐頭時，我才知道魚罐頭跟紅酒一樣，也講究年份；也才發現從前吃的魚罐頭都不是東西。我衝動地想發動巴黎的朋友幫我收購魚罐頭。

她的食譜有厚實的知識基礎、強烈的生活理念，和感情，完全不會公式化地烹製菜餚，加上敘述活潑、風趣，設想周到，體貼讀者，使實用的層次也飽含了樂趣。若跟著她的食譜燒菜，像好友在現場指導，親切而實在。

美食總是帶著懷舊況味，她的敘述總是敷陳著濃厚的懷舊色彩，令人沈思，令人咀嚼再三。我想她已將烹飪的熱情注入文字，帶著感情寫食譜，將獨門秘技公諸天下。也許恢弘的氣度形成了伊麗莎白的另一種敘述魅力吧。她不斷在自己的書中大力推薦別人的食譜，諸如波密恩、利耶夫人（Mrs Leyel）、赫伯特（Kenney Herbert），這樣的寬宏大量委實可敬，其實，唯真正大成就者能大量。她啟發、激勵了許多名廚。這本食譜，烹飪學校應該列為教科書，台灣的西餐主廚也應該各自買回去修習。

4

送食譜是一種友善的表示，如張愛玲抄送食譜給好友愛麗絲。《查令十字路84號》書店經理的助理賽西兒（Cecily Farr）和海蓮（Helene Hanff）之間的友誼更加親近，乃是賽西兒寫信指導她「約克夏布丁」的作法。

多年前宋田水先生曾持贈幾本有意思的食譜：未來主義，印象主義，狄更斯，蕭伯納，賽珍珠，莫內，和達利酒經，說這些書購自布利斯本的舊書店。我受他影響，出國也逛舊書店，陸續搜集了不少文人、藝術家的食譜，諸如莎士比亞，馬克吐溫，海明威，珍・奧斯丁，卡夫卡，達文西，畢卡索等等，我發現世界上很多一流的心靈寫過食譜，我珍愛這些年代久遠的食譜。

最近朋友傳來一張「民國50年火車上菜單介紹」，我立刻被吸引住了，眼睛為之發亮。多麼值得懷念的年代呵，餐價表上羅列二十種餐點飲料，諸如炸明蝦，咖哩飯，肝肣湯，啤酒，其中最貴的「火車大菜A」15元，「火車飯」5元，加售的「鐵路便當」每盒2元。我凝視這張逾一甲子火車上的菜單，想像火車大菜的內容，鐵路便當已物美價廉，估計那大菜是，肯定是，老老實實的手段所烹製的臺灣古早味。

寫食譜需要創意和誠意，一般廚子最缺乏的就是創意。創意非一蹴可成，須一點一滴積累人文、藝術修養。

繁複的食譜像食物的管弦樂團，演奏名人的廚房傳說，時代故事，和社會的主旋律。部分幻想，部分真實，部分謊言，甚至有一部分是神話。

好食譜之於我，幾乎就是武林祕笈般的存在，帶著神奇，告訴我遙遠年代的配方，可能，也傳遞遙遠地方的香味，某種美妙的組合，令主題產生魔法般的變化，攪拌出各種歧義。它帶著我們穿過記憶的小巷，來到祖傳的廚房，像打開封閉的窗迎接陽光，通過模仿，複製；通過修飾知識，文化，和習性，撩撥欲望，按摩口腔和腸胃。

論庖廚

朋友在陽明山開了一家景觀餐廳，從四星級酒店聘來一位主廚，上班首日，自己正忙著，吩咐他先去熬鍋湯。那廚子愣了半晌，才困惑地問：湯要怎麼熬？

「疑？你在酒店廚房工作竟不會熬湯，顧客要喝湯怎麼辦？」

「我們都用味精、雞粉泡水呀，快速方便。」

1

熬高湯在廚房裡是基本功，卻非常重要。法國19世紀後期最具影響力的主廚愛斯可菲（Georges Auguste Escoffier, 1846-1935），獲得「廚師之王，王之廚師」封號。他在《高湯》一書中強調：「高湯是烹飪的關鍵要素，至少對法國料理而言是如此。少了高湯就什麼都做不成。只要湯頭好，其餘的工作就很輕鬆：相反地，如果湯頭不好或差強人意，就不要期望能有令人滿意的成果。」

廚藝和文藝創作者都必須有自知之明，自我感覺良好並不能長進。《榕陰新檢》和《續齊諧》都提到曹能始先生飲饌極精，其家廚董桃媚尤善烹調，曹命董為督學燒菜被拒，董跪而言：「桃媚，天廚星也。因公本仙官，故來奉侍，督學凡人，豈能享天廚之福乎！」說完，升堂西去。

如今很多獃廚會燒兩道菜就自以為是天廚星下凡，實則庸手而已。

最近我在螢幕上看越南裔的盲廚克莉絲汀夏（Christine Ha）參加美國福斯電視臺廚藝競賽，勇奪冠軍。她邊回應評審的講評邊流淚，楚楚動人。我不相信自己的眼睛，視障者竟能烤出那麼完美的蘋果派。

藝術家皆渴望求新求變，費蘭·阿德利亞（Ferran Adrià i Acosta, 1962-）是全球知名餐廳「鬥牛犬」（El Bulli）的主廚。《美食家》（*Gourmet*）喻他為「廚房裡的達利」；紐約時報讚美他是「飲食界的貓王」；也有人譬為「現代廚房的畢卡索」，畢卡索以立體派革新了藝術界，費蘭改變了烹飪的歷史。

阿德利亞被尊為美食大師的真正原因，是他發明了一種全新的烹調風格：分子料理。不過他較喜歡形容自己的烹飪風格為解構派料理。他說明解構派是指：轉換一道知名料理所有食材或部分食材，然後改變這道菜的構造，形式，及／或溫度，令這道菜保留其精髓，但外表將迥異於原本的模樣。

解構派的殿堂便是他的鬥牛犬餐廳。鬥牛犬餐廳連年虧損，它在歇業前只有晚上營業，每年限八千席次，吸引了約兩百萬人訂位，餐廳以抽籤決定，抽中的機率微乎其微。

有幸光顧不只一次的食客，會發現每次的菜式幾乎都不相同，因為廚房永遠都在創新，每年可開發出數百種新料理。

阿德利亞不願像拉姆齊（Gordon Ramsay）或侯布雄（Joel Rubichon）那樣以自己的名字在全球各地開餐廳，他認為如果餐廳一旦掛了自己的名，顧客就會期望他待在廚房裡。

如今分子料理已流行全球，雖然我在臺灣也常吃到，卻贊成德國美食作家齊普立克（Jörg Zipprick）批評阿德利亞的菜單上應該加註健康警告：「在料理中大量使用色素、明膠、乳化劑、酸化劑、增味劑以產生特殊的質感，味道，和口感，這些東西對健康不可能沒有影響。」

2

侯布雄擅長以平凡的材料，烹調出經典菜餚。我在澳門葡京酒店的法國餐廳品嘗過他徒弟 Francky Semblat 的作品，確實厲害。我至今迷戀那前菜「蟹肉番茄千層餅」，番茄是法國番茄，個頭很大，去皮，四片番茄平整鋪在鮮蟹肉、酪梨、沙拉葉之間，墊底的是番茄泥，香草醬點綴於邊緣，千層餅上面再綴飾以高級鹽花，番茄作得如此細緻，害我捨不得一口就把它吃下去。

出類拔萃的廚藝靠不懈的努力，跟任何學問一樣，永無止境。

我心目中的高廚都深具創造力，創造力多靠後天養成，首先要有強烈的學習動機。法國料理最輝煌的年代，始於卡漢姆（Marie-Antoine Carême, 1784-1833），接著由愛斯可菲發展，再由波依特（Fernand Point, 1897-1955）接手，最後由博庫斯（Paul Bocuse, 1926-）傳承。

波依特主要的功勞在於提出現代烹飪的基礎觀點：每一道料理都應該根據單一食材或主要的風味來建構。他認為法國高級料理的經典菜色，應該避免不必要的精緻成分與擺盤。

他總是凌晨四點半起床，五點開始工作，下午休息兩小時，晚上十一點結束工作。「烹飪需要全心投入，腦子裡必須只想著工作。」波依特打破了主廚在賓客用餐時待在廚房的傳統，喜歡走到用餐區和賓客打招呼，討論料理。他的徒弟博庫斯更進一步採取這種作法，如今這已是主廚常有的舉動。

廚師需要用功，廚師最缺乏的恐怕也是用功。

良廚必須有足夠的專業知識儲備。「想要廚藝精進，」小野二郎強調：「必須學會自我思考，並實際操作演練，不斷磨練你的技術。」

卡漢姆比愛斯可菲更早被譽為「廚師之王，王之廚師」，年輕時幾乎不識字，13歲起每晚都練習讀書寫字，並持續研究傳統料理，法國國家圖書館、梵蒂岡圖書館是他經常閱讀的寶庫。

奧利佛（Jamie Oliver, 1975-）從未在餐廳當過主廚，八歲就在父親的「板球員」酒吧餐廳幫忙削馬鈴薯，他有閱讀障礙和過動傾向，中學的畢業會考每一科都不及格。身為廚師，他的眼界並不侷限於廚房，而是望向整個英國及世界。

奧利佛影響當代飲食與烹飪習慣之深遠，無出其右；此外，他幾乎獨力將健康飲食問題提升為全球關注的議題。他成為電視名人後，便運用自己的名氣改善英國人的飲食習慣，並推廣到美國，尤其以年輕人為目標。他的目的是要讓烹飪變得不那麼困難，而且簡單得讓人放心。

3

廚房裡的高廚就是藝術家，為了一頓飯思慮須周詳而全面。高明者善於掌握細節，例如掌握時間點，深諳其準確性，日本壽司巨匠小野二郎堅持壽司飯必須和人體肌膚的溫度相當，飯一旦冷掉了就會重新另煮一鍋飯，「在我的店裡都是配合客人預約上門的時間來分批煮飯」；他把個人聲譽全押在壽司成形的那一刻，「壽司在師傅手塑成形的那一刻，它的溫度恰好是最美味的時機」。

「壽司不過三秒」，小野二郎希望食客可以在師傅出菜的三秒內將壽司放進嘴裡。

天婦羅大師早乙女哲哉以炸蝦為例，說明一尾蝦，不同部位的油炸時間相異：蝦肉要表現其甘甜，油炸須控制在24秒至25秒間；至於蝦頭，為了要完全釋放其鮮美，大約炸2分鐘。這兩位大師累積數十年功力得出的經驗談，揭示美食最尖峰的狀態都在一個臨界點，過與不及皆失去完美。早乙女哲哉贊賞小野二郎工作時「渾身充滿了律動，空氣中彷彿存在著無聲的節奏，只見他不斷變換著完美的招式，動作與動作銜接處僅餘短短的空拍。」

早乙女哲哉對油溫的譬喻很有趣：帶著水分的食材入油鍋，炸物不會超過100℃，相當於是用油來「蒸」；一旦食材的水分蒸發，炸物的溫度會瞬間飆升到接近200℃，相當於用油來「烤」。

良廚講究食材，幾近嚴苛，同樣是大閘蟹，陽澄湖岩岸所產硬是要得。同樣是海產，東京灣所產就優於其它港灣，因東京灣有六十條河川注入，為灣內的魚帶來豐富的食物，令魚肉含有較豐富的油脂；加上海灣深，風平浪靜使魚類的狀態維持穩定，魚的骨骼不會發展得太粗大，皮也不會太厚。

以小炒肉為例，這湖南傳統名菜，用青椒、紅椒炒豬前腿肉，雖屬簡單的農家菜，高廚下手仍十分講究，梁章鉅《歸田瑣記》講了一個故事，很有趣，抄錄於後：

> 年羹堯由大將軍貶為杭州將軍後，姬妾皆星散。有杭州秀才，適得其姬，聞係年府專司飲饌者，自云但專管小炒肉一味，凡將軍每飯，必於前一日呈進食單，若點到小炒肉，則我須忙得半日，但數月不過一二次，他手不能辦，他事亦不相關也。秀才曰：「何不為我一試之？」姬哂曰：「酸秀才，談何容易，府中一盤肉，須一隻肥豬，任我擇其最精處一塊用之。今君家每市肉，率以斤計，從何下手？」秀才為之嗒然。一日，秀才

喜，告姬曰：「此村中每年有賽神會，每會例用一豬，今年係我值首，此一豬應歸我處分，卿可以奏技矣。」姬諾之。屆期，果抬一全豬回，姬詫曰：「我在府中所用係活豬，若已死者，則味當大減。今無奈何，姑試之。」乃勉強割取一塊，自入廚下，令秀才先在房中煮酒以待。久之，捧進一碟，囑秀才先嘗之，而仍至廚下，摒擋雜物。少頃入房，見秀才委頓於地，僅一息奄奄，細察之，肉已入喉，並舌皆吞下矣。

一頭大肥豬僅精挑細選出一塊肉，這位小炒肉專業廚師恐怕真是天廚星下凡，僅服務年羹堯，當初在將軍府每個月只幹一兩次活，難怪對窮酸的新老公講話掩不住鄙夷，我若是她新老公大概會自卑到跳樓。

4

國人自古即知飲食養生，葛洪《神仙傳》載：「彭祖善養性，能調鼎，進雉羹於堯，堯封之於彭城，年七百六十而不衰。」這個傳說可印證擅烹飪者善養身，通過合理的飲食，能有效促進人體健康。

高明的廚師治事皆一絲不苟，袁枚的家廚王小余「工烹飪，聞其臭者，十步以外無不頤逐逐然。」王小余死後，袁枚為他立傳〈廚者王小余傳〉，此文乃飲食文化重要文獻，抄錄片段於後，以窺這位名廚的堅持，和美學思想：

> 小余治具，必親市場，曰：「物各有天。其天良，我乃治。」既得，泔之，奧之，脫之，作之。客嘈嘈然，屬饜而舞，欲吞其器者屢矣。然其簋不過六七，過亦不治。又其倚竈時，雀立不轉目釜中瞠也，呼張噏之，寂如無聞。眴火者曰「猛」，則煬者如赤日；曰「撤」，則傳薪者以遞減；曰「且然蘊」，則置之如棄；曰「羹定」，則侍者急以器受。或稍忤及弛期，必仇怒叫噪，若稍縱即逝者。所用堇荁之滑，及鹽豉、酒醬之滋，奮臂下，未嘗見其染指試也。畢，乃沃手坐，滌磨其鉗銛刀削笮帚之屬，凡三十餘種，度而置之滿箱。他人掇汁而捼莎學之，勿肖也。
>
> 或請授教，曰：「難言也。作廚如作醫。吾以一心診百物之宜，而謹審其水火之齊，則萬口之甘如一口。」問其目，曰：「濃者先之，清者後之，正者主之，奇者雜之。視其舌倦，辛以震之；待其胃盈，酸以厖之。」曰：「八珍七熬，貴品也，

子能之，宜矣。嗛嗛二卵之餐，子必異于族凡，何耶？」曰：「能大而不能小者，氣粗也；能嗇而不能華者，才弱也。且味固不在大小、華嗇間也。能，則一芹一菹皆珍怪；不能，則雖黃雀鮓三楹，無益也。而好名者又必求之于靈霄之炙，紅虬之脯，丹山之鳳丸，醴水之朱鼈，不亦誣乎？」曰：「子之術誠工矣。然多所炮炙宰割，大殘物命，毋乃為孽歟？」曰：「庖犧氏至今，所炮炙宰割者萬萬世矣。烏在其孽庖犧也？雖然，以味媚人者，物之性也。彼不能盡物之性以表其美于人，而徒使之狼戾枉死于鼎鑊間，是則孽之尤者也。

廚藝最明顯的外在表現是刀工，持刀技術在使原料厚薄、大小、長短符合烹調需求。如切肉時刀刃需與纖維肌理的走向垂直，或盡量接近垂直，切割出來的肉才會美觀、易於咀嚼。我有幾次在鐵板燒餐廳看廚師在食客面前耍弄刀具，看了生厭，心想這小子何不轉行去雜技團？

刀技最有名的大概是庖丁，莊子在《養生主》中描述庖丁為魏文惠王殺牛的情景，手、肩、腳、膝密切配合，刀割之聲與牛肉斷裂之聲合於音律，節奏美妙：「手之所觸，肩之所倚，足之所履，膝之所踦，砉然嚮然，奏刀騞然，莫不中音。」

刀子不僅是一件工具，背後猶透露文化、世故的層次。

日本名廚小山裕久斷言：刀工乃烹調手法之一，也是最基本的工夫，帶著控制口感和滋味的意義。他指出，以人體工學來講，食物切成一口的大小較恰當，是「刀工的原點」。

小山裕久以生魚片為例：料理名師切的生魚片，切口晶瑩剔透，上桌一段時間仍彈性十足，色澤明亮；普通人切的則會氧化變黑，水份逐漸流失。蘿蔔切絲亦然，這就是刀工的高下。

5

007情報員龐德愛吃，手藝也不錯，尤其擅長炒蛋；小說作者佛來明則不然，他的朋友考華（Noel Cward）說：「佛來明燒菜，味道像腋窩」（Ian Fleming's cooking always tasted to me like armpits）。

廚師必須保持敏銳的味覺，我主張廚師都應該戒煙戒檳榔，蓋香煙、檳榔這一類的刺激物會妨礙味覺，直接影響到料理，我每次吃到口味過重的菜，廚師大抵都抽煙。波依特不容許顧客在用餐時抽菸；只要被他發現有人抽菸，不管對方是否已結束用餐，都會立刻叫人送咖啡和帳單過去。

我曾經系統性考察臺灣的特色小吃，常流連於路邊攤、夜市，長期觀察得到一個結論：美食必定產生於潔淨的環境。骯髒的環境沒有美食，也有礙健康，骯髒的廚師不可能做出好吃的料理；如果竟覺得美味，肯定是你的舌頭壞掉了，應該看醫生。

日常三餐在家自烹通常不會太考究，自卑於烹飪者不妨讀讀《小婦人》，女主角喬（Jo）招待一位年輕男子的午餐：本來要加糖的水果沙拉加成了鹽，變酸的乳酪，馬鈴薯沒熟，腐壞的蘆筍，烤得焦黑的麵包，有疙瘩的膠質狀粗點，破碎的龍蝦肉臟。

我初次進廚房烹飪是煎牛小排，不知何故？煎出來是黑色的，珊兒年幼只會說實話，聞之掩鼻：「好噁心哦，誰敢吃呀！」不料焦妻兩眼發亮坐到餐桌前，竟有勇氣拿起筷子夾了一塊烏黑黏稠的牛小排送進嘴裡，使用非常嗲的聲調說：「好好吃喔，我從來沒吃過這麼好吃的牛小排。」多年後我才恍然領悟，實驗室的白老鼠，若身體誤觸了某個機制而有餅乾掉下來，牠就會拼命去觸動那個機制，心理學上稱之為回饋；我第一次做菜就得到這麼誇張的贊賞和激勵，從此每天燒菜孝敬焦妻，直到她去世。

能共同烹煮食物，是婚姻幸福的指標。文化研究學者萊姆古柏（Walter Leimgruber）指出，「女方若想離開丈夫，就會停止為他做飯。男方若想表達離婚，也會不再吃老婆煮的菜。」

亞裔名廚 David Chang 把庶民小吃發揚光大，在美國紅火，紐約時報贊賞他「救起了當代亞裔美式菜肴的風潮」。他卻奉勸想成為大廚的人：「不要去上任何餐飲學校」。高廚的養成更重要的是自我教育，是長期專業知識的儲備。

早乙女哲哉認為好廚師都具備高度探索新知的精神，他平常特別喜歡觀看有關實驗性或探討科學知識的電視節目。

6

廚師中我尤其欣賞伊麗莎白．大衛（Elizabeth David, 1913-1992），她的文筆十分精妙，筆鋒常帶著食物的氣味，色彩和氣氛。她的傳記作者寫道：「她先成為作家，然後才以美食為主題。」

世人公認她是改變英國人飲食與烹飪態度的功臣，她帶來的影響極為深遠，即使說她徹底改革了飲食寫作亦不為過。這個複雜、矛盾又具啟發性的女人，在如今的名流與電視主廚世界裡肯定顯得格格不入。她的文章充滿了趣聞軼事，和論點精闢的憤怒指責。大衛不僅對英國人的飲食方式產生重大影響，更說服了一整個世代的人相信：廚房可以成為家庭的中心，而非隱藏於一角、專用於烹調的地方。

明末時秦淮名妓董小宛廚藝高超，天姿聰慧，對烹飪的見解相當高明：「火肉久者無油，有松柏之味；風魚久者如火肉，有鹿麂之味。」她善於製作桃膏，瓜膏，醃菜和飲料。

不過博庫斯不贊成美女下廚：「我比較喜歡美女待在我的床上，而不是站在餐廳的爐灶前。我喜歡我的女人身上散發迪奧和香奈兒的香水味，而不是油煙味。女人是好廚師，可是她們不是好主廚。」

名廚杜卡斯（Alain Ducasse）形容他為法國料理界性情乖戾的教宗（the grumpy pope of French cuisine）。法國美食餐廳指南 *Gault & Millau* 封他為「世紀之廚」（Chef of the Century）。

多年前我到里昂第三大學開會，巴望可以去博庫斯的餐廳吃一頓，卻苦無機會，至今引以為憾。博庫斯真正的成就，在於將原本地位低下的主廚變成明星。他回憶父親的年代：「主廚就像奴隸，生活在又臭又熱的地下廚房裡，而雇主則是在用餐區四處遊走。等到這些廚師的職業生涯結束，通常已經變成酗酒的笨蛋。」

如今主廚之所以能成為明星，要歸功於博庫斯，大家都欠他一份人情。

當今廚師的地位越來高了，我在里昂，見地鐵站、公車站、市場以廚師為名。美國郵局也以名廚作主題，發行「名廚永久郵票」（Celebrity Chefs Forever Stamps），諸如詹姆斯．比爾德（James Beard）、茱莉亞．柴爾德、愛德娜．路易斯（Edna Lewis）、費利佩．羅哈斯－隆巴迪（Felipe Rojas-Lombardi）、華裔廚師喬依斯．陳（Joyce Chen）。

從前廚房裡的技藝，是父權社會對女人的基本要求，《幼學瓊林》：「蒸梨出妻，曾子善全孝道」，曾參因妻子給他後母蒸梨不熟，就把妻子給休了。

日本作家遠藤周作似乎很緬懷從前的大男人主義，敘述男人傍晚回家只對老婆說三句話：「洗澡」，「吃飯」，「睡覺」。老婆則是恭恭敬敬，伺候丈夫洗浴，煮晚餐，舖被睡眠。他瞧不起現在的老公會圍起圍裙洗碗盤；說從前，老婆若做菜難吃，只要把飯菜往前一推，道聲「不吃了」，老婆立刻汗顏哆嗦。婆婆也以荼毒媳婦為美德。

自西方婦女解放運動高漲，早已深入到文化、飲食領域，這類父權社會的反動者不可能歡喜下廚，也不會懂得飲食，值得被女性唾棄。對食物充滿熱情，對烹飪就會充滿熱情。

烹飪應該是男人的工作。廚房是危險的所在：高溫，噪音，地板濕滑，到處是尖銳的器具，滾燙的油或水，在裡面常不免燙傷、割傷，難道好意思將殺魚、宰雞、油炸之類的活交給女人？

在這樣危機四伏的地方工作不太可能沒受過刀傷、燙傷，或其它也許更嚴重的傷害。那是殺生的所在，總是鮮血淋漓，抽搐著的屍體，被掏出的動物的內臟，文藝復興後期的義大利畫家坎皮（Vincenzo Campi）的畫作《廚房》雖有凶殘的角落，每個人在血腥中都神情愉悅。

多年來我一直在提倡「君子近庖廚」，遠庖廚的男人都膽小懦弱。男人進廚房是一種擔當，為了愛，生活，營養。男子漢若不能為親愛的人料理一頓飯，肯定是個失敗者，失敗的兒子，失敗的情人，失敗的丈夫，失敗的父親，註定要被冷落。
我堅信，對食物有多熱情，對生活就會有多熱情。厭惡廚房就是厭惡生命。

論美學家

詩集《完全壯陽食譜》出版後被誤會成美食家，常有餐館邀請去試菜；我生性嘴饞，也從來不反對別人請客，乃無宴不與。然則吃久了不免心虛，人家餐館老闆請飯，無非希望得到一點意見，我草包一個，懂什麼美食？為了在餐館老闆面前吹噓，遂趕緊惡補飲食知識，努力閱讀相關典籍；沒想到竟讀出興趣，忽焉二十幾年，大致保持每天閱讀的習慣。

於今回顧，我之研究飲食文化是從貪吃和吹牛出發的，一種膨脹的誇耀意識；後來發現，這種誇耀意識普遍存在於世俗化的美食家之中。在臺灣，當「大師」非常容易，常見朋友間互相戲稱大師，也不乏自稱大師、食神之流者，其實往往腹笥貧窘。

很多人聽了餐館經理說菜，就以為自己是美食家了。美食家並非資訊提供者，這年頭幾乎所有媒體都大量報導餐飲資訊，沒有人會真的缺乏。美食家也不是大胃王，更非誇耀吃過什麼昂貴食品或怪東西者。

像我這種貪吃鬼充其量只是吃貨，還沒有資格成為美食家（gourmand）；法文的 gourmet 則指美酒家，愛好葡萄酒的專家。我長期是一個過度飲食者（overeaters），即使牙疼，也毫不動搖對美食的欲望。

那植牙醫師完全像獸醫，他一次拔掉我4顆牙齒，持續的疼痛和流血，整個下午癱在沙發上冰敷，雖則奄奄一息，心中猶渴望吞下一大碗冰淇淋。可能是天生有極強的自我憐憫能力，植牙那段時間醫囑吃點流質食物即可，我覺得自已不能吃東西很可憐，遂吞掉大量的粥、木瓜牛奶、果汁；療程結束，竟胖了3公斤。

我為何這麼沉迷於食物呢？修苦行的出家人大約會認為吃飯只為一具色身，沒什麼滋味可言。我之貪吃，恐怕和日本詩人種田山頭火（1882-1940）差不多，他雖然出家為僧，卻有一付放縱食欲的鐵胃，食量驚人，行乞時滿腦子在想今天能化多少緣？吃些什麼？我曾在山口縣火車站前的小公園看過種田山頭火的雕像，無法想像眼前這個有點矮小的花和尚，暴食程度竟勝過魯智深。

布里亞．薩瓦蘭斷言美食主義是一門大學問，集雅典之優美、羅馬之雍容、法國之精巧，並匯聚高深之設計和高超之表演於一體，熔美食之熱誠、明智之鑒別於一爐。其高貴的品質可以用美德一詞來概括，此外，它同時也為我們提供最純粹的快樂。他說：「暴飲暴食是美食主義之敵；消化不良和爛醉如泥都是罪惡，務必從美食家名單中刪除（Gourmandism is the enemy of excess; indigestion and drunkenness are offences which render the delinquent liable to be struck form off the rolls.）」。

這就牽涉到食物的進出口問題。消化能力不僅顯示出器官優劣，也關係著個性。經常消化不良者，情緒必定長期低落。薩瓦蘭斷言詩人的悲喜屬性取決於消化能力：喜劇詩人屬排便正常者，悲劇詩人屬便秘者，田園牧歌、輓歌詩人屬腹瀉者。

華人餐館常歡喜吹噓曾有某某政治人物光臨該店。其實政客通常很乏味，每天忙碌於撈錢，滿腦子和胃腸都充塞著權位野心，吃飯只有止飢解渴的目的。拿破崙吃飯就馬虎而快速，而且沒有規律，肚子餓了就要立刻狼吞虎嚥。

美食家逯耀東教授生前謙說飲食是「小道」。飲食絕非小道，它是文化的最核心，張大千就愛以吃論畫，以畫論吃，曾教導弟子：「一個人如果連美食都不懂得欣賞，他又哪裡能學好藝術呢？」

蓋鑒賞美味必須器官的精密度，配合集中精神的能力，真正的美食家都有敏銳的心靈，和深厚的人文涵養。我最厭煩誇耀財富式的飲食習慣，《晉書》：何曾性奢豪，務在華侈，廚膳滋味，過於王者，食日萬錢，猶曰無下筯處。袁枚管這類誇耀性的食物叫「耳餐」，「耳餐者，務名之謂也。貪貴物之名，誇敬客之意，是以耳餐，非口餐也」。

食欲即生之欲，于右任：「人生就像飲食，每得一樣美食，便覺得生命更圓滿一分，享受無味甘美，如同享受色彩美人一樣，多一樣收穫，生命便豐足滋潤一分」。芥川龍之介自殺前對食物已了無興趣，甚至帶著恐懼，和強烈的罪惡感。美食家自然對吃充滿熱情，食物出現前熱烈期待，接著細心品味，再通過有效的敘述回味。

愛吃的人多深諳廚藝，諸如張大千、譚延闓、王世襄、汪曾祺……大風堂食單聞名久矣，凡在張大千家裡當過差的廚師，出去開餐館都非常紅火。當年于右任在家款待毛澤東、周恩來、王若飛等人，亦親自制定菜單。

譚延闓家大官大，飲膳務求精細。後人道譚府家廚為「譚廚」者，係指為譚延闓作菜，並經過譚延闓指點的家廚曹藎臣（曹四）及其弟曹九。譚延闓位高權重，經濟寬裕，用料不惜工本，幾近豪奢，諸如一道鹹蛋黃燒芽白心，只取前一天晚上剛收割的黃芽白，去邊取嫩心，譚府吃這道菜，門外垃圾堆裡儘是黃芽白葉，這天，也是街坊鄰居的窮人最高興的時候。又如炒麻辣子雞，只取750克左右的嫩子雞胸脯肉，三隻雞才能炒一份。梁實秋說：「從前南京的譚院長每次吃烤乳豬是派人到湖南桂東縣專程採辦肥小豬乘飛機運來的」。

喬治．桑在 1866 年 2 月 3 日的日記裡記載親嚐大仲馬的廚藝：「這頓飯是大仲馬親手做的，從湯到沙拉，總共十來道菜，全都可口無比」。大仲馬不僅是美食家，精通廚藝，人生的最後幾年專注在廚藝上，他很高興烹飪藝術的名氣幾乎蓋過了文學：「能在一個新的領域有所成就，我遺贈給子女的不僅僅是書——那些書他們可以受用 15 年到 20 年——還有鍋瓢碗盞，這才是他們受用不盡的，而且還可以遺贈給他們的後代。我遲早會為了掌勺而封筆，這是在為我一座新的豐碑奠基」。

又如陸游，廚藝恐不遑多讓於蘇東坡，我們讀詩作〈洞庭春色〉、〈山居食每不成肉戲作〉、〈飯罷戲作〉，當可略知他的手段。

品嚐美食是審美活動，不能缺乏敏銳的心靈和知識底蘊。臺灣「米其林」綠色指南竟將滷肉飯譯為"Lu (Shandong-Style) Meat Rice"，並解釋作法和來源：「豬肉塊與洋蔥炒過後煮熟，是緣起於山東（中國東北）的著名小吃」，所述作法和起源完全錯誤。

接受電視臺採訪，才知道這本米其林綠色指南是政府花數百萬元委請他們製作的。本來不值得回應，可米其林這種文化現象，竟令我們帶著一種自我臣服的情結，面對洋人的味覺，自信心常集體崩潰。洋人舞動著他們的舌頭，指揮國人的味覺。

沒多久，又聽說有美食家附會「魯肉飯」源自山東，並斷言它就是周天子常吃的八珍之一「淳熬」。似是而非的理解更令人錯愕。首先，臺灣的街頭巷尾，有不少店家誤將「滷」肉飯寫成「魯」肉飯，這類筆誤隨處都有，吾人見怪不怪，卻和山東毫無瓜葛。何況周天子的所在地是洛陽，在今天的河南西部，不在山東。

最早記載八珍的文獻見於《周禮．天官冢宰．膳夫》，周天子每天食用的八珍中「淳熬」、「淳母」兩種都形似今天臺灣的滷肉飯，也形似中國大陸的肉醬蓋澆飯；形似卻相異。《禮記．內則》解釋淳熬：「煎醢，加于陸稻上，沃之以膏」。說明淳母則是：「煎醢，加于黍食上，沃之以膏」，淳母和淳熬一樣，只是改旱米為黍米，一樣將煎好的肉醬加油脂覆在米飯上。

醢，是以肉類為主料製成的肉醬，製法是先曬乾肉，剁碎，加鹽、酒，拌入酒麴，密封待其發酵後食用。可見淳熬是醃漬過的肉醬，加上動物脂油，覆於米飯上，作法、形式、內容都迥異於臺灣的滷肉飯。

此外，臺灣滷肉飯使用豬肉臊，不曾出現周天子所吃「六牲」中的肉類：牛、羊、犬、雁（鵝）、魚。周天子吃飯，得上120甕醢，除了用六牲醃製，還不乏雞、兔、鹿、麋、蛤、蚌、蟹、蝸牛所製作的肉醬。與其說現在的滷肉飯是三千多年前的淳熬，不如說淳熬、淳母像罐頭鯷魚、罐頭鯰魚澆飯，古代的冷藏條件差，盛行醃漬食物，又油又腥的罐頭鯷魚和鯰魚才像。

起初，路邊攤未加考究，誤將「滷」作「魯」，因襲日久，有些店家遂以訛承訛。我們毋需計較攤商寫錯別字，萬萬想不到世俗化美食家大膽至此，竟望字生義，據「魯」胡扯。

世俗化美食家的共同特色是講話沒有根據，常胡說八道。另一知名美食家還對記者說：「魯肉飯百分之九十九點八出自山東應該沒錯。以四書《孟子》出現的『膾炙』一句來說明，『膾』是生肉片，切成條狀，用『炙』的方式處理，然而，兩個字相合為『膾炙』的解釋多元，現代人習慣解釋為『烤肉』，但其實也蘊含『滷』的意義」。這段敘述非常滑稽，穿鑿附會已嚴重到走火入魔的地步。蓋膾乃細切的魚肉，亦泛指切割，《禮記．少儀》：「牛與羊魚之腥，聶而切之為膾」。鄭玄注：「先藿葉切之，復報切之，則成膾」。《詩．小雅．六月》：「飲食諸友，炰鼈膾鯉」。

也不知道什麼緣故，現在四面八方都是美食家，我們走在街上不小心就會撞到美食家。然則美食家絕非一天到晚吹噓吃過什麼稀珍的人；哎，從前的美食家是要讀書的，心靈也要夠敏銳的，味覺要夠靈巧，講話也要誠實，像蘇東坡、陸游、李漁、袁枚、朱彝尊……

遠藤周作看不慣裝模作樣的老饕，說自己是世俗化老饕眼中的歪道，進了壽司店，會先吞個新鮮的海膽壽司，再來個布滿油花的鮪魚中腹壽司，最後吃炭烤蝦壽司；這種吃法是最被他們鄙棄的。他認為真正的老饕，要「以自己的舌頭吃遍連市井小民都不知道的小店，並用自己的味覺去『發現』美味，或借此鍛煉自己的舌頭以察覺到美味」。美食家總是忠於自己的感覺，不會裝模作樣。

美好的食物會徘徊在腦海裡，喚醒呆滯的味蕾，然則什麼是美食？我心目中的美食無涉價錢，而是好食材，遇到好廚師，認真仔細操作。鄭板橋在寫給弟弟的信中提到貧窮的漁人，「取魚撈蝦，撐船結網；破屋中吃粃糠，啜麥粥，搴取荇葉蘊頭蔣角煮之，旁貼蕎麥鍋餅，便是美食」。

好食材是當令當季的健康材料。日前來到番禺沙灣鎮「紫坭魚庄」，傍江營業，沒有菜單，每天的菜式視當天魚獲而定，價格則隨行就市，店家僅問了人數，就上捕撈到的魚，只加了適量的鹽、油清蒸，也談不上火候，比較特別的是堅持燒柴火；蒸得有點過度的黃花魚、立魚、邊魚、鱸魚皆不稀罕，擺在鐵盤上，模樣簡單到幾近笨拙，粗糙卻質樸；邊吃飯邊觀賞江上行船，覺得魚肉十分鮮嫩細滑，滋味美妙，又充滿野趣。

這就是原味的魅力了，原味和新鮮，提醒我們把握當下，珍惜目前。大凡美食皆追求甘美純淨，它喚起的不僅味覺感受，更是掩不住的愉悅。

從青年到糟老頭，我一直維持著旺盛的飢餓感，從前覺得自己一天比一天胖，現在是一餐比一餐胖，雖則不想把自己的肚皮當上帝來崇拜。約翰遜博士說得好：我在意我的肚子；不在意肚子的人，也不會在意別的事情。

論啤酒

1

螺旋槳小飛機降落合肥駱崗機場時已黃昏，我領取行李，步出機場張望，同機的旅客和迎機者已杳無蹤影，停車場上只剩下兩輛準備下班的出租車。我根據一本臺灣出版的探親旅遊指南，告訴司機要到「稻香樓賓館」，這本標明「最新版」的書編得非常粗糙，內容率皆抄襲舊資料，就以合肥市來講，它僅提供這家旅館。「稻香樓啊，那是我們毛主席住過的。」

那是1989年秋日，夕陽很斜很斜，把遠處的紅磚牆和紅瓦厝染上一層詭異的黃，我提著皮箱走在殘照中，彷彿走在歷史斑駁的古道上。

旅館房間蚊子多，在夢與醒之間飛來飛去，我半夜就再也無法睡覺了，起身靠著壁燈閱讀，吸煙，啜飲青島啤酒。初飲青島啤酒，淡色，低度，味道和臺灣啤酒接近，都帶著德國的血統，我知道它添加了小米釀製;臺啤則添加蓬萊米。

梁秉鈞〈啤酒館〉一詩描述到啤酒的釀造：「有些秘密的容器、盤捲的銅管／通往無數冰涼的浩瀚的海洋／每一種來自一個特殊的產地／有個黑色大衣的神秘蒙面創造者／每一種啤酒／都有一種性格在背後」。現代技術及原料多樣化，使得世界各地的啤酒廠可以釀造出幾乎任何風格的啤酒。啤酒不存在全球性的風格標準。

之所以有各種風格，主要是酵母在起作用。釀酒師會培養並繁殖專屬的酵母菌種，以保持啤酒口味的一致。發酵初期，浮在液面的泡沫叫酵母頭（krausen），有些老派的酒廠撈起泡沫，作為啟動下一次的發酵反應。

德國對啤酒發展史和釀造科學的貢獻大概比任何國家都要大。德國還是酒花普及運動的發起國，1516 年巴伐利亞公爵威爾海姆四世頒布的《純粹法》（*Reinheitsgebot*）把酒花列為啤酒的四種必要成分之一。

2

1999 年冬天，我在慕尼黑豪夫布勞豪斯（Hofbräuhaus）皇家啤酒廠喝了兩晚，第一晚扶醉走回下榻的酒店時，見大廳擺了一籃青蘋果供住客取食，籃上寫了一行字：「一天一個蘋果，醫生遠離我」，我覺得自己喝了那麼多啤酒，吃了那麼多豬腳，確實應該吃點蘋果平衡一下心理。翌日清晨我醒來，發現自己衣冠整齊靠坐在床頭，嘴裡猶含著那粒咬了一口的青蘋果，彷彿中元普渡時一頭祭祀的神豬。

豪夫布勞豪斯啤酒廠是威爾海姆公爵五世於 1589 年建立，建築恢宏堂皇，設有四千個座位，乃慕尼黑啤酒節的中心會場。那是很難不喝醉的所在，總是令人快樂得要命，大廳有一支樂隊演奏著，走到門口就覺得要用跳舞的姿態走進去。女服務員端著好幾大杯棕色啤酒的托盤穿梭在條桌條凳間，舉重若輕。我不記得第二晚醉酒的程度，以及發生過什麼事情，只記得走進旅館大廳，抵死不肯再拿青蘋果當神豬。隔日清晨醒來，發現我躺在浴缸裡：不知是否接近當年賀知章「眼花落井水底眠」的窘境？

好啤酒都有優良的傳統，德國啤酒釀造歷史有著濃重的僧侶傳統，慕尼黑市北郊，威亨斯蒂芬（Weihenstephan）啤酒廠曾是天主教本篤會修道院，乃世界上最古老的啤酒廠（約 1040 年），直到今天，他們所釀造的威斯（Weiss）啤酒仍暢銷在巴伐利亞各酒館。慕尼黑市的德文名稱 München 源自 mönchen，即德語僧侶。

戊戌變法失敗後，康有為流亡歐州，意外驚豔貓匿（慕尼黑）啤酒之魅力，贊為天下第一：「貓匿之啤酒名天下，吾飲歐美各國之啤酒矣，皆略有苦味，不宜于喉胃，惟貓匿之啤酒入喉如甘露，沁人心脾，別有趣味。德國人人無有不飲啤酒者，其飲啤之玻杯奇大如碗，圓徑三四寸，有高八寸而圓徑二寸，初視駭人，全歐美所無也。」他在《康有為遺稿：列國遊記》中自稱性不飲酒，卻迷戀慕尼黑啤酒，「每至食廳輒思貓匿啤酒，不一飲之則喉格格索然」，每天喝，連續喝了半個月，還作了一首詩歌詠：

啤酒尤傳免恨名，創於湃認路易傾。
吾曾入飲王酒店，三千人醉飲如鯨。

詩中「湃認」即拜仁州（Freistaat Bayern），「路易傾」即 Ludwig Konig，康有為在此又將 Munchen 譯為「免恨」，並自注：「吾飲啤酒尤愛免恨牌，免恨英音讀貓匿。此酒創於湃認王，路易德音呼王為傾。有王酒店，吾飲焉，大容三千人，沉湎常滿飲者，琉璃杯大如斗，然德人之肥澤由啤酒，醉不害事，亦飲中之佳品也」。

啤酒在康有為的心目中形同良藥，帶著救亡圖存的意義，甚至希望引進啤酒改善中國人體弱之病：

吾國人面黃瘦枯，而德人顏如渥丹儀表壯偉冠天下，則啤酒之功之賜也，適足

> 為吾國人醫黃瘦枯槁之病，則啤酒最宜于吾國人者也。凡他酒皆醉人甚劇，而生禍患甚烈，惟啤酒涼如冰雪，醉人醺醺而不烈，于養顏致肥偉最宜。然則吾國人不可不飲啤酒而自制之，製啤酒不可不師貓匿，不可不延貓匿人。

酒商應將這段話奉為行銷廣告。我飲過的德國啤酒皆屬貯藏啤酒（lager），德國因開發了貯藏啤酒而蜚聲全球。貯藏啤酒原指在阿爾卑斯山麓小丘的洞穴中儲藏啤酒，這種傳統做法可上溯到15世紀初。山洞中較低的溫度使發酵過程緩慢而清潔，使德國啤酒具備了獨特性。直到19世紀初有了冷藏技術以後，才開始大規模商業化生產貯藏啤酒。

3

不同啤酒所需的釀造時間不同。從原料到成品的釀製過程通常1週到8週不等。生芽的大麥經過粉碎，製漿，加工成麥芽汁，過濾後加入酒花，煮沸。麥芽汁冷卻後加入酵母，發酵完成後經澄清處理即可上市。

啤酒是最古老的發酵飲料，人類遠自新石器時代即開始喝。古老的神話也不乏喝啤酒的記載，美索不達米亞的眾神就很愛設筵灌啤酒，不過祂們的酒品欠佳，醉了常在筵席上起衝突。

日耳曼語系的神話中，釀造啤酒和諸神的力量有直接的關連。後世很多智者都明白啤酒這種好東西不宜疏遠，那金黃的瓊漿簡直就是快樂的源泉。埃及法老時期，法老接受啤酒以抵稅款，也以啤酒代發工資；並設有官員總監啤酒，負責皇家御用啤酒的質量和水平。古埃及諺語：「不要停止喝啤酒，要享受佳餚，要陶醉自己，要做愛，要慶祝那美好的歲月（Do not cease to drink beer, to eat, to intoxicate thyself, to make love and celebrate the good days.）。」

特雷納（Kevin Trayner）在《啤酒手冊》（*The Beer Drinker's Handbook*）指出：蘇美爾人發明輪子，創制楔形文字，創作最早的史詩，並研發出釀酒技術。他們獻給釀酒女神尼恩嘉茜一首贊歌，贊歌是最古老的啤酒配方：粑啤爾（蘇美爾麵包）碾碎後與水、香料、大棗、葡萄乾、蜂蜜混合，裝入開口的容器中置於戶外，等待天然酵母「顯靈」。

啤酒傳統由家庭釀造，許多修道院也是釀酒中心，因為修道院必須自給自足，他們種植蔬菜、酒花，製作麵包，釀造啤酒；中世紀以來，很多修道院也是釀酒坊。修道院是全歐洲最重要的啤酒中心，這傳統被比利時的特拉普啤酒廠（Trappist）和修道院啤酒廠傳承至今。

比利時的修士們和德國僧侶一樣，釀製烈性啤酒以度過不能進食固體食物的封齋期。他們開創了釀製啤酒的傳統，成就了別國未能匹敵的多樣化的風格。

正如很多好茶在中國的寺廟中產出，許多好啤酒來自修道院。我曾告訴輔大外語學院院長康士林（Nicholas Koss）修士，出家人把一生奉獻給神，應該飲最好的茶、最好的酒，用這樣的身體侍奉神，才是對神最大的敬意。他笑得很開心：「那要由你來說，我們自己不好意思說。」

富蘭克林（Benjamin Franklin）明白神的回報，他斷言：「上帝愛我們，希望我們快樂，啤酒就是證明（Beer is proof that God loves us and wants us to be happy.）。」

4

雖然啤酒起源於肥沃月彎，可惜遭宗教歧視，當地幾乎找不到啤酒。現在全球最大的啤酒消費市場，主要還是集中在歐洲較少受到地中海文化影響、葡萄生長不易的地方，諸如德國、愛爾蘭、比利時、英國、丹麥、盧森堡、奧地利，和美國。

19世紀末葉，貯藏啤酒和大規模生產技術引進美國，也湧入很多德國移民，移民中有不少啤酒釀酒師。新建的美國啤酒廠如安赫森／布什（Anheuser/Busch）和米勒（Millers）顛覆德國傳統，添加玉米或大米，以增加產品的酒力。玉米一開始就是美國貯藏啤酒中的一種特定成分，產生了獨特口味。上次我喝到的「藍帶1844」較特別，酒精度數稍高，約15度，開瓶時先聞到果香，慢慢啜飲，才釋放濃郁的蜂蜜和麥香，非常迷人，難怪那麼貴。

美國是啤酒風格的大熔爐，也是全球最大的啤酒生產國。有些英國、德國和比利時風格在發源地已式微，在新世界卻獲得了繁榮。

朝聖者們在普利茅斯洛克（Plymouth Rock）登陸的原因，有可能是船上的啤酒已經喝光。五月花號上一名乘客在1620年12月19日的日記寫道：「我們不能再花太多時間尋找了，船上的儲備即將用盡，尤其是啤酒。」對第一批殖民者來說，耗盡啤酒的事態嚴重，因為很多水源已被污染，不能安全飲用。

初次去紐約，一天下午我來到南街海港，坐在河邊的平臺喝啤酒，望著東河上來往的遊艇、帆船，和布魯克林大橋，好像還聞到富爾頓魚市場的氣味。忽然看到大一時教我劇場管理的尹世英老師迎面走來，原來她已經移民美國。

這裡是曼哈頓，1632 年，荷蘭東印度公司在此建立了美國第一家啤酒廠。美國的締造者中有不少人是釀酒師，包括喬治．華盛頓，托馬斯．傑弗遜，塞繆爾．亞當斯；亞當斯擁有一家商業化啤酒廠。獨立戰爭（1776～1783）期間，美軍每天發給士兵的給養中包括一夸脫啤酒。

啤酒可粗分兩大系統：艾爾啤酒（Ale）和貯藏啤酒。美國的主流風格是美國貯藏啤酒，一種皮爾森的低濃度風格。美國的啤酒愛好者好「大」：大酒花，大濃度，大酒頭（big hops, big body and a big foamy head）。

酒花是美國啤酒獨特口味的關鍵。美國啤酒通常突出其酒花口味，而不是維持酒花與麥芽間的平衡。因此，美國啤酒比它的歐洲遠親苦味更濃，酒花口味和芳香更明顯。

多年後我又來到紐約南街海港，仍買了啤酒坐在東河旁的休憩碼頭，正想著該不會這麼巧又遇見尹世英老師吧？遠遠竟看見尹老師出場，人事之偶然竟如劇場。

5

比利時啤酒最有個性，也最多樣；比利時人非常愛喝啤酒，啤酒在這裡得到應有的尊重和禮遇。比利時的讓・普賴默斯公爵（Duke Jan Primus, 1251-1295），也稱加布瑞納斯（Gambrinus）人稱「啤酒之王」，相傳他在一次宴席中能飲 144 大杯啤酒。

好像只有比利時啤酒才會出現葡萄酒術語，像某些啤酒廠會使用佳釀（cuvée）、特級佳釀（grand cru）來標記年份啤酒。

有一段時間我迷上比利時啤酒，每天喝，大約喝了三十幾種。比利時啤酒繼承了中世紀修道院的釀酒傳統。我喝過 Achel, Orval, Westmalle, Chimay 這幾家修道院釀造的啤酒。

比利時出產多種烈性艾爾，顏色有金黃有黑，也許是為了警告飲者酒勁很強，多數用與魔鬼有關的詞匯或圖案為商標，如莫爾嘉特（Moortgat）的魔鬼（Duvel）即是一種經典的烈性金黃色艾爾。

蘭比克（Lambic）是比利時的傳統啤酒，此酒不使用人工酵母，而是以空氣中飄浮的野生酵母自然發酵製成；不過很奇怪，這種啤酒只有布魯塞爾近郊才能製造出來。蘭比克富於變化——加入香料、焦糖就變成甜啤酒法羅（Faro），放入酒桶內長期貯存熟化，再把老酒、新酒混合調配，並加強氣泡效果，就變成古茲（Gueuzu），長期貯存熟化後，再注入酒瓶進行二度發酵，就是有點像香檳的布利甘德（Brigand），古茲啤酒加入櫻桃、黑莓、百香果、桃子或其它水果，就變成克力克（Kriek），即水果蘭比克。比利時畫家老彼得・布萊蓋爾（Pieter Brueghel the Elder, 1525-1569）創作了大量反映農民日常生活的繪畫作品，有一幅《農民的婚禮》，人們在婚宴中喝一種粉紅色啤酒，即是水果蘭比克。

比利時啤酒之命名常帶著酒徒的幽默感，我喝過諸如「驟死」（More Schbit）酸啤酒、「斷頭臺」（Guillotine）三倍金啤酒。常喝的是「精神狂亂」（Delirium Tremens）三倍啤酒，這款啤酒有比較顯著的果酯香，商標是一隻粉紅象，據說粉紅象乃是酒精中毒者常見的幻象。

6

我難忘在倫敦小酒館站著喝啤酒的夜晚，盯著電視看歐洲杯足球賽轉播。很難想像看足球賽沒有啤酒怎麼辦？

英國啤酒廠一向致力於酒花、麥芽之間的平衡。世界上大多數現代風格的艾爾，包括苦啤酒、淡色艾爾、蘇格蘭艾爾、史多特（stout）和波特等，都源自英國和愛爾蘭。這些古典風格至今仍然是衡量同類啤酒的標尺。

倫敦早期是啤酒工業發展的理想地方：人口眾多、密集，缺乏衛生系統，對倫敦人來講喝啤酒比喝水好多了，因為啤酒能抵抗有害微生物和疾病。成人和兒童都可飲用的啤酒叫「小啤酒」或「餐桌啤酒」，雖然酒精度較低，但為了保存而添加較多酒花。「倫敦艾爾」成了卓越、自豪和優良品質的代稱。

從前我誤會啤酒都要冰涼地喝，大口灌下。其實不一定，有些啤酒喝太大口只會領略到苦味。而且英國人習慣喝平淡而溫吞（flat and warm）的啤酒，碳化程度低，飽脹感較輕；這些啤酒的設計飲用溫度一般是酒窖溫度或略低一點，溫度太低會影響口味。

低溫也會降低舌頭的敏感，突出酒花和苦味。

最近我愛上了西班牙金星啤酒（Estrella Damm），大麥芽和小麥混釀的貯藏啤酒，琥珀色澤，低酒精度，氣泡綿密細緻，乾爽，清冽，新鮮，香氣豐沛，悠長，含蓄著輕度的烘烤的麥芽氣息，和果酯味。這款酒就適合5℃～7℃品飲。

地中海氣候爽心宜人，尤其適合痛飲貯藏啤酒或皮爾森，我曾旅經義大利蘇蓮多(Sorrento)，非常懷念那裡的蔚藍海岸，和山坡上結實纍纍的檸檬黃，坐在小餐館望海，無論檸檬酒或皮爾森都飽滿著溫柔的韻味。旅遊業促進地區啤酒消費的穩定增長。

Teo Musso 研發的義大利手工啤酒有著比利時血統，他創立的 Baladin 啤酒廠附設有實驗室，宣稱使用阿爾卑斯山的潔淨純水。我喝過他們的淡色啤酒 Isaac，Nora，Nazionale，和濃色啤酒 Super，Leön.，Nazionale 除了麥，酒花，酵母，另添加義大利香料佛手柑和香菜，香氣襲人神志，苦得很有想像力。

7

么女阿雙國中畢業我帶她旅遊東歐，對捷克印象深刻，那天下午我們遊伏爾塔瓦河，船上播放著史麥塔納 (Smetana) 的交響詩，橘色的屋頂，查理士橋，河堤邊的咖啡座，野鴨，城堡，教堂，彩色的倉庫，市集……

在卡羅維瓦利（Karlovy vary），我們到「好兵帥克」餐館午餐，喝啤酒;，那捷克豬腳表皮似皮革，裡面卻腴嫩富嚼感，風味甚佳。餐廳就是用雅・哈謝克的小說《好兵帥克》命名，據說該書的大部分章節就是作者在啤酒館喝著啤酒寫成的。

我在超市又買了皮爾森・幽桂爾（Pilsner Urquell）和公羊（Kozel）兩罐啤酒回旅館喝。捷克是皮爾森啤酒的誕生地，起源於捷克皮爾森地區的一種金色啤酒，現在只使用貴族型芳香酒花，尤常使用薩阿茲酒花（Saaz hops）。薩阿茲酒花使皮爾森啤酒具有獨特的鮮花和香料的味道與芳香。另一關鍵成分是當地不含礦物質的軟水，使啤酒有了柔滑的口感，並令酒花口味能淋漓盡致地呈現。九世紀以降，波希米亞一直是重要的酒花種植中心，皮爾森的氣候特別適合培育優質啤酒花。

公羊啤酒有明顯的鮮花和香料氣味，金黃色澤稍深，十分順口；皮爾森啤酒的酒花味較厚重，個性較強，將近兩百年來，這種透亮金黃的貯藏啤酒仍被奉為標準的皮爾森風格，經典的品種。

皮爾森啤酒帶著輕度苦味的啤酒，也帶著德國啤酒血統，口感柔和，花香奇妙，其釀造技術為世人所樂道，北京「豪夫門」啤酒坊和新加坡「虎」牌啤酒都標榜皮爾森技術。

捷克最迷人之處是酒比水便宜，全球最嗜啤酒的是捷克人，每人平均每年喝掉 170 公升。

8

四千多年前，美索不達米亞地區已經種植大麥，可能就是為了釀造啤酒。人類從狩獵，採摘，到農耕，常是在順應啤酒釀造的需要；我們可以武斷地說，啤酒推動了人類文明的腳步。

吾甚愛啤酒，數十年來，似乎未遇不愛啤酒的人，公元 612 年被封為法國梅斯主教的阿諾德（Arnold, b. AD580）相信啤酒是上帝賜予的禮物：「人類的汗水和上帝的慈愛，把啤酒帶到凡間來（From man's sweat and God's love, beer came into the world）。」

這種黃金般飲品的芳香和愛情一樣，都很短暫，不穩定，應珍惜它出現的每一段時光。倒啤酒時要「杯壁下流」，喝的時候最好「同歸於盡」；蓋一般啤酒適合乾杯，一口喝下更能領略啤酒的餘味和尾韻。傾斜酒杯，沿著內壁緩緩細流，隨著酒液上升，慢慢調整傾斜度，扶正酒杯；無論多麼口渴，都不可倒太快太猛，否則酒頭泡沫會忽然溢出酒杯。

傾倒時眼睛可欣賞其色彩與清澈;耳朵可聆聽泡沫上升形成酒頭所奏出的音響;鼻子可享受酒花的芳香,酵母的甜香,麥芽的焦香;舌頭可品賞苦,酸,甜等各種口味組合;嘴巴可領略酒頭泡沫的綿軟,酒液的醇厚與細膩。啤酒入杯應即湊近鼻孔,吸人芳香因子;若不易聞到,可輕晃酒杯,以釋放部分碳化氣體。

吾人飲酒皆須察顏觀色,欣賞酒液在玻璃杯中的色澤,琥珀,金黃,銅紅,棕,黑……無論什麼色澤,酒頭需豐滿,泡沫要嬌嫩細膩,並有助於散發啤酒的芳香;若酒頭較小,令酒液直擊酒杯中央,可令酒頭更豐滿,豐滿才美麗。我較不愛英國苦啤酒,嫌酒頭又小又平。

啤酒是最解渴的飲料,解生理之渴,也解心靈的渴。冰涼的啤酒下肚,飄飄欲仙,好像洗盡了俗塵;一杯在手,所有的火氣都可冰釋,覺得一切皆可寬容。

我有限的啤酒經驗多連接了旅行,可能是山腳的小餐館,也許是冰川旁的酒館。小酒館是我心目中的教堂,裡面的椅子是最舒適的座位,予人愉悅,幸福。啤酒起泡沫時,曾經懊惱的往事都拉開了距離美感,憂鬱就消散。

　　啤酒的形象，庶民，即興，喝啤酒沒有身段，不須任何儀式。如果是白天，期待有湖光山色；如果是夜晚，最好有爵士樂陪伴。它百搭食物，召喚美好的記憶，常連接了海灘，流霞，球場，日光派對；回味時總浮現樹影，伴侶，清新的空氣。

論醉酒

么女七歲時和我打乒乓球，太太表現母愛，去便利商店買了一瓶飲料給她解渴，冰涼甜美似乎很順口，小妞一口氣就喝下肚。我看她滿臉通紅，打球的姿勢越來越誇張，卡通得站不太穩的樣子，納悶才打一下子球如何就累成這樣？發現她剛才灌進去的是一瓶含酒精飲料。

可能是她周歲那天，我就讓她品嘗了幾滴白葡萄酒聊以慶祝，小學時她已略喜美酒。我每天都想討好兩個女兒，想討她們姊妹歡心時，就開一瓶冰涼的 Moscato d'Asti 氣泡酒，這瓶氣泡酒來自 Caudrina 酒莊，起初買這瓶酒回家孝敬女兒，是被酒標吸引：上書「Wild Woman」，畫了一個手舞足蹈的女孩，俏皮，活潑，看起來並不狂野，似乎喝醉了。開瓶後，氣泡細緻持久，輕淡的花香、梨、檸檬氣味，宜人的酸將甜味修飾得富於層次感。而且酒精度只有7%，適合小妞飲用。我歡喜看她們微醺的形容。

那時候，身旁的三個女人，一個適逢更年期，一個在青春期，一個是反抗期，情緒波動特別大，言行舉止完全受到荷爾蒙的影響，我每天須戒慎恐懼，深怕稍微不夠謹言慎行即得罪了任何一個。我每一天都想灌醉她們。

我常常夢想有一天被世上最高級的美酒灌醉。

日本作家池波正太郎（1923-1990）自幼嗜酒，四、五歲時偷喝酒，一口氣喝光一升清酒，立刻如火焚身，那時外面正下著大雪，他父親抱他到厚厚的積雪上翻來翻去。池波正太郎自剖不可一日無酒，連他養的暹邏貓也很愛喝清酒，「寫小說的時候，酒是我最大的安慰與樂趣，我總有種自己的健康是由酒精在支撐的感覺」；「一年中大概有幾次，在我文思泉湧時，喜歡聽著Benny Goodman的爵士樂，一邊暢快地喝著威士忌，一邊如行雲流水般地寫作，此時寫出來的作品通常連自己都覺得很滿意」。這有點像特技，力追李白「斗酒詩百篇」。陶淵明每夜獨飲，「既醉之後，輒題數句自娛」，其實那些飲酒詩都是薄有酒意時所作，微醺之際，情移心動，靈感如泉汩湧；喝得酩酊恐怕作不出詩來。我就沒本事邊喝酒邊寫作。

中國的酒有很多綽號：歡伯、杯中物、金波、忘憂物、般若湯、三酉、綠蟻、杜康、凍醪、狂藥，從名稱看來，大抵具正面意義。也許酒能暫時忘憂解煩，帶來歡樂，所以叫「歡伯」、「忘憂物」；酒在杯中浮動小波，色澤如金，遂稱「金波」；新釀未漉的酒漿上，漂浮著渣滓，狀若螞蟻，故名「綠蟻」、「浮蟻」、「素蟻」；寒冬釀造供來春飲用的春酒喚「凍醪」；和尚不好意思直呼酒名，隱語「般若湯」，其實出家人將自己的一生奉獻給神，需要讓奉獻的身體喝點佳釀，才夠敬意。

然則這杯中物介乎歡樂與危險的門檻，稍微放縱輒不堪收拾後果。

藝術家程延平說要親自下廚作酸白菜火鍋宴請眾茶友，他對東北酸白菜火鍋的講究我見識過，覺得不能怠慢，乃鄭重帶了一瓶金門陳年高粱酒赴宴。老酒最適合老朋友了。

程延平隱居山坳裡，應門時眼睛閃亮，說準備了一瓶 1980 年的陳高待客，我舉起手上拎的那瓶 1979 年陳高以對，相視大笑，覺得今晚非醉不可了。果然醉了。意識到那酒難得，貪念陡生，越喝越順口就越喝越快，空腹時已喝了好幾杯，越喝越覺得朋友們都很可愛，很想用力擁抱每一個人。是他們本來就可愛？還是我肚子裡的酒讓他們變可愛？

午夜開車回家時發現醉了，幾乎看不清楚山路；可能意識到酒醉，我前移座椅到臉貼近擋風玻璃，緩慢而極其謹慎專注地駕車，我覺得自己像推著嬰兒車在路上走。

很多年不見藝術家了，聽說閉門談戀愛後，拒絕連絡任何朋友。哎，幹嘛拚老命談情說愛，年紀都這麼大了，他還不曉得掉進愛河很傷元氣嗎？

年輕時在金門服兵役，發現女朋友移情別戀，我幾乎每一分鐘都在想念她，每天深夜都希望喝高粱酒醉給他死，每天清晨都不知道用什麼勇氣醒過來。雖說「酒入愁腸化作相思淚」，然則年輕時偶爾喝醉有什麼要緊？喝醉總比發瘋好。

飲酒跟談戀愛一樣可怕。我醉得最厲害的一次是大學剛畢業時，一群詩人相約喝私自蒸餾的蘋果酒，啊，雷馬克的小說《凱旋門》裡那個貧困醫生最愛的蘋果烈酒，這種私釀的水果酒，不曉得酒精度含量如何？帶著濃郁的果香和果甜，掩飾了可能的危險，大夥年輕氣盛，頗有拼酒的意思，我喝掉一加侖，把路寒袖、詹義農、林沈默等人擺平了之後的深夜，才離開現場，雖覺反胃，卻堅持不肯嘔吐。第二天早晨臉色蒼白去上班，從十點半吐到十一點半左右。在急診室，醫生警告我要保住小命，必須半年內滴酒不沾。

瓊安．哈莉絲（Joanne Harris）在小說中所說的好像在罵我：酗酒，是對水果、果樹與酒本身的糟蹋，如同強暴，濫用了表現愛的方式，都是某種褻瀆與詆毀；「酒，要先從花苞培育成為水果，再經過蒸餾過程濃縮而生，因此不該被酒鬼與笨蛋大口灌下，應該得到更多尊重、喜悅與溫柔」。我是到了中年才發覺自己當笨蛋當了半輩子。

酒徒求醉無非希望暫離現實，轉換觀看的態度和角度，或解除情感上的戒嚴，那是一種茫茫惘惘的境界，適合遺忘，適合吐露真性情。真正懂酒者都有高度自制力，懸崖勒馬般止於酩酊之前，免啟悲懷。

我最嚮往杜甫「暫醉佳人錦瑟旁」的境界；飲酒最悲傷的莫若《廣陽雜記》所載：「村優如鬼，兼之惡釀如藥」，沮喪得想醉死，惡釀又難入口，真是生不如死。

即使醉了，應該醉得喜悅與溫柔，醉得有責任感，不吵鬧耍賴，不囉嗦糾纏。藉酒賣瘋十足是混蛋，沒有人能忍受壞酒品。像日本無賴派作家坂口安吾（1906-1955），以為酒是為了醉而喝，故不喜酒精濃度較低的啤酒、清酒，偏好琴酒、伏特加、苦艾等烈酒，經常喝到爛醉，喝到傷胃而吐過三次血。他這種喝法實在太浪費酒，沒有人教他改成吸毒或隨便吃什麼可以迷幻神志的藥劑嗎？直接、快速而有效。碰到這種傢伙最好的辦法是拿球棒海扁他一頓。

然則缺乏酒品的文人不少，恐怕扁不勝扁，日本詩人中原中也（1907-1937）自認是個達達主義者，性格像一隻鬥雞，囂張，狂妄，骯髒，心胸狹窄，常敲詐朋友請客又罵人家錢帶得不夠。他的酒品壞透了，喝了酒就跟別人幹架，因為自忖力氣小，專挑弱者攻擊，沒有人可以打的時候，就打酒店的妓女。天幸這無賴三十歲就死掉，我們才勉強讀他的詩。中國也不少酒鬼，《世說新語．任誕第二十三》載劉伶病酒：

劉伶病酒渴甚，從婦求酒，婦捐酒毀器，涕泣諫曰：「君飲太過，非攝生之道，必宜斷之！」伶曰：「甚善。我不能自禁，唯當祝鬼神自誓斷之耳，便可具酒肉。」婦曰：「敬聞命。」供酒肉於神前，請伶祝誓。伶跪而祝曰：「天生劉伶，以酒為名；一飲一斛，五斗解酲。婦人之言，慎不可聽。」便引酒進肉，隗然已醉矣。

劉伶明顯是酒精中毒現象，乃標準的酒鬼，若非才氣縱橫，恐怕令人厭惡。《世說新語》另有一則故事，載劉伶常縱酒放蕩，脫光衣服在屋裡，別人譏諷他裸裎見訪客，他的回答卻很有意思：「我以天地為棟宇，屋室為褌衣，諸君何為入我褌中？」

高明的飲者並非能鯨吞多少，而是能欣賞酒之美者。美酒一定要細品，細品酒趣和酒味。品酒主要是經驗其中的香氣，最複雜的自然是葡萄酒，已知葡萄酒香氣成分多達六百種以上，其香氣可粗分為果香（aroma）和酒香（bouquet），果香指葡萄香和發酵階段所產生的香，酒香則是陳放所產生的香。像薄酒萊新酒（Beaujolais Nouveau）未陳放，果香濃郁，卻乏酒香。

我不懂酒，常被酒標吸引而購買，諸如艾古酒莊（Domaine de l'Ecu）的諾比斯紅酒（Temps des Copains cuvee Nobis）葡萄全程手工採收，用原生酵母發酵，並以泡渣法創造風味；德國 Darmstadt 有座結婚塔，此酒的酒標「親吻的天使」即使用塔上的壁畫。又如西班牙 Bebendos 酒莊的氣泡甜白酒 MO，MO 是拉丁文「愛」的意思，也是用 Moscato 品種所釀，帶著濃郁的果香和花香，冰涼後尤其適合夏天喝，我家常用作飯後搭配甜點或水果。

國人多慣飲白酒、黃酒，學習喝葡萄酒是比較晚近的事。有一次我去里昂開會，開完會在戴高樂機場免稅店買一瓶 Château Palmer Margaux Medoc 1994。一個月後，廖炳惠返臺，說他現在只能在超市買一瓶10美元以下的葡萄酒喝，我聽了很心疼，立刻邀他翌日早晨來家裡共飲這瓶酒。

黑底燙金的酒標，顯得相當高雅端莊。開瓶約兩小時後，香氣與滋味已能全部醒來；色澤深紫略帶褐色，酒體結構紮實。一般 Medoc 的酒多以高比例的 Cabernet Sauvignon 釀造，個性剛強；Palmer 則採用高比例的 Merlot，融合 C.S.，加上小維朵（Petit Verdot），表現繁複多變的馥郁果香，酒香細緻而深刻，均衡感很好，單寧的質感也相當圓融。難怪休強生（Hugh Johnson）認為帕瑪堡不僅是「超級二等頂級」，而且是晉入一等頂級的候選者。

空腹喝，我們竟都有些微醺了。

杯中日月長，聊天投機時往往不覺時光飛逝，杜甫〈遭田父泥飲美嚴中丞〉描述自己和農民痛飲一整天，從清晨到夜晚，田父還熱情留客：「高聲索果栗，欲起時被肘。指揮過無禮，未覺村野醜。月出遮我留，仍嗔問升斗」。勸酒不僅是表現熱情，應像白居易那樣充滿善意，和說服力：「勸君一杯君莫辭／勸君兩杯君莫疑／勸君三杯君始知／面上今日老昨日／心中醉時勝醒時／天地迢迢自長久／白兔赤烏相趁走／身後堆金拄北斗／不如生前一樽酒」。我雖乏酒量，對於勸酒，都一向來者不拒；喝酒是快樂的事，應當高歌。

懂酒的人都不會糟蹋身體，醉要醉在心裡，像白居易看到櫻花盛開如雪，想要「共泥春風醉一場」是有意識的醉酒，高級的醉酒形態。

微醺就是高級的醉酒，那是一種瘋狂與喜悅的臨界，不易掌握。微醺時忽覺一切都比較美好和善，胸襟忽然寬大了。人生太短太苦，真的不必有那麼多鬥爭傾軋，不必那麼計較身外之事，若能常保微醺，也許就能多一些快樂。

論戒酒

1

大學畢業時，幾個詩人邀我去永和，喝詹義農在梨山私製的蒸餾蘋果酒。江湖謠傳我頗能喝幾杯，我性喜虛張聲勢，又覺得是被讚美，加上年輕氣盛，頗有拼酒的意思，我喝掉一加侖後將其他人都擺平了，並堅持不嘔吐，才踉蹌離去。

那蒸餾酒初嚐微甜，散發著蘋果香氣，表面上溫柔，越喝越順口；實際卻非常兇悍，好似蜘蛛精突然現出原形，原本還陶醉在微醺的快感，瞬間就神志模糊了。這是我生平最嚴重的醉酒經驗，似乎傷害了身體。第二天早上急診室的醫師命我戒酒。

戒酒那麼容易嗎？明代會稽人陳鎬奉父喻戒酒，乃請工匠打造一個可裝兩斤酒的大碗，裡面鐫刻了八個字：「父命戒酒，止飲三杯」，戒酒之難，可見一斑。

孔融〈與曹丞相論酒禁書〉反對曹操禁酒：「堯不千鐘，無以建太平；孔非百觚，無以堪上聖；樊噲解厄鴻門，非豕肩鐘酒無以奮其怒」……辯稱徐偃王施行仁義而亡，莫非要禁仁義？燕噲王禪讓，失掉社稷，豈不是要禁止謙讓？夏商因婦女失天下，難道要禁婚姻？他這篇文章強詞奪理，卻說出了嗜酒人的心聲。

陶淵明無酒不歡，〈止酒〉每句著止字，其中第7句起到第14句應該列為酒徒的座右銘：

居止次城邑，逍遙自閑止。
坐止高蔭下，步止蓽門裡。
好味止園葵，大歡止稚子。
平生不止酒，止酒情無喜。
暮止不安寢，晨止不能起。
日日欲止之，營衛止不理。
徒知止不樂，未知止利己。
始覺止為善，今朝真止矣。
從此一止去，將止扶桑涘。
清顏止宿容，奚止千萬祀。

這首詩作得真好，幽默，詼諧，帶著歌謠情趣。陶淵明是溫和的飲者，心境悠閒自適，每天宅在家園，讀書，寫字，飲酒，堪為天下酒徒的表率。

2

（宋）羅大經《鶴林玉露》談到樂天對酒詩，甚至還憂心忡忡其酒詩缺乏立德、立功、立言：「自詩家言之，可謂流麗曠達，詞旨俱美矣。然讀之者將必起其頹惰廢放之意，而汲汲於取快樂、惜流光，則人之職分與夫古之所謂三不朽者，將何時而可為哉！」

飲酒那麼快樂，何苦擺出一副樸克臉，孜孜於道德教訓？不過，酒經常連接了道德教訓。大禹疏儀狄而絕旨酒；周公姬旦作《酒誥》，嚴禁「群集而飲」；曹操明令禁酒時，偷偷喝酒的人不敢提「酒」字，就稱漉去糟的清酒稱為聖人，叫帶糟的濁酒為賢人。曹操文章很好，自己也喝酒，卻要禁酒，可見治理者跟我們平民的思維不同。

古代釀的酒未濾清，《詩經．小雅．伐木》：「有酒湑我，無酒酤我。」如果有酒就過濾，如果沒有酒就趕緊釀造。「一壺濁酒喜相逢」，濁酒就是原酒，未經篩濾。梁山泊的好漢總是在灌酒，吃牛肉，他們喝原酒，一壺一壺地篩，酒精度不高。篩酒即過濾酒，古時侯又叫「漉酒」。

現代人不愛濁酒，也鮮有人販售了，梁秉鈞有一首詩描述在首爾飲新濾酒，最後一段寫味外之味：「上了年紀的人在喝酒／喝出了許多味道／一度眼前有那麼多可能／世界的臉孔還是那麼清新／乳白裡盪著動人的弧線／清澈的水裡有那麼多波紋／可以選擇變酒還是變醋／且嚐模棱（稜）的味道煥發的美漿」。韓國有一種米釀的啤酒叫馬格兒里（makkoli），未曾過濾，故色呈乳白。這種未漉糟的濁酒，像咱們原住民的小米酒。猜想梁秉鈞他們喝的可能是這種酒。

我年輕時洋洋自得的酒量，其實像迷失，易陷危險的臨界。李笠翁、袁子才、王漁洋、袁中郎都愛酒，卻乏酒量。豪飲應不足以自雄，雅懷雅量才是風流。《史記．滑稽列傳》載趙國出兵解了齊國之危，齊威王在慶功宴上問淳于髡喝多少會醉？淳于髡趁機規勸他要摒棄縱情酒色，勤政愛民：

> 賜酒大王之前，執法在傍，御史在後，髡恐懼俯伏而飲，不過一斗徑醉矣。若親有嚴客，髡帣韝鞠跽，侍酒於前，時賜餘瀝，奉觴上壽數起，飲不過二斗徑醉矣。若朋友交遊，久不相見，卒然相覩，歡然道故，私情相語，飲可五六斗徑醉矣。若

乃州閭之會，男女雜坐，行酒稽留，六博投壺，相引為曹，握手無罰，目眙不禁，前有墮珥，後有遺簪，髡竊樂此，飲可八斗而醉二參。日暮酒闌，合尊促坐，男女同席，履舄交錯，杯盤狼藉，堂上燭滅，主人留髡而送客，羅襦襟解，微聞薌澤，當此之時，髡心最歡，能飲一石。

酒量跟心情有關，喝悶酒最容易醉，沉湎於溫柔鄉時酒量最大。武俠小說中的人物不能牛飲的，豈能稱英雄豪傑？酒有別腸，飲酒豪爽被視為氣概。豪飲白開水只是口渴。長期以來，能飲敢飲被形塑成大丈夫的符碼，在家可振乾綱，出外可展聲勢。

3

我很喜歡古時候酒店迎風招展的酒旗，那似乎很浪漫，芳香，撫慰，熱烈，帶著期盼和激動向你招手。此物自古有之，先秦的酒舖已懸掛酒旗，《韓非子》：「宋人沽酒，懸幟甚高。」宋國人賣酒會將旗幟掛得很高。我們讀唐詩，已多見酒旗，張籍〈江南曲〉：「長干午日沽春酒，高高酒旗懸江口。」

酒旗又稱「酒望」、「酒望子」，是宋元時代的口語，《清明上河圖》裡的宋代酒樓都懸掛酒旗，如鬧市區十字路口東側的一家酒店，酒旗高懸，上書「孫羊店」，酒店為二層樓，高大，雄壯，門前的彩樓很講究，樓上高朋滿座，樓前熱鬧著車馬。我們在《水滸傳》也可見到，如27回：「見遠遠地土坡下約有十數間草屋，傍著溪邊柳樹上挑出個酒簾兒。」唐宋至元代，酒旗、酒簾是相同的意思。

喝酒不是為了渲洩內心，不是為了麻痺，麻痺自己或麻痺他人都是不懂酒。酒可能真的是禍水，《封神榜》中的狐仙妲己姊妹們，因貪杯而被一網打盡；紂王酗酒肆樂，若早一點戒酒，也不致於日後落得自焚。十六國時期，劉曜嗜酒喪命，苻生昏醉喪國；宋江醉題反詩入獄；張飛酒品差，醉後怒鞭士卒，最終喪命也是酒醉。

阮籍、嵇康、陶淵明、李白、杜甫、張旭、石延年、曹雪芹嗜酒成性，終日酩酊於醉鄉，應該列入戒酒名單。魏無忌也應該送戒勒所，他被哥哥魏王解除兵權後，天天酣飲達旦，縱情女色，不到4年就死了。

酒徒多玩世不恭，蔑視禮法，劉伶〈酒德頌〉第一段云：「有大人先生，以天地為一朝，萬期為須臾，日月為扃牖，八荒為庭衢。行無轍迹，居無室廬，幕天席地，縱意所如。止則操巵執觚，動則挈榼提壺，唯酒是務，焉知其餘？」觀其言語，劉伶應該已經酒精中毒了。

魯迅指出：正始名士服藥，竹林名士飲酒。竹林名士指竹林七賢，代表人物是嵇康和阮籍。「正始名士」以何晏、王弼、夏侯玄為代表，他們都生於正始，都喜歡談名理，吃「五石散」；五石散是一種毒藥，據說吃了能令人轉弱為強，得走路「散發」，名曰「行散」，走路之後全身發燒，發燒之後又發冷，須脫掉衣服，用冷水澆身，吃冷食，飲熱酒；吃藥後，皮膚易破，穿鞋也不方便，故不穿鞋襪而穿屐；更因皮膚易破，宜穿舊衣，且不能常洗，遂多虱，「捫虱而談」當時竟傳為美事。

我樓下曾有一鄰居每天泡在酒裡，聽說從來不洗澡，身體散發的穢臭完全掩蓋酒氣，非常噁心恐怖，錯身而過時必須屏息，他搭過的電梯我整天不敢搭，我下望他家陽台，像酒瓶回收站，堆滿了數百空瓶。

適當飲酒也許有益身體，令心神湛然。相傳岳陽有酒香山，古有仙酒，飲者不死。漢武帝得到後，東方朔偷喝了。武帝震怒，要殺東方朔，東方朔說：「陛下殺臣，臣亦不死。臣死，酒亦不驗。」遂被赦免。

（清）梁章鉅《歸田瑣記》載一藥酒，可治聾明目，黑髮駐顏，他例舉多人證明療效，並說自己「五十餘歲時，鬢髮早白，鬚亦蒼然，自服此酒之後，白髮竟為之稍變，初亦不覺，惟剃頭時，自見所落髮針不似從前之白，始知黑髮己有可據」。我對藥酒殊乏興趣，雖曾獲贈幾瓶藥酒，始終堆置角落。

4

發願戒酒，多半關係到健康。任教於北京大學的胡續冬好像被醫生警告過，必須絕對禁酒。我曾邀請他來中央大學客座，覺得他性格放蕩不羈，看似很六朝，每次聚餐都滴酒不沾，卻煙不離手；2021 年突傳去世，令人至今悵惘。

胡續冬離世的年紀和宋人石曼卿相似，都還年輕，不過石曼卿喜豪飲，放縱恣肆，未嘗一日不醉，宋仁宗惜才，希望他戒酒，不料戒沒多久就死了。一旦酒精成癮，戒斷很艱難，顫抖，畏寒，盜汗，憂鬱，乃至癲癇。

酒的毀譽逕庭。「無酒不成席」，朋友聚飲，豈能無酒？無酒等於無趣。《易林》稱「酒為歡伯，除憂來樂。」酒的任務應讓人快樂，鼓舞神志，安撫人心，不懂酒的人才會當它是麻醉品。如果周圍盡是無趣的酒徒、霸道的酒伴，不如戒酒。無趣的酒伴會絮絮叨叨重複一件事，終席叫呶；也有同桌喝酒的人醉癱又一直發牢騷，失足顛仆。霸道者不見得對酒有感情，只會強灌他人酒。

從前我喝酒的窘狀，很像家英國藝術家羅納德．塞爾（Ronald Searle）的諷刺漫畫集《漫畫酒話：品酒的邪惡世界》所描繪，有時愉悅，多半很狼狽。有一幅〈悅人的花束〉，酒徒舉杯，杯內的紅酒盛放出花束；〈特殊的鼻子〉鼻子變成一只酒瓶，聞著酒味；〈細膩，柔軟而流暢〉泥癱的人雙眼上吊，仍舉著酒杯，兩腳如失去彈性的橡皮糾結地黏貼在地面。

當酒勁熱及四肢、喉嚨，講話雖則含糊，卻忽然大聲起來，手腳忽然衝動。像胡適，看似斯文，卻酒品欠佳。他自述有一雨夜喝醉了，踉蹌走在路上，竟脫下皮鞋打巡捕，兩人在泥地上扭打，最後被關進巡捕房。

遇到劣酒也不如戒酒。有一次去海南儋耳，參訪過東坡書院後聚餐，桌上放了一瓶假茅台酒，味劣，十分洩氣，決定戒酒，返臺再開戒。

酒氣助長力氣，也助長逸興，荊軻喝了壯別酒，才能踏上刺秦路；王羲之乘著酒意醉書《蘭亭帖》；懷素醉草驚鬼神，他醉酒後，見物就寫，牆壁、衣物、器皿，到處是他的墨跡。劉邦若非喝醉了，恐無膽量斬白蛇；關公沒喝酒，如何刮骨療毒；若無七分酒氣，武松如何打虎？如何打蔣門神？魯智深如何倒拔楊柳樹？勾踐傾酒投醪河，才激勵士氣……

「形如槁木因詩苦，眉鎖蒼山得酒開。」我雖不曾因詩而苦，卻頗能領悟美酒可解愁顏。

歷代騷人墨客常借酒澆胸中塊壘，可見酒關係到心理健康；沒有了這瓊漿，如何賞菊持螯？如何飛觴醉月？酒促進情趣，若戒了酒，胸中的鬱悶如何處理？曹操曾慨嘆：「何以解憂，惟有杜康。」戒酒之後，難道每天要依賴抗憂鬱藥丸？

天下最有意思的遊戲，可能是「曲水流觴」，大家依次坐於水邊，盛酒的杯子放在曲水上，順流而下，止於誰的面前，就要賦詩一首，作不出詩的就得飲酒一杯。酒，堪稱液體的中國文學史，書寫著許多好詩。

酒是發酵的產物，發酵的威力驚人，鼓漲，升溫，翻騰，優美如女人懷孕，怒發如醉鬼；我們飲這種發酵物，應戒慎臨界點，止於所當止。

吾人不是為了止渴才喝酒，酒是靈魂的飲料，熱情，興奮，普渡眾生。我上了年紀後，感受代謝趨緩，酒力驟退，更覺小酌才能延長快樂。

我高中時開始抽煙，抽了18年，後來焦妻懷孕，即戒了煙，易如反掌。然則，酒要怎麼戒？毫無頭緒。果真從眾而戒掉，如何消除愁悶？以後，我想以後，以後再來思考戒酒的問題。

二魚文化　文學花園　C151

慢食天下

作　　者　　　焦　桐
題字 / 繪畫 / 篆印　李蕭錕
設　　計　　　周晉夷

出版者　二魚文化事業有限公司
地址　台北市文山區興隆路 4 段 165 巷 61 號 6 樓
網址　https://www.facebook.com/2fishes.publishinghouse
電話　(02)2937-3288
傳真　(02)2234-1388
郵政劃撥帳號　19625599
劃撥戶名　二魚文化事業有限公司

總經銷　黎銘圖書有限公司
電話　(02)8990-2588
傳真　(02)2290-1658

製版印刷　彩達製版印刷
初版一刷　二〇二三年四月
初版二刷　二〇二三年八月

ISBN　978-986-98737-5-8
定價　五六〇元

國家圖書館出版品預行編目 (CIP) 資料

慢食天下 / 焦桐著 . -- 初版 . --
臺北市：二魚文化, 2023.04
面； 公分 . -- (文學花園 ; C151)
ISBN 978-986-98737-5-8(平裝)
1.CST: 飲食 2.CST: 文化 3.CST: 文集

538.707 112000813